中国校园足球指导员培训教程
（试行）

曾丹　邓世俊　耿建华　主编

中国足球协会
全国校足办　审定

人民体育出版社

顾 问

魏吉祥　　郭家明

编委会

主编：曾　丹　　邓世俊　　耿建华

编委（按姓氏笔画为序）：

王　雷　　大连校足办
王景东　　国际足联五人制裁判讲师
邓世俊　　亚足联教练员讲师
李　勇　　广州校足办
李春满　　北京体育大学
余东风　　四川校足办
张　龙　　陕西师范大学
张廷安　　北京体育大学
杨　浩　　西安体育学院
耿建华　　陕西师范大学
程　公　　沈阳体育学院
曾　丹　　中国足协

序 言

　　回顾我国校园足球发展历程，指导员培训日渐专业化已成为一种趋势，不论校园内足球课程的讲解、中小学大课间足球活动的组织或是课余足球训练，这些活动的开展都与指导员的业务素质存在着紧密的联系。随着欧美足球强国青少年足球训练理念和专业知识的不断更新，校园足球指导员都不约而同地增加了对青少年足球专业训练知识的需求。而我国校园足球指导员培训体系中的主要症结就在于缺乏一套规范性的配套教程。基于这一专业化趋势，在中国足球协会的主导下，由全国校园足球指导员讲师团队集体编撰的《中国校园足球指导员培训教程（试行）》如期问世。

　　中国足协、全国校足办一直以来都非常重视培养校园足球指导员的工作。在中国校园足球发展进程中，指导员水平的高低将直接决定校园足球发展的整体质量。这一图书的出版对提高中国校园足球指导员的业务水平有着深远的意义。

　　我希望该书的出版，对于中国校园足球发展，特别是校园足球指导员培训体系的建立能够带来更多的参考价值，更希望本书的专业特色能得到大家的肯定、鼓励。

中国足协副主席

2014年7月

序 文

目前，中国足球的发展水平与世界先进国家相比较还存在不小的差距，而中国校园足球工程的发起与发展却给陷入谷底的中国足球带来了一缕春风。从2009年开始的校园足球活动，在管理、竞赛、培训等方面都得到了长足的发展，其社会价值也得到了社会大众的广泛好评。校园足球指导员培训工作在校园足球整个工程体系中一直发挥着引领作用，这也是坚持了足球发展中的"教练为先"的原则，这一点我非常赞同。前不久得知，在全国校园足球指导员讲师团队的辛勤努力下，《中国校园足球指导员培训教程（试行）》撰写完成，我感到无比欣慰。

这本教程的出版势必会对中国校园足球指导员培训产生巨大的推动作用。整本图书共分为三篇，理论与实践相结合，在内容编排上简明、通俗、实用，在遵循青少年训练原则的前提下，提出了许多符合中国学校自有条件的训练方式。书中的部分章节内容极具特色，也使我有了一种耳目一新的感觉。《足球教育功能》《包容性训练理念》《小队员测试》《足球运动员的营养》等章节的编写内容详实，对中国校园足球指导员的工作具有很高的应用价值。

该书出版可喜、可贺！希望该书的出版能够给广大校园足球指导员工作带来更多的理论和实践参考。

国际足联教练员讲师

2014年8月

前 言

《中国校园足球指导员培训教程（试行）》的编写是在现代中国校园足球新的发展趋势下，依据国际草根足球运动发展的新局面和中国校园足球指导员培训发展的实际情况，由全国校园足球办公室提出和组织进行的。

本教程的编写内容借鉴了《亚洲展望》《国际足联草根足球》《中国足协D级教练员》和《亚足联C级教练员》等有关专业文献资料，在这些文献资料的基础上结合中国校园足球发展需要而确定的。

这也是我国自2009年校园足球开展以来，第一次在校园足球指导员培训方面编写的教程。该教程在整体上强调规范与完整，结构合理与清晰，在陈述上要简洁、准确。希望能够为广大指导员和教师提供一些可直接参考与借鉴的信息。

培训教程编写组由中国足协、全国校足办、武汉市足协、陕西师范大学、北京体育大学等多个单位的相关人员组成。全国校足办主管曾丹负责教程大纲部分和考核评价标准部分，亚足联教练员讲师邓世俊负责实践课内容和部分理论课内容的编写；陕西师范大学体育教研室主任耿建华教授负责理论部分编写。教材内容由国际足联讲师、中国足协技术主任郭家明和全体校园足球指导员讲师进行了反复论证和修改，并在指导员授课过程中实际使用。在培训教程成稿的过程中，编写组得到了全国校园足球指导员讲师团队的大力支持，在此谨向上述单位的各位领导、专家学者所给予的支持与帮助表示衷心感谢。

全国校足办将于2014年起使用此书作为全国指导员培训的指定教材。本次培训教程是在中国校园足球运动全面提升时期推出的，在由普及到提高的校园足球活动开展过程中，学生们对于足球的知识需求更加渴望和迫切。为了满足不同层面指导员的需要，本教程融入了国际足联草根足球的先进理念。我们希望通过本次《中国校园足球指导员培训教程》的推出，能够为指导员在开展校园足球活动中起到指南作用，能够引领中国校园足球运动朝着现代足球运动发展趋势要求的正确方向健康稳步前进。同时我们也相信，本次培训教程中一定还存在一些不妥之处，因此，希望广大指导员与教师在使用过程中，对于发现的不足和问题能及时和我们交流与沟通，以便在今后的培训教程修订中进一步完善。

中国校园足球指导员培训教程编写组
2014年1月

图 例

———————▶ 传球路线

- - - - - - - ▶ 跑动路线

〜〜〜〜〜▶ 运球路线

ⓒ 指导员

🔴 ⊗ ⚪ 🔵 ⚫ 练习队员及守门员

⊛ 〕 球及栏架

▬▬▬ 活动门

▲ 标志物

目 录

第一篇 中国校园足球指导员培训教程大纲

第一章 校园足球指导员培训纲要 ……………………………………………（2）
第一节 制定培训教程的依据和目的 ………………………………………（2）
第二节 制定培训教程的基本原则 …………………………………………（2）

第二章 校园足球指导员培训计划 ……………………………………………（5）
第一节 指导员培训内容及教学安排 ………………………………………（5）
第二节 培训组织者的职责 …………………………………………………（8）
第三节 校园足球指导员培训实施与评价 …………………………………（9）

第二篇 中国校园足球指导员培训教程理论部分

第一章 校园足球指导员培训概论 ……………………………………………（16）
第一节 指导员培训体系 ……………………………………………………（16）
第二节 草根足球与校园足球的结合 ………………………………………（24）
第三节 中国校园足球发展历程 ……………………………………………（34）
第四节 少年儿童足球游戏编排 ……………………………………………（49）
第五节 足球的教育功能 ……………………………………………………（51）
第六节 足球活动中的安全与健康 …………………………………………（52）
第七节 学习足球提高素质 …………………………………………………（55）
第八节 校园足球竞赛的组织与编排 ………………………………………（58）
第九节 足球节的组织 ………………………………………………………（66）
第十节 足球运动员的营养 …………………………………………………（74）

第二章 初级指导员培训基本理论 ……………………………………………（80）
第一节 青少年儿童的准备活动和整理活动 ………………………………（80）
第二节 训练课的组织与方法 ………………………………………………（83）

1

第三节　足球基本技战术……………………………………（86）
　　第四节　不同年龄组少年儿童的特点………………………（90）
　　第五节　青少年要重视发展协调性训练……………………（96）
　　第六节　小场地足球比赛……………………………………（98）
　　第七节　8对8比赛…………………………………………（101）
　　第八节　足球比赛原则………………………………………（107）
　　第九节　比赛组织与指导……………………………………（111）
　　第十节　包容性训练理念……………………………………（118）
　　第十一节　小队员测试………………………………………（123）
　　第十二节　青少年足球对抗练习……………………………（132）
　　第十三节　校园足球五人制比赛简易规则…………………（136）

第三章　中级指导员培训基本理论……………………………（139）
　　第一节　足球技术与技能……………………………………（139）
　　第二节　激励队员……………………………………………（141）
　　第三节　青少年体育教学训练要点…………………………（143）
　　第四节　足球运动中的心理学………………………………（144）

第四章　高级指导员培训基本理论……………………………（150）
　　第一节　青少年在运动训练中产生心理疲劳的原因………（150）
　　第二节　补充营养的时间选择………………………………（152）
　　第三节　体育道德行为………………………………………（154）
　　第四节　建立信息收集体系…………………………………（158）

第三篇　中国校园足球指导员培训教程实践部分

第一章　初级指导员实践内容…………………………………（162）
　　第一节　准备活动和整理活动游戏…………………………（162）
　　第二节　少年儿童足球游戏——运球………………………（165）
　　第三节　少年儿童足球游戏——颠球………………………（182）
　　第四节　少年儿童足球游戏——接控球……………………（188）
　　第五节　少年儿童足球游戏——短传球……………………（193）
　　第六节　少年儿童足球游戏——长传球……………………（201）
　　第七节　少年儿童足球游戏——射门………………………（205）

第八节　协调性、灵活性、移动技术……………………………………（213）
　　第九节　绳梯使用方法……………………………………………………（216）
　　第十节　守门员技术………………………………………………………（217）
　　第十一节　4对4、5对5比赛……………………………………………（219）
　　第十二节　足球训练授课方法实例………………………………………（226）
　　第十三节　组织一个足球节………………………………………………（232）
　　第十四节　8对8比赛……………………………………………………（233）
　　第十五节　包容性训练……………………………………………………（234）
　　第十六节　11人制比赛规则实践…………………………………………（235）

第二章　中级指导员培训实践内容……………………………………………（236）
　　第一节　运球基本技术……………………………………………………（236）
　　第二节　短传球基本技术…………………………………………………（239）
　　第三节　创造射门机会和得分……………………………………………（242）
　　第四节　个人防守压迫抢球………………………………………………（246）

第三章　高级指导员培训实践内容……………………………………………（249）
　　第一节　由守转攻…………………………………………………………（249）
　　第二节　小组进攻…………………………………………………………（251）
　　第三节　由攻转守…………………………………………………………（256）
　　第四节　小组防守…………………………………………………………（258）

参考文献…………………………………………………………………………（261）

第一篇

中国校园足球指导员培训教程大纲

第一章　校园足球指导员培训纲要

第一节　制定培训教程的依据和目的

本教程是依据中国青少年学生素质教育培养目标的需要，依据学生健康成长，我国校园足球发展趋势，以及校园足球运动开展的现实需要而制定的，以便使中国足球运动从草根层面能够在正确的方向上稳定持续地向前发展，从真正意义上做到"让足球为人的成长服务"。

本教程的主要目的是向全国校园足球指导员讲师、指导员和在校的青少年学生以提纲挈领及简明扼要的方式介绍现代校园足球发展的基本趋势与特点，为校园足球指导员和参加足球运动的在校学生提供理论和实践的指导与帮助。为校园足球活动能够以一种科学的形式广泛普及到校园群体当中，使校园足球讲师能够以统一的科学训练体系框架为依据来实施校园指导员的培养，从而达到强教先强师，提高人才培养质量与效率的目的。

第二节　制定培训教程的基本原则

（一）教育性

通过青少年喜爱的足球活动，使他们在参与足球活动的过程中形成诸如团队协作、沟通交流、快速决策、遵守规则、尊重他人、强健体魄、意志坚强等一系列优良品质，为他们的终身发展奠定基础。

（二）安全性

安全有序地组织青少年开展足球活动是指导员的主要职责，也是对体育最高境界——健康理念的最好诠释。

（三）目的性

任何训练都需要设定目标。教程可以有多重目的，既可以发展青少年技术，还可以渗透一些身体训练以及心理训练等。在任何情况下指导员和队员都必须对当天的训练目的心中有数，指导员需要对训练意图深思熟虑，精心准备，明确每次训练要达到的目的。指导员和队员在训练中要共同达到预期目的，否则就是浪费时间。

（四）计划性

工作或行动以前要预先拟定具体的内容和步骤。在制定计划的时候要考虑以下几点：课程目的、场地、时间、人数、器材、队员、能力、可能的辅助手段、训练方法及其他因素。

（五）训练与比赛的关系

所有的练习均应来自于比赛，从比赛中发现问题，找出针对问题的解决办法，再回到比赛中去验证。

（六）趣味性

足球活动中要注意采用多种难易不同的组织练习方法，多利用游戏竞争的方法提高青少年自觉练习的积极性，使青少年在足球活动实践中自主地学习。

（七）适宜的负荷

科学地安排训练强度与时间，对于青少年健康成长以及技能的形成与发展非常重要。既要遵循技能形成发展的规律进行重复性练习，同时又要注意到在大强度后的间隙与恢复。

（八）教学与指导

遵循组织示范、开始练习、观察指导、练习改进、练习进展的教学顺序。

（九）沟通与交流

多运用鼓励和启发性的语言去激励队员，帮助他们体会成功的喜悦。交流有三种形式：

发出信息	吸收信息
语言表达	非语言表达
表达内容	表达情绪

（十）差异性

注重对个体的分析和因材施教。差异教育，差异发展。

（十一）特殊性

足球运动是参与者主要用脚来操作的运动，应尽量结合球进行练习。

（十二）竞争性

在训练手段上尽量包含对抗和比赛的各种因素。

（十三）小结评估

对训练进行小结评估有利于实施监控训练，对于训练各周期目标的落实至关重要。它既是对计划落实的监控，也是下一周期计划制定的依据。

第二章　校园足球指导员培训计划

第一节　指导员培训内容及教学安排

一、初级指导员理论培训内容

（一）初级指导员理论培训

1. 指导员培训体系介绍　　　　　　　　　学时：2小时
2. 草根足球同校园足球的结合　　　　　　学时：2小时
3. 适宜儿童的准备活动和整理活动　　　　学时：2小时
4. 儿童足球游戏编排　　　　　　　　　　学时：2小时
5. 计划的制定及如何组织一节训练课　　　学时：2小时
6. 如何制作一个校园足球活动的海报　　　学时：2小时
7. 发展协调性、灵敏性、移动技术　　　　学时：2小时
8. 足球的教育功能　　　　　　　　　　　学时：2小时
9. 校园足球训练方法　　　　　　　　　　学时：2小时
10. 足球节的组织　　　　　　　　　　　　学时：2小时
11. 青少年5人制比赛简化规则　　　　　　学时：2小时
12. 中国校园足球发展介绍　　　　　　　　学时：2小时
13. 儿童足球基本技术　　　　　　　　　　学时：2小时
14. 不同年龄组儿童的特点　　　　　　　　学时：2小时
15. 青少年要大力发展协调性　　　　　　　学时：2小时
16. 小场地比赛特点　　　　　　　　　　　学时：2小时
17. 校园足球竞赛的组织与编排　　　　　　学时：2小时
18. 8对8比赛介绍　　　　　　　　　　　　学时：2小时
19. 比赛原则简介　　　　　　　　　　　　学时：2小时
20. 比赛组织与指导　　　　　　　　　　　学时：2小时
21. 小球员测试　　　　　　　　　　　　　学时：2小时
22. 青少年对抗练习　　　　　　　　　　　学时：2小时
23. 足球运动的安全与健康　　　　　　　　学时：2小时

24. 学习足球提高素质　　　　　　　　　　　学时：2小时
25. 包容性训练理念　　　　　　　　　　　　学时：2小时
26. 足球运动员的营养　　　　　　　　　　　学时：2小时
27. 11人制比赛规则简介　　　　　　　　　　学时：2小时
足球理论考试　　　　　　　　　　　　　　　学时：2小时
反馈和开班仪式　　　　　　　　　　　　　　学时：2小时
每班不超过50人　　　　　　　　　　　　　　总学时：24小时

（二）初级指导员实践培训

1. 准备活动和整理活动游戏　　　　　　　　学时：2小时
2. 儿童足球游戏–运球　　　　　　　　　　　学时：2小时
3. 儿童足球游戏–颠球（足、头、大腿等）　　学时：2小时
4. 儿童足球游戏–接控球　　　　　　　　　　学时：2小时
5. 儿童足球游戏–短传球　　　　　　　　　　学时：2小时
6. 儿童足球游戏–长传球　　　　　　　　　　学时：2小时
7. 儿童足球游戏–射门　　　　　　　　　　　学时：2小时
8. 协调性、灵活性、移动技术练习　　　　　　学时：2小时
9. 绳梯的使用方法简介　　　　　　　　　　　学时：2小时
10. 守门员技术　　　　　　　　　　　　　　学时：2小时
11. 4对4、5对5比赛　　　　　　　　　　　　学时：2小时
12. 足球训练授课方法实例　　　　　　　　　学时：2小时
13. 组织一个足球节　　　　　　　　　　　　学时：2小时
14. 8对8比赛　　　　　　　　　　　　　　　学时：2小时
15. 包容性训练　　　　　　　　　　　　　　学时：2小时
16. 11人制比赛规则实践　　　　　　　　　　学时：2小时
　　　　　　　　　　　　　　　　　　　　　平均学时：24小时

初级指导员理论、实践培训总时数（理论24小时 实践24小时 总计48小时）

二、中级指导员理论培训内容

（一）中级指导员理论培训

1. 足球技术和技能　　　　　　　　　　　　学时：2小时
2. 激励队员　　　　　　　　　　　　　　　学时：2小时
3. 青少年体育教学训练的要点　　　　　　　学时：2小时

4. 足球训练与比赛中的心理学问题　　　　　学时：2小时
足球理论考试　　　　　　　　　　　　　　学时：2小时
反馈和开班仪式　　　　　　　　　　　　　学时：2小时
小组讨论实践课　　　　　　　　　　　　　学时：4小时
中级指导员理论培训每班不超过24人　　　　总学时：16小时

（二）中级指导员实践培训

1. 带球　　　　　　　　　　　　　　　　　学时：2小时
2. 传接控球　　　　　　　　　　　　　　　学时：2小时
3. 创造射门机会和得分　　　　　　　　　　学时：2小时
4. 个人防守压迫抢球　　　　　　　　　　　学时：2小时
　　　　　　　　　　　　　　　　　　　　　总学时：8小时

中级指导员理论、实践培训总时数（理论16小时、实践8小时 总计24小时）

三、高级指导员理论培训内容

（一）高级指导员理论培训

1. 青少年体育训练中产生心理疲劳的原因　　学时：2小时
2. 补充营养时间的选择　　　　　　　　　　学时：2小时
3. 体育道德行为　　　　　　　　　　　　　学时：2小时
4. 建立信息收集渠道　　　　　　　　　　　学时：2小时
足球理论考试　　　　　　　　　　　　　　学时：2小时
反馈和开班仪式　　　　　　　　　　　　　学时：2小时
小组陈述实践课　　　　　　　　　　　　　学时：4小时
每班不超过24人　　　　　　　　　　　　　总学时：16小时

（二）高级指导员实践培训

1. 由守转攻　　　　　　　　　　　　　　　学时：2小时
2. 小组进攻　　　　　　　　　　　　　　　学时：2小时
3. 由攻转守　　　　　　　　　　　　　　　学时：2小时
4. 小组防守　　　　　　　　　　　　　　　学时：2小时
　　　　　　　　　　　　　　　　　　　　　总学时：8小时

高级指导员理论、实践培训总时数（理论16小时、实践8小时 总计24小时）

第二节　培训组织者的职责

一、培训组织机构

1. 全国校园足球办公室。
2. 全国校园足球办公室指定的其他部门（如地方校园足球办公室及体育院校等）。

二、培训组织机构的职责

1. 筹办培训，提供信息，开展宣传，选拔学员。
2. 安排培训日程和时间。
3. 筹备培训器材设施，如地点、室内外课程场所等。
4. 联络全国校足办培训主管官员确定授课讲师。
5. 每上一年11月前申报下一年培训计划。
6. 最迟在30天前，以书面形式正式通知所有参加培训的指导员。
7. 通知所有指导员与培训相关的详细内容：
（1）培训地点；
（2）培训时间；
（3）培训学员人数；
（4）能提供的设备；
（5）培训器材设备的安排等。
8. 为所有教师提供培训必需的纸张（考试用纸、教案纸、评价表等）。
9. 安排以下事项：
（1）讲课设备；
（2）讲师与学员食宿；
（3）服装；
（4）场地；
（5）理论和实践课场所的具体要求；
（6）医疗。
10. 安排交通工具。
11. 安排学生作为指导员实践课的教学对象。

三、培训结束后的职责

1. 归还所有培训设备及器材。
2. 培训结束10天内向全国校园足球办公室培训部门通报培训结果。
3. 所有参与培训学员的成绩应以书面形式通报。

第三节　校园足球指导员培训实施与评价

一、指导员培训条件与设施

（一）指导员培训的基本条件与必要设备

1. 培训班学员和讲师的配比不小于30∶1。
2. 标准足球场（不小于8人制）。
3. 标准足球门（最好可以移动）。
4. 安全平整的球场。
5. 保证每两名学员一个足球。
6. 对抗服2套。
7. 标志物。
8. 电教设备（包括多媒体）。
9. 统一的服装。
10. 考试用的教室。
11. 饮料。

（二）附加设备

1. 气筒。
2. 气针。
3. 文具用品。
4. 球袋。
5. 太阳伞。

二、培训讲师的聘用工作

聘用条件及程序

1. 校园足球初级指导员讲师，需得到全国校足办的资质认证，除参加国际足联草根足球讲师班考核合格外，还需完成以下的培训内容：
（1）主讲师应为亚足联B级以上教练员。
（2）助理讲师应为亚足联C级以上教练员。
2. 校园足球中级指导员讲师，除具备初级指导员讲师资格外，还需是中国足协D级教练员讲师。
3. 校园足球高级指导员讲师，除具备中级指导员讲师资格外，还需是中国足协C级教练员讲师。
4. 被聘用的讲师最迟在培训前两周收到全国校足办的通知。
5. 被聘用的讲师应尽早给与回执，确定是否参加培训。
6. 在培训前讲师需从地方校足办得到培训班如下资料信息：
（1）学员信息；
（2）培训理论授课点、实践场地条件，器材设备数量；
（3）食宿安排条件；
（4）班主任信息和协助情况；
（5）其他培训资料。
7. 培训前讲师应根据授课对象的水平安排课程，制定课程表。

三、培训管理

（一）实践考试评价

1. 把学员分成若干组别进行陈述和实践。
2. 按大纲对每组学员布置实践考试题目。
3. 记录考试题目，评定等级，填写评价表。
4. 记录每名学员考试的准确时间。
5. 给予每名学员点评。

（二）理论考试评价

1. 安排监考，每次考试2小时。
2. 保证考试文具用品。
3. 确保考试环境安静舒适。
4. 对卷面不清晰的地方给与回答解释。
5. 评分。

（三）培训结束后工作

1. 两周内将电子版成绩单上报培训班并上交全国校园足球办公室备案。
2. 同时上报培训总结。
3. 妥善保管试卷。
4. 结算聘用讲师所有费用。
5. 学员考勤汇总。

四、指导员实践课评价

（一）指导员总体印象

1. 服装与仪表。
2. 态度与热情。
3. 鼓励与激励的运用。

（二）训练的组织与安排

1. 场地、设备的布置及分组能力和效率。
2. 训练场景的真实性。
3. 发现问题是否对训练进行重组。

（三）观察指导

1. 能否及时找出问题。
2. 迅速拿出解决问题的办法。
3. 纠错后的训练进展与效果。

（四）沟通与交流

1. 对训练的主题是否有清晰的了解。
2. 有无较好的沟通与交流的效果。
3. 有无正确的示范。

对初级指导员着重关注其总体印象，对中级指导员着重关注其教学的组织安排，对高级指导员重点关注其对学员的指导以及沟通交流。

五、指导员实践评价（样表）

初级指导员着重观察其参与的态度
中级指导员及格为60分
高级指导员及格为70分
等级划分：优秀—3；良好—2；一般差—1；不及格—0

讲师签字：

序号	姓名	总体印象			组织能力			观察指导			沟通交流			总分
		仪表	热情	激励	组织	真实性	重组	发现问题	解决问题	进展	对主题清晰	沟通交流技巧	示范	

六、全国校园足球指导员培训班成绩表

讲师姓名：				地点：		
序号	姓名	实践能力	理论考核	考勤	成绩	备注

学员人数_____ 通过_____ 已通过_____ 未通过_____

备注：1. 通过成绩=实践考核60分以上者，理论考核69分以上者，规则考试60分以上者。

2. 实践能力分为三档：优秀；一般；差。主要看指导员是否具备足球基本技术能力。

第二篇

中国校园足球指导员培训教程理论部分

第一章 我国足球指导员培训概论

第一节 指导员培训体系

一、足球指导员

足球指导员是安全有序地组织和开展足球活动的人。而足球教练员，多指运动训练中培养和训练运动员的人，即凭自己具有的专项运动的理论知识和较高的技术技能，以及先进的教学训练理念与方法，对运动员的思想、身体、技术、战术和道德意志品质等进行全面设计、训练、引导与督促，促使运动员在原有的水平上得到较快的提高。

二、中国校园足球指导员培训构架

校园足球指导员对球员的素质及球技有重要作用，同时也对青少年的性格发展有很大影响。因此，开展活动时应注意以下几方面。

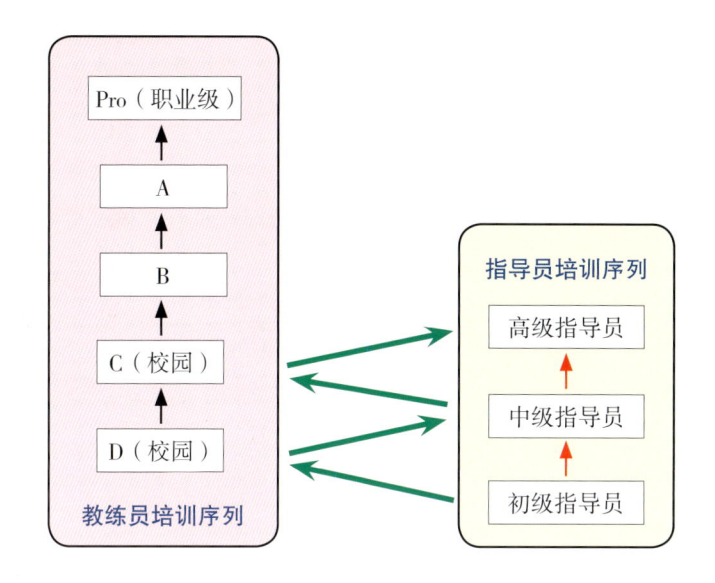

```
教练员培训序列                    指导员培训序列
  Pro（职业级）
     ↑
     A
     ↑                            高级指导员
     B                               ↑
     ↑           ←→               中级指导员
  C（校园）       ←→                  ↑
     ↑           ←→               初级指导员
  D（校园）
```

（一）安全

1. 对所有活动参与者的安全和健康负责是指导员的首要责任。
2. 指导员应有基本救急培训证书。
3. 无论是在平时训练时或主客场比赛中，随时准备紧急伤病情况的发生：知道如何对受伤部位进行冰敷和利用救急箱内各种医疗物品；如何致电紧急求助热线，如120，并能准确把地点、状况说出；清楚知道最靠近的医院；对各活动参与者、运动员的身体状况有一定了解，如药物过敏；与家长了解有关伤病情况。
4. 熟知和明确了解足球规则。
5. 认真地检查运动员装备和场地的安全性。
6. 正确教导运动员安全的竞赛动作与技术。
7. 执行适宜的系统性训练，让运动员的身体状况适合比赛。
8. 严格监督和控制运动员场上动作，尽量避免受伤。

（二）运动员培训

1. 全力培养小运动员对足球运动的兴趣和对规则的了解。
2. 对输赢采取正确的态度。
3. 指导员应明白各运动员的进步速度有别。
4. 对不同年龄段的运动员灌输适当的技术、战术、体能、心理等知识。
5. 按照不同年龄段调整适当的装备、器材和规则。
6. 让运动员有机会尝试场上所有的位置。
7. 运动员最需要的是享受足球训练和比赛的乐趣，指导员应以积极鼓励为主，避免负面批评。
8. 训练时应鼓励运动员学习态度和融入游戏、乐趣元素。
9. 对不同年龄段运动员要有与之相适应的训练课长度和次数。
10. 尽力帮助每位运动员发掘他们的潜能，为以后进一步的发展做好准备。

（三）运动员比赛

1. 教导运动员遵守比赛规则。
2. 教导运动员在场上发扬公平竞赛精神，尊重对手、裁判、官员和观众。
3. 鼓励队员尊重双方球迷。
4. 鼓励场上、场下的运动员态度积极，纪律严谨，不违反规则。
5. 反对任何作弊和不良行为。
6. 反对使用违禁药品及刺激物。
7. 与运动员父母保持良好关系。
8. 冷静，自尊，不公开责备运动员或裁判员，以身作则。
9. 严格处罚蔑视比赛规则的运动员和球队工作人员，不管他有多么重要。

（四）道德精神

1. 维护足球运动的声誉。
2. 尊重和服从所有协会、赛事、俱乐部、学校的有关规定。
3. 与有关官员、教练员、观众等共同为运动员的成长做出最大努力。
4. 成为一个正面的榜样。
5. 懂得并宣扬足球是教育的一种手段。
6. 鼓励正确的道德行为。

7. 禁止在运动员面前吸烟、酗酒并教育运动员远离烟、酒和违禁药品。
8. 指导员应对足球运动有持续性学习的精神。

三、校园足球指导员培训时数

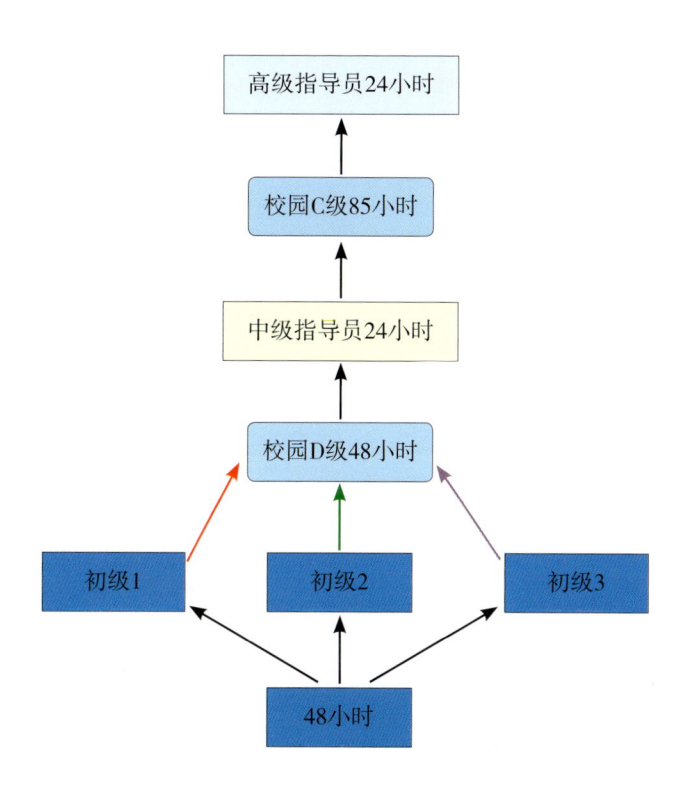

```
                  高级指导员24小时
                        ↑
                   校园C级85小时
                        ↑
                  中级指导员24小时
                        ↑
                   校园D级48小时
                   ↗    ↑    ↖
              初级1    初级2    初级3
                   ↖    ↑    ↗
                      48小时
```

四、校园足球初中高级指导员解读

1. 参与校园初级指导员培训的学员获得1、2、3级合格者方达到初级指导员标准。

2. 校园D级和校园C级同社会D级和社会C级的区别：仅学员学费承担渠道不同。校园序列由校足办承担学费，社会序列由个人承担。

3. 具备初级指导员证书并经讲师推荐的方可获得学习校园D级的资格。只有取得D级教练员证书的才有资格参与校园中级指导员培训，且合格后才具有校园中级指导员的资质。

4. 只有取得C级教练员证书的才有资格参与校园高级指导员培训，且合格后方具有校园高级指导员的资质。

五、对各级指导员的要求

1. 热爱足球事业。
2. 身体健康能够保证上完培训所安排的90%的课程。
3. 具有积极参与的态度（诚实、可信）。
4. 对执教能够积极投入。
5. 曾在基层学校与青少年（6～18岁）足球训练网点执教。
6. 通晓足球知识（具有高中以上学历）。
7. 通过评估考试。

六、课程设置

初级1指导员培训课程设置

时间 内容	第一天	第二天	第三天	第四天	第五天	第六天
8:00～10:00 理论	开班仪式、合影 指导员培训体系介绍	儿童足球游戏编排的注意事项	如何制作一个校园足球活动海报	足球的教育功能	足球节的组织	青少年五人制比赛简化规则
10:00～12:00 实践	草根足球同校园足球的结合	儿童足球游戏-运球	儿童足球游戏-射门及守门员技术	儿童足球游戏-颠球	足球节内部实践	五人制裁判规则实践
14:00～16:00 理论	适宜儿童的准备活动和整理活动	如何组织个人练习和一堂训练课	协调性练习、灵敏性练习、移动技术练习	校园足球训练法	进校园组织一个足球节	理论考试
16:00～18:00 实践	准备活动和整理活动的游戏	儿童足球游戏-传球	绳梯使用方法介绍	校园足球训练法实例		课程回顾小结

初级2指导员培训课程设置

时间 内容	第一天	第二天	第三天	第四天	第五天	第六天
8:00～10:00 理论	开班仪式、合影 指导员培训体系介绍	儿童足球基本技术	不同年龄组儿童的特点	小场地比赛特点	如何组织一个足球节	8对8比赛介绍
10:00～12:00 实践	草根足球同校园足球的结合	儿童足球游戏-运球	儿童足球游戏-射门及守门员技术	小场地比赛	足球节内部演示实践	8对8比赛演示
14:00～16:00 理论	适宜儿童的准备活动和整理活动	儿童足球游戏 小组讨论	协调性练习、灵敏性练习、移动技术练习	足球竞赛的组织与编排	进校园组织一个足球节	理论考试
16:00～18:00 实践	准备活动和整理活动的游戏	儿童足球游戏-传球	协调性、灵敏性、移动技术	4对4按赛程比赛		课程回顾小结

初级3指导员培训课程设置

时间 内容	第一天	第二天	第三天	第四天	第五天	第六天
8:00～10:00 理论	开班仪式、合影 指导员培训体系介绍	比赛原则介绍	青少年足球运动员选材介绍	足球运动损伤的预防与安全	包容性训练理念	11人制比赛裁判规则
10:00～12:00 实践	校园足球经验交流与分享	儿童足球游戏-运球	儿童足球游戏-突破	儿童足球游戏-颠球（足、头、大腿）	包容性训练实践演示	11人制比赛裁判实践
14:00～16:00 理论	准备活动和整理活动的游戏	比赛组织与指导	青少年对抗练习	通过足球学习其他学科	运动营养简介	理论考试
16:00～18:00 实践	准备活动5对5比赛整理活动	儿童足球游戏-利用身体护球	儿童足球游戏-传球	儿童足球游戏-射门	儿童足球游戏-守门员技术	课程回顾小结

中国足协校园足球D级教练员培训课程表（草案）

内容 \ 时间	8:00～10:00 理论	10:00～12:00 实践	14:00～16:00 实践	16:00～18:00 实践	20:00～21:00 讨论	备注
第一天	9:00 开幕式	亚足联、中国足协培训介绍，课程介绍	准备活动原则（方式：讨论）	准备活动：学员分队比赛分析	学员讨论复习	
第二天	比赛要求的技术、技能	球感训练	设计一堂课的内容、程序	带球、突破	学员讨论复习	每次实践课后安排一组学员实践，20分钟
第三天	教练员的指导要求	接球和控球	三个比赛时刻之进攻	传球（短传和长传球）	规则介绍	每次实践课后安排一组学员实践，20分钟
第四天	训练原则	头顶球技术	青少年发展的特点	射门和守门员技术	规则考试	每次实践课后安排一组学员实践，20分钟
第五天	安全与保健	个人防守、抢球	三个比赛时刻之防守	身体协调性、灵活性	学员准备实践考核	
第六天	教练员的素质	小场地比赛4对4、5对5	实践考试	实践考试	学员准备实践考核	
第七天	实践考试	实践考试	理论考试	课程反馈和评估　结业典礼		

中级指导员培训课程设置

内容 \ 时间	第一天	第二天	第三天
8:00～10:00 理论	开班仪式、合影，指导员培训体系介绍	激励队员 小组讨论，实践课内容二	教育心理学 小组陈述实践课内容四
10:00～12:00 实践	校园足球经验交流	小组实践二	小组实践四
14:00～16:00 理论	足球技术和技能 小组陈述实践课内容一	教学法（青少年） 小组陈述实践课内容三	理论考核
16:00～18:00 实践	小组实践一	小组实践三	反馈评估

亚足联/中国足协C级教练员培训班

日期 时间	理论 8:30～10:00	实践 10:30～12:00	理论 14:00～15:30	实践 16:00～17:30	温习 20:00
第一天	9:00 开班仪式	课程介绍 教练培训政策	准备活动及其原则	准备活动及学员比赛与反馈课程的重点	小组实践课准备
第二天	教学及教练指导	1对1突破进攻 2对2创造 1对1进攻机会	影响比赛因素-战术	墙式及后套	复习
第三天	进攻原则	交接及渗透性直线传球	教练指导方法	3人中路进攻配合打法	考试题一分发
第四天	教练指导要求	由守转攻	在比赛中指导	在比赛中指导	教案检视
第五天	教练指导实践一	教练指导实践一	教练指导实践一	教练指导实践一	复习
第六天	防守原则	1防1在不同区域的压迫及抢球	比赛阵型及其趋势	回防协助1防2、2防2、2防1	复习
第七天	休息	休息	休息	休息	休息
第八天	有效的沟通与交流	防守 支援、保护	建立一个训练课的方法	防守 盯人及盯位	考试题二分发
第九天	青少年球员的培养	快速转换 由攻转守	青少年球员的营养	3人防守及在比赛中指导	教案检视
第十天	教练指导实践二	教练指导实践二	教练指导实践二	教练指导实践二	复习
第十一天	运动员体能-速度	结合球的速度练习	人体结构的认识	完成进攻-射门不同角度	考试题三分发
第十二天	运动员创伤及护理	完成进攻-射门凌空球及快射	比赛规则的影响	防守 守门员技术	
第十三天	教练指导实践三	教练指导实践三	教练指导实践三	教练指导实践三	
第十四天	考试准备	一般理论考试	专项理论考试	评估及检讨闭幕式	

高级指导员培训课程设置

时间 \ 内容	第一天	第二天	第三天
8:30～10:00理论	开班仪式、合影 指导员培训体系介绍	补充营养时间的选择 小组讨论实践课内容二	建立信息收集体系 小组讨论实践课内容四
10:30～12:00实践	校园足球经验交流	小组实践二	小组实践四
14:00～15:30理论	青少年训练中的心理疲劳 小组陈述实践课内容三	体育道德行为 小组陈述实践课内容三	理论考核
16:00～17:30实践	小组实践一	小组实践三	反馈评估

七、通过分数标准

	理论考试	实践考试	通过	不合格
初级指导员	60%	60%	60分以上含60分	60分以下
中级指导员	60%	60%	60分以上含60分	60分以下
高级指导员	60%	60%	60分以上含60分	60分以下
D级教练员证书	60%	60%	60分以上含60分	60分以下
C级教练员证书	60%	70%	70分以上含70分	70分以下

注：理论课与实践课考试，满分均为100分。

　　通过　60分以上含60分（理论、实践都合格）

　　半通过　实践课合格，理论不合格者进行补考

　　不合格　实践课60分以下

校园D级评估方式按技术部统一考核标准执行

C级教练员评估方式按技术部统一考核标准执行

初级指导员实践考评以学员参与态度为标准

第二节　草根足球与校园足球的结合

　　草根足球顾名思义就是非主流、非精英的足球文化群体，或者简单地说就是"职业足球之外的都称为草根足球、业余足球"。但就像草根拥有顽强的生命力和强大繁殖能力一样，"草根足球"也将成为中国足球发展不可忽视的一部分。以学校为基础的校园足球拥有良好的学生基础，其参与者渗入到社会足球实践当中，通过各

级别的校园足球联赛和社会团体组织的各种比赛，使足球运动水平得到提高并享受踢足球的快乐。

一、校园足球开展的背景

足球运动是世界最大最受欢迎的运动之一，它拥有庞大的运动人口，老少男女皆有，特别在当代足球当中，学生在足球人口中占有庞大的基数，随着当代足球在校园的传播，越来越多的学生主动参与到足球运动中来，为校园足球的开展奠定了基础。开展校园足球活动的意义，绝不仅仅局限于扩大足球人口和培养青少年足球后备人才，更重要的是促进广大青少年身心的全面发展。《中共中央国务院关于加强青少年体育增强青少年体质的意见》明确指出，增强青少年体质，促进青少年健康成长，是关系国家和民族未来的大事。因此我们应当抓住机遇，充分发掘、发挥足球运动在青少年学生中的独特魅力和综合教育功能，通过校园足球活动的开展，带动校园体育活动、"阳光体育运动"的进一步发展。

当前，我国正在从人力资源大国向人力资源强国迈进。全面推进素质教育，提高教育质量，促进人的全面发展，促进学生健康成长，培养德、智、体、美等全面发展的社会主义建设者和接班人，是学校一切工作的出发点和落脚点。目前在一些城市开展青少年校园足球活动，本身就是学校教育的重要内容，是促进学生全面发展的必然要求。开展青少年校园足球活动，不是让所有的学生都成为足球运动员，而是培养学生运动兴趣，培养学生对足球运动的喜爱，培养学生良好的意志品质，在扩大学生参加足球运动参与面，夯实足球运动的基础上，发现足球运动员的新苗，进一步提高他们的足球运动技能和水平，为国家培养高素质足球人才。校园足球的主要作用是要使孩子们身心得到健康发展，而不再提"发现苗子、培养人才"。当然，这些工作光靠体育部门努力是不够的，只有通过与教育部门的积极配合，以及家长对校园足球认识上的调整，我们才能看到校园足球、中国足球未来发展的真正春天。

2009年6月10日在北京召开的全国青少年校园足球工作会议上，国家体育总局、教育部联合发布了《关于开展全国青少年校园足球活动的通知》，同时还制定了《全国青少年校园足球活动实施方案》。"校园足球活动"的启动，对于我国青少年足球的发展和推动中国足球水平提高将产生深远影响。校园足球的开展和普及不能只限于一些发达的大中城市地区，如果农村的校园足球运动没有广泛开展，就不可能使校园足球得到真正的普及。扩大城镇足球人口普及足球运动、推动下级联赛的发展，是中国足球最终取得进步的基础。原中国足协主席年维泗在考察完临颍县校园足球开展情况后讲："说实话，自打从足球一线退下来，没能看到有更多的孩子投身我们的基层足球、青少年足球，是我最大的遗憾，要知道，只有当基础夯实了，青少年足球水平上去了，我们的国字号、国家队才有希望。"学校开展校园足球活动是进行素质教育的较佳途径。足球运动赋予我们的价值是：参与足球活动的

学生能学到团队协作精神，学会与人沟通，提升社交能力，通过参与比赛使学生学会遵守规则、尊重对手、团结、宽容、自信、学会如何面对竞争、参与公平竞争，提高解决问题的能力。足球运动正因为有综合性的价值，才能成为世界第一运动。足球运动的价值本身涵盖素质教育的核心"德、智、体、美、劳"，所以开展青少年校园足球活动就是开展素质教育，通过参与足球运动培养学生团队协作精神和吃苦耐劳的品质，从中获得足球运动所带来的身心健康、精神财富，使学校开展素质教育更有成效。

国家体育总局副局长、中国足球协会主席蔡振华认为，只有把青少年培养体系建立健全后才能提高国字号球队的成绩，这项工作需要较长的时间，不能急功近利。从农村着手，拓宽选材渠道，通过开展校园足球，可以大大增加我国足球人口，培养更多的足球后备人才。当然，踢球的孩子可能只有很少一部分能进入更高水平的职业领域，但参与足球会给他们带来享用一生的财富，中国足球也会因为他们的激情参与，拥有更加光明、更加美好的未来。足球资深评论员张路对中国足球的现状有非常清楚的认识："我们不具备在大赛中打出好成绩的能力，原因并不是我们的教练员和球员水平低，而是我们的基础薄弱。如果从现在开始，从小学生足球抓起，坚持20年打基础，我们有可能在20年后翻身。"

校园足球运动的开展，经费问题是首要问题。《全国青少年校园足球活动实施方案》要求，国家体育总局从体育彩票公益金中拨出专款（4000万），各地原则上按照不少于1∶1的比例匹配相应的资金，同时还要通过多渠道开发市场资源以及企业和社会团体的赞助。但从我国青少年足球发展的现状来看，筹集的资金对于首批46个试点城市来说都非常有限。其次，良好的社会氛围是做好青少年校园足球活动的重要保证，各地教育行政部门应加强与新闻媒体的合作，宣传校园足球活动的典型事例，形成正确的舆论导向和良好的社会氛围，为开展校园足球活动创造有利的社会环境，尤其是通过各种渠道宣传农村校园足球的开展情况。同样我们也需要提高教练员业务水平。提高教练员的能力建设，特别是中小学教练员的水平尤为重要。为此，要有计划、有步骤地开展校园足球活动学校体育教师的专项技术培训，对培训合格者颁发上岗证书，并按课时计入教师继续教育学时，在教师评优评先、晋级晋职中，对教练员优先考虑。另外，也可以采取请进来走出去的办法，聘请高校教师和专业队教练员到学校指导教学和训练。再次，政府的重视程度直接关系到校园足球的健康发展，不仅可以利用政府特殊的位置向社会来筹集资金，而且可以通过制定相应的升学、奖学金等措施来鼓励更多的孩子参加到足球运动中来。

二、青少年体质下降的原因和对策

学校是培养人才的地方，而当前我国学校教育体系中虽然强调学生身体素质的提高对其全面发展的意义，但重文轻体的现象还是普遍存在的，学生体质持续下降也是不争的事实。在竞争如此激烈的现代社会，我们需要的是真正的德、智、体、

美、劳等全面发展的人才，而不是手无缚鸡之力的文弱书生。只有给学生减负，让学生从学习重压中解放出来，有更多的时间参与体育锻炼，提高身体素质才会成为可能。只有把症结解决了，再去讨论参加什么样的体育项目才会更有意义。

从当前学生体质的趋势分析，无论是近视率、肥胖率，还是体能、体质，与以往相比都下滑严重，与青少年本应该具有的活泼好动的特点有很大的差距。由此引发近年来的诸多学生参与体育活动发生一系列安全事故。我们必须在学校体育的教育环节中对学生身体健康更加重视。生命在于运动，引导与督促学生参加体育活动与锻炼，显然也是家长和学校义不容辞的责任。如果学生不爱运动，家长和学校就顺着学生这个心理，取消了运动项目，看着是对学生的关爱，实则是娇纵，是姑息。如此以往，学生的体质依旧会呈明显的下降趋势。因此，校园足球与草根足球体系的建立与设置并不只是为了我国足球运动水平的提高以及后备人才奠定良好的基础，同样也对于我国青少年体质的提高有着积极的意义。

广大青少年身心健康、体魄强健、意志坚强、充满活力，是一个民族旺盛生命力的体现，是社会文明进步的标志，是国家综合实力的重要方面。党中央、国务院历来高度重视青少年的健康成长。改革开放以来，我国青少年体育事业蓬勃发展，学校体育工作取得很大成绩，青少年营养水平和形态发育水平不断提高，极大地提升了全民健康素质。但是，必须清醒地看到，一方面由于受到片面追求升学率的影响，社会和学校存在重智育、轻体育的倾向，学生课业负担过重，休息和锻炼时间严重不足；另一方面由于体育设施和条件不足，学生体育课和体育活动难以保证。近期体质健康监测表明，青少年耐力、力量、速度等体能指标持续下降，视力不良率居高不下，城市超重和肥胖青少年的比例明显增加，部分农村青少年营养状况亟待改善。这些问题如不切实加以解决，将严重影响青少年的健康成长，乃至影响国家和民族的未来。

青少年时期是身心健康和各项身体素质发展的关键时期。青少年的体质健康水平不仅关系个人健康成长和幸福生活，而且关系整个民族健康素质，关系我国人才培养的质量。体育锻炼和体育运动，是加强爱国主义和集体主义教育、磨炼坚强意志、培养良好品德的重要途径，是促进青少年全面发展的重要方式，对青少年思想品德、智力发育、审美素养的形成都有不可替代的重要作用。各地和各级各类学校必须全面贯彻党的教育方针，高度重视青少年体育工作，使广大青少年在增长知识、培养品德的同时，锻炼和发展身体的各项素质和能力，成长为中国特色社会主义事业的合格建设者和接班人。

当前和今后一个时期，加强青少年体育工作的总体要求是：认真落实健康第一的指导思想，把增强学生体质作为学校教育的基本目标之一，建立健全学校体育工作机制，充分保证学校体育课和学生体育活动，广泛开展群众性青少年体育活动和竞赛，加强体育卫生设施和师资队伍建设，全面完善学校、社区、家庭相结合的青少年体育网络，培养青少年良好的体育锻炼习惯和健康的生活方式，形成青少年热爱体育、崇尚运动、健康向上的良好风气和全社会珍视健康、重视体育的浓厚氛围。

通过5年左右的时间，使我国青少年普遍达到国家体质健康的基本要求，耐力、力量、速度等体能素质明显提高，营养不良、肥胖和近视的发生率明显下降。通过全党全社会的共同努力，坚持不懈地推动青少年体育运动的发展，不断提高青少年乃至全民族的健康素质。

三、阳光体育工程

学校体育工作是学校工作的重要组成部分，是维护学生身心健康和培养学生良好体魄的重要载体，更是提高全民素质的重要措施。为了认真贯彻《中共中央国务院关于加强青少年体育增强青少年体质的意见》，教育部成立了学生阳光体育运动领导小组，各省市由教育局长、体育局长、团市委书记担任组长，教育局副局长、体育局副局长、团市委副书记担任副组长的领导小组，由基教科、体艺卫科具体负责，职社科、督导科参与，具体抓好此项工作，建立由教研室、青少年校外活动中心、少体校、体育中心、青少年宫为核心的专家团队，负责指导工作。各学校分管校长担任学校领导小组组长，学校政教处、教导处、体育组和班主任联动，使广大学校在推进学生阳光体育运动的进程中得到了组织保障。

此外，学生阳光体育运动的开展应全员参与，所有中小学在校学生全部参加阳光体育运动。要求所有学校保证学生每天锻炼一小时，保证"两操""两课"和"大课间"活动正常到位。鼓励阳光体育运动的多样性，除了在幼儿园开展韵律操、体育游戏等活动之外，广大中小学还应积极开展富有特色的阳光体育项目，坚持精心组织晨跑锻炼，为学校群众体育的蓬勃发展继续做出贡献，不断丰富学生阳光体育的内涵。

为了保障学校阳光体育正常开展，应加大学校体育设施建设，所有中小学体育设施要求配齐、配好，并按要求进行管理使用。教研室、教师进修学校等单位定期对体育教师开展业务培训，提高体育教师业务水平，有效地保障了学生阳光体育运动的开展。此外，在阳光体育运动全面实施的条件下，应积极有效地发展校园足球培训体系，积极开展阳光体育运动学生"阳光体育奖章"评比和"校园足球"示范校评比活动。

四、开展校园足球活动的紧迫性和必要性

（一）国家未来的发展需要校园足球

党中央国务院历来对足球工作十分重视，20世纪50年代，毛泽东主席就鼓励中国足球运动员"在将来要打胜仗"。1985年小平同志指出："中国足球运动要上去，要从娃娃和少年抓起。"1999年江泽民同志接见获得世界杯亚军的中国女子足球队时，

勉励她们要发扬成绩，再接再厉，为祖国为人民争取更大的光荣。2008年9月，胡锦涛同志在北京奥运会、残奥会总结表彰大会上强调，推动竞技体育内部门类均衡发展，不断增强我国竞技体育的综合实力，进一步推动我国由体育大国向体育强国迈进。中共中央总书记、国家主席习近平2009年10月在访问德国时谈到："中国有一流的球迷和全世界可观的足球市场，但现在的足球水平还比较低。不过举办完奥运会后，中国下了一个决心。既然我们其他的运动可以拿到金牌，那么足球一定要下决心搞上去，但是这个时间会很长。"

刘延东同志在出席山东省青岛市举行的全国青少年校园足球活动小学、初中联赛开幕式及全国足球工作座谈会时代表党中央、国务院对足球工作做了一个系统的重要讲话。她指出，现在亿万群众都对足球水平的提高抱有极大的热情和期待，足球这样一个体育项目的意义已经远远超越了体育本身，提高足球水平确实具有十分重要和紧迫的意义。提高足球运动水平是全面建设体育强国的重要举措，也是我们中国特色社会主义事业的重要组成部分。"从娃娃抓起，搞好青少年校园足球活动。足球运动要想提高水平、保持较高水平，必须扩大群众基础，尤其是吸引更多的青少年参与进来。搞好青少年校园足球活动是提高我国足球整体水平的基础性工作。"这为我们组织开展好青少年校园足球工作指明了方向。

中央领导的这些讲话和指示精神高屋建瓴，进一步提高了我们对搞好足球工作的认识，增强了我们提高足球水平工作的使命感和责任感，也坚定了我们搞好青少年足球的信心和决心。我们要自觉地把对青少年足球工作的认识统一到中央领导的指示精神上来，落实到实际行动中去。

中国足球的现状令全国人民很不满意，对产生这些问题的原因必须深刻反省。青少年足球的基础如此薄弱，青少年足球后备人才如此匮乏，是中国足球水平长期低下的重要的基础性原因。我们在对中国足球运动水平低下而扼腕长叹的同时，更要看到我国青少年足球人口极低、青少年后备人才极度匮乏的严峻现实。如果让目前的这种状况继续延续下去，要提高中国足球运动水平，无异于想在沙滩上建摩天高楼。所以，我们必须从打好青少年足球基础做起，着眼长远，面向未来，绝不能急功近利。我们要以高度的历史责任感，本着对中国足球未来负责的态度，从振兴中国足球的高度，痛下决心，花大力气狠抓青少年足球后备人才的培养，绝不要指望足球没有青少年的普及，就能够提高水平。我们要立足长远，面向未来，抓基础，大力开展青少年校园足球活动，这既是教育部和体育总局贯彻落实党的十七届五中全会精神和《中共中央国务院关于加强青少年体育增强青少年体质的意见》，推动开展全国亿万学生阳光体育运动的重要举措，也是在广大青少年学生中普及足球运动的载体和手段，是提高我国足球运动水平的迫切的历史需要。

开展青少年校园足球活动的意义，更在于促进广大青少年全面发展。《中共中央国务院关于加强青少年体育增强青少年体质的意见》明确指出："增强青少年体质，促进青少年健康成长，是关系国家和民族未来的大事。""广大青少年身心健康、体魄强健、意志坚强、充满活力，是一个民族旺盛生命力的体现，是社会文明

进步的标志,是国家综合实力的重要方面。"

党中央国务院站在国家民族发展的高度指出了青少年体育工作的重大意义和体育运动对青少年全面发展的重要作用,为青少年体育特别是学校体育指明了方向。2009年由国务院颁布的《全民健身条例》,以及2010年颁布的《国家中长期教育改革和发展规划纲要》中都明确规定要大力开展"阳光体育运动",保证学生每天锻炼一小时,这也为我们广泛开展校园体育活动提供了法规制度保证。

我们要充分发挥校园足球活动对落实党的教育方针,培养德智体美全面发展的建设者和接班人的重要促进作用,要把开展校园足球活动当成"阳光体育运动"的有力抓手和示范。

（二）素质教育需要校园足球

国家教委《关于当前积极推进中小学实施素质教育的若干意见》对素质教育做了明确解释:"素质教育是以提高民族素质为宗旨的教育。它是依据《教育法》规定的国家教育方针,着眼于受教育者及社会长远发展的要求,以面向全体学生、全面提高学生的基本素质为根本宗旨,以注重培养受教育者的态度、能力,促进他们在德智体等方面生动、活泼、主动地发展为基本特征的教育。"可见,德、智、体全面发展是素质教育的基本特征,体育是素质教育的基本内容之一。

足球运动作为一项体育运动具有德育功能。足球运动是集体项目,只有运动员在场上相互配合、团结协作,坚持集体利益高于个人利益,个人利益服从集体利益,才能完成比赛并取得理想的成绩。因此,足球运动可以培养学生的集体主义道德观念。足球运动又是同场对抗性项目,激烈的对抗可以培养学生的竞争意识和勇敢、顽强、拼搏、奋进的意志品质。足球运动的比赛时间长达90分钟甚至更长,需要良好的体力和耐力,可以培养学生吃苦耐劳、克服困难、艰苦奋斗的思想作风。另外,足球运动还能够教会学生"胜不骄,败不馁",遵守规则,服从裁判,尊重对方,这些都有助于学生养成良好的思想道德品质。

足球运动作为一项体育运动又具有智育功能。在足球比赛中,运动员要综合利用视觉、听觉、触觉、位觉和本体感觉,对场上瞬息万变的形势以及人和球的快速运动做出分析判断,并在短时间内完成动作,因而可以提高大脑的反应速度和思维敏捷性,提高人的观察能力和时空感知能力。另外,通过反复训练,运动记忆不断发展,技能分析评价能力不断提高,进而有助于学习成绩的提高。我国古代文学家苏轼曾讲道"厚自养炼多少妙,养生有术文思涌"。很好地阐述了健康与智力可以相互促进的道理。著名生理学家巴甫洛夫说:"我毕生热爱脑力劳动和体力劳动,或许更热爱体力劳动。当手脑结合在一起的时候,我就感到特别愉快,我衷心希望青年们能够沿着这条唯一能保证人类幸福的道路继续前进!"他所说的道路,就是体育与智育的结合。

足球作为一项体育运动还具有美育功能。运动员在足球场上的技术动作是临场发挥的，很多高难度的技术动作堪称艺术，观看高水平的足球比赛实际上是在享受足球运动的魅力。所以，观看足球比赛，开展足球运动，可以提高学生对体育运动，特别是足球运动的审美能力。

可见，青少年校园足球活动是能够服务于素质教育的。在济南市"市长杯"青少年校园足球联赛中，济南甸柳一中、济南历元学校的很多队员不仅运动成绩好，学习成绩也非常优秀，他们的足球训练活动因而得到了家长和老师的支持。总之，青少年校园足球活动只有服务于素质教育才会走得更远，也更具有生命力。

（三）中国足球的未来需要校园足球

足球运动是世界上最受喜爱、开展最广泛、影响最大、影响最深远的体育运动，它以独特的文化魅力被誉为"世界第一运动"。开展足球教育的意义，是贯彻中央加强学生体质健康的要求，提高学生体质的需要；是以足球教育为突破口和切入点，深入推进素质教育的需要；是实行亚洲足球发展计划，振兴中国足球，提高我国足球教育水平的需要；是加强我国特色教育发展的需要；是办好学校校园足球队，加强足球后备人才培养的需要。就学生的成长发展而言，足球运动在人们生活中所占据的位置和具有的意义，已远远超出体育运动的范畴。足球运动具有很强的教育性，对培养学生的组织性、纪律性、集体主义精神、机智灵活的应变能力和勇敢、坚强、坚韧不拔意志品质等具有显著的作用。足球运动本身的魅力也将带给学生精神上的满足和情感上的愉悦，从而不断激发学生锻炼身体与发展才能的愿望，这有利于良好的心理品质及思想品德的形成，有利于增强体质和促进健康，有利于学生终身体育思想的形成，有利于提高学生的社会适应能力。

应将足球知识专题教育纳入学校课程，并将学习情况记入学生成长档案。充分利用校本研究课程，普及足球知识，大力开发我国现有的足球运动资源，以适应和满足学生的实际爱好需要。学校和教师应根据学生身心发展特征，大胆对竞技化足球进行游戏化改革，通过简化规则，简化技战术，降低难度要求，改造场地器材等手段，开发出新的足球课程内容，提高学生对体育课的兴趣。

通过课外体育活动，更好地巩固和提高体育课中获取的足球知识，了解足球文化，更好地完成学校体育教学任务。充分利用课外活动时间开展足球训练以及与足球相关的系列活动，促进学生健康水平的提高。举办形式多样的足球文化广场，营造校园足球活动氛围。

继续坚持"办负责任的学校，育负责任的人才"的办学理念，着力推动足球运动在学校的开展和普及。加大业余训练的力度，通过冬令营、夏令营、定期比赛等形式，集中优势培养出更多的高水平足球运动员，进一步提高我国足球运动的知名度。

校园足球运动快速发展的关键在于体育教师的工作实践，体育教师的思想素质、业务素质起着决定性的作用。因此，要狠抓师德建设，树立良好的学风和教风。根据我国实际，要突出足球运动在体育教学和课外活动中的地位。聘用足球知名人士做专兼职教练员进行业余训练，对体育教师、教练员进行业务强化培训，今后每年定期对教练员和运动员进行足球指导，提高教练员的执教水平。完善训练制度。

在足球教育发展中，以制度管理人，使教练员在制度的约束下进行教学训练，使学生在制度允许的范围内进行训练学习，使有关科室在制度的协调下配合工作。为此学校应出台各种方案和管理制度细则，加强校园足球运动使足球教育发展工作有计划地持续发展。要充分利用足球场地和器材，使足球运动得到最大的普及，3年内我国将对现有的场地进行高规格的修建，争取建成高标准的足球场地，提高我国的硬件设施水平，为足球教育发展提供更好的场地器材保障。焊制小足球门，便于平时训练和足球活动。我国近几年来不断加大足球训练比赛等活动经费，在此基础上将进一步加大对足球教育的经费投入，从实际出发，多渠道筹集资金，向上级有关部门争取一块，学校拿出一块，通过队服冠名、赞助商资助等形式社会资助一块，确保足球教学训练活动正常运行和发展。

作为世界第一运动的足球，在校园有着广泛的群众基础，学校积极构建适合每个学生和谐发展的高层平台，大力实施素质教育，努力彰显体育特色，对照高标准，瞄准新目标，为足球教育发展做出更大的贡献。

五、校园足球未来的思考与展望

（一）探索适合我国校园足球的发展体系

早在2001年，足协主席阎世铎在全国足球工作会议中谈到青少年足球竞赛时指出："以建立学校四级足球联赛为突破口，提高青少年足球水平。"中国足协已与教育部门按照"统一思想、统一组织、统一赛制"的原则共同建立了学校足球委员会，以便建立健全"大学、高中、初中、小学"四个级别的学校足球赛事。可是直至今日，其规模还远远构不成雄厚的普及基础，以至于我国的足球竞赛训练体制尚没有形成"小学—中学—大学"足球人才的培养系统，尤其是处在基础位置的下级联赛很难形成规模。我们可以通过组织各种联赛、村级联赛、乡级联赛、校级联赛等，提供给那些有天赋的运动员广阔的舞台，让各种特色的人才百花齐放，走出中国特色的足球道路。

（二）足球进入学校体育课堂

对在校学生运动员的培养，应遵循教育的普遍性要求，首先是合格人才的培养，其次才是专门人才的培养，最后达到优秀体育人才。只有把教育的普遍性规律和培养体育人才的特殊性规律辨证地结合起来，才能保证培养优秀体育后备人才工作的成功。国家体育总局副局长蔡振华强调要提高青少年的综合素质，"不要让青少年单一地踢球或者从事其他的体育运动，有些运动员在十多岁就拿到世界冠军，但是进一步向上提高却非常困难，主要原因就是文化素质不够，限制了思维和理解力。在乒乓球项目上，参加全国比赛前，必须经过文化课考试，只有经过考试才能参加全国比赛，这就是让运动员的综合素质得以保证。足球是否也能设置文化课考试，让运动员的文化素质尽快提高起来"。为了对学生本人和家庭及社会负责，教育和体育部门要联合起来制定一套与时俱进的科学的升学、进队细则。如学生因训练导致学习成绩下降或不能完成学业考试者，我们可以终止其训练或劝退，以保证学生完成学业；球队在全国、省或市的比赛中获得名次，就给队员一定的物质奖励和各种升学考试的分数照顾，这样弥补他们在日常训练中所耗费的时间和精力，为后续队员努力学习刻苦训练打下伏笔。这种在教育体制下形成的"校园足球"模式，不仅体现了教育的本质，大大提升了球员的文化素养，也为"校园足球"的实践者提供了广阔的终生就业机会，给"校园足球"带来持久的生命力，这应该是中国足球人才金字塔培育体系的主框架。

（三）建立健全科学合理的校园联赛体系

校园足球构建之初就曾明确提出构建大学、高中、初中和小学的四级联赛体系，但是在运作初期，由于经费、基础等方面因素的制约，校园足球在过去只有初中和小学两级联赛。由于基础十分薄弱，经费方面也不足，不能取得明显的效果，因此决定从基础做起，从小学和初中联赛开始，按照计划逐步推进，等待时机成熟时再启动高中和大学联赛。随着近年来的建设，领导小组认为，启动这两级联赛的时机已经成熟，计划正式启动高中和大学两级校园足球联赛体系。

校园足球领导小组将通过各布点城市地方足协，开始高中和大学两级联赛布点学校的摸底工作，并结合摸底情况，草拟出联赛组织方案。在今后的几年里，随着校园足球活动的不断开展，校园足球竞赛将逐渐发展为4级职赛。随着新学期正式开始，部分省市的两级联赛也将每周都在布点的高中和大学中正式展开。每个布点城市的冠军球队，将获得参加目前由全国大学生和中学生体育协会组织的全国高中和大学足球锦标赛的机会。

现在推出高中和大学两级联赛，将让整个校园足球体系进一步完善，让那些有足球天赋的孩子，可以以特长生的身份，继续得以施展自己的足球才能。让踢球的孩子们有出路，才能最大程度得到家长的支持。只有足球人口不断增加，竞技层面的专业足球才有可能得到真正意义上的提高。由于高中和大学联赛将主要在省级校园足球城市中展开，因此根据校园足球领导小组办公室的初步估算，全国参加高中和大学联赛的学校将分别达到500所和300所，所需约1000万元经费将由教育部门筹集。

这将从根本上改变校园足球以往过多依靠体育部门经费投入的尴尬局面，毕竟校园足球要想健康发展，更需要教育部门的重视和投入。

（四）足球活动促进人的成长

通过参与足球活动，可以在人的成长过程中起到良好的促进作用，而且在此基础上形成了以足球活动的方式对人格培养的有效途径。

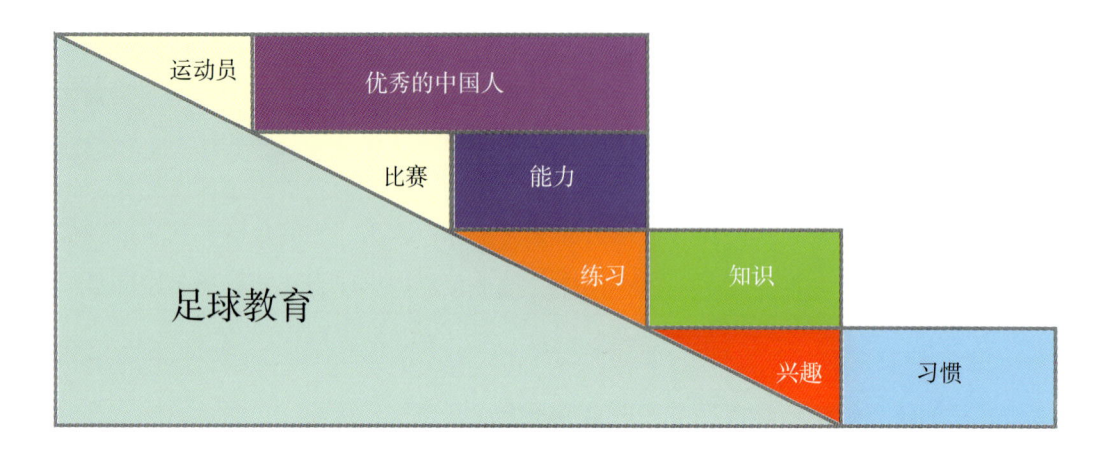

足球教育 — 运动员 — 优秀的中国人 — 比赛 — 能力 — 练习 — 知识 — 兴趣 — 习惯

第三节 中国校园足球发展历程

2009年以来，在党中央的高度重视和亲切关怀下，在国家体育总局、教育部和协会的领导下，通过地方教育、体育部门的精诚合作和共同努力，校园足球活动取得了阶段性的成绩，初步构建了校园足球联赛的框架和体系，建立了较为有效的组织机构，以先进的理念和有力的保障，积极地推广和普及校园足球运动。

一、校园足球组织结构与指导思想

（一）组织机构

为贯彻《中共中央国务院关于加强青少年体育增强青少年体质的意见》精神，落实《关于开展亿万学生阳光体育运动的决定》，在党中央、国务院的关心和大力倡导下，2009年2月，国家体育总局和教育部联合组织在大、中、小学校，开展全国青少年校园足球活动，并成立了由教育部、体育总局行政部门以及中国足球协会等有关社会团体组成的，全国青少年校园足球领导小组规划、领导全国的青少年校

园足球活动开展。领导小组下设全国青少年校园足球工作领导小组办公室（下面简称"全国校足办"英文缩写CSF），负责青少年校园足球活动的日常工作。全国校足办下设166个省、市、县校足办（22个省校足办、4个直辖市校足办、5个自治区校足办、1个建设兵团校足办、131个市校足办、3个试点县校足办），具体负责当地校园足球活动的日常工作。其中要求专职工作人员至少4名，兼职以及志愿者若干。此外，部分区、县以及校园足球定点学校设立了校园足球办公室，主要负责该地区或者学校校园足球活动，工作人员多为兼职。

（二）指导思想

开展青少年校园足球活动要以科学发展观为指导，以体制机制创新、转变发展方式为动力；以推进阳光体育、校园足球活动为载体；以服务青少年成长、服务社会发展为宗旨；以促进学生德智体美全面发展、提高青少年体质健康水平、扩大足球人口、储备足球后备人才为目标；以各类人才培养、建立健全校园足球各级联赛、完善场地设施、师资培训为重点内容，推进青少年校园足球活动持续、健康、协调发展，最终服务社会和谐发展。

（三）相关政策

2013年2月，国家体育总局、教育部联合出台了《国家体育总局、教育部关于加强全国青少年校园足球工作的意见》，对各省市自治区等体育局、教育局以及当地校足办提出20条校园足球工作具体意见。文件要求地方高度重视校园足球工作，完善校园足球组织机构。加大校园足球经费投入，加强校园足球场地建设与利用。尽快完善校园足球小学、初中、高中、大学四级联赛体系，加强校园足球文化建设，扶持校园足球女足发展。广泛整合社会资源，加强校园足球师资队伍建设，保障参与校园足球活动人员福利待遇和评职表彰方面的待遇。完善校园足球定点学校招生政策以及加强校园足球科研工作和国际交流等，引导广大青少年、学校、社会关心支持并参与到校园足球活动中来。

（四）行为规范

为了巩固中国校园足球活动成效，维护良好的校园足球环境，使更多的学校、老师、球员积极主动参与到校园足球活动中来，保证校园足球活动规范、健康、安全、持续地发展下去，全国校足办专门下发了《国际足联公平竞赛准则》，并制定了《全国青少年校园足球活动球员行为规范》《全国青少年校园足球活动教练员行为规范》《全国青少年校园足球活动裁判员行为规范》《全国青少年校园足球活动家长行为规范》《全国青少年校园足球活动球迷行为规范》，以便校园足球相关人

员学习、遵守。

二、校园足球开展现状

（一）普及范围遍布全国

自2009年6月开始，截至2013年底，校园足球活动已经覆盖了我国境内所有省、自治区和直辖市。其中国家级布局城市49个、试点县3个，省级校园足球开展省份11个（甘肃省、浙江省、江苏省、陕西省、河北省、四川省、江西省、广东省、河南省、湖南省、安徽省），省级布局城市82个，共计134个市、县级单位。截至2012年底，开展校园足球联赛的大、中、小学校高达5084所，注册人数达191766人，吸引了270万名学生走出教室、走进绿茵场地、走到阳光下。通过全国青少年校园足球活动的推广，广大学生的体质和体能得到了显著提高。

校园足球布局城市查询图

（二）校园足球联赛工作健康有序

1. 布局城市联赛

（1）目前校园足球联赛设置的组别主要有男子小学甲乙组、初中组、高中组和大学组；女子小学组、初中组和高中组。比赛主要以"市长杯""区长杯""校长杯"为核心，并将逐步完善"园长杯""省长杯"。每个国家级布局城市小学不少于30所，初中不少于16所，高中不少于8所，大学不少于6所，其中直辖市小学不少于60所，初中不少于32所，高中不少于16所，大学不少于10所。比赛采用小学五人制、初中七人制和高中大学十一人制，每个赛季将按照学年分为上、下两个赛季，先由区、县进行选拔赛，后进行城市校园足球联赛，联赛可采用主客场双循环制或集中赛会制。每个省级布局城市小学不少于12所，初中8所。比赛采用小学五人制和初中七人制，每个赛季将按照学年分为上、下两个赛季，先由区、县进行选拔赛，后进行城市校园足球联赛，联赛可采用主客场双循环制或集中赛会制。

（2）从2009年10月14日中央政治局委员、国务委员刘延东在青岛亲自宣布全国校园足球小学组和初中组联赛开幕，截至2012年11月，开展校园足球联赛的小学已经发展为3082所，注册学生球员：男子88749名、女子18911名，共计107660名；初中为1497所，注册学生球员：男子43986名、女子8694名，共计52680名；每年完成校园足球比赛10万余场。

（3）为完善校园足球四级联赛体系的有机衔接，全国校足办于2013年10月下发了《全国校足办关于开展全国青少年校园足球城市内高中、大学联赛的通知》，要求各省市校足办尽快启动高中、大学联赛。目前为止，已有44个城市开展了城市内高中校际联赛；21个城市开展了大学校际联赛。

全国青少年校园足球工作领导小组

校园足球字〔2013〕18号

全国校足办关于开展全国青少年校园足球城市内高中、大学联赛的通知

各省、自治区、直辖市、新疆生产建设兵团、布局城市及试点县青少年校园足球工作领导小组办公室：

根据《中共中央国务院关于加强青少年体育增强青少年体质的意见》（中发〔2007〕7号）的精神，为贯彻《关于开展全国亿万学生阳光体育运动的决定》，全面提高广大学生的体质和体能，培养青少年拼搏进取、团结协作的体育精神，自2009年在全国开展青少年校园足球活动，共同成立了全国青少年校园足球活动领导小组，四年来，小学和初中校园足球活动已初具规模，联赛广泛开展。在全国青少年校园足球工作领导小组的高度重视下，经研究决定，在全国校园足球布局城市开展城市内校园足球高中和大学联赛，并给予一定启动经费支持，完善全国青少年校园足球四级联赛体系。

请各级校园足球领导小组办公室认识落实执行。

2. 联赛检查评估体系

为使校园足球联赛健康有序的开展，保证校园足球联赛能够按设想和目标有效实施，2010年11月在南京召开了全国青少年校园足球联赛评估检查工作会议，与会专家负责制定出《联赛评估检查表》。全国校足办聘请全国有关体育院校具备教学经验的教师、退役的老教练员和校足办工作人员组成校园足球联赛检查评估组，对同一布局城市，每年度至少分4次先后选派不同评估人员实地检查评估，保证评估的公正性、准确性、客观性并根据多次评估结果进行综合评分。

2012—2013年度全国校园足球联赛检查评估组对52个国家级布局城市、试点县检查评估共计196次，有效检查182次，有效检查率为92%。其中检查出推迟组织比赛未能及时上报4次，提前组织了比赛2次，因天气原因临时取消比赛8次。

3. 积极打造国家级赛事

为不断提高校园足球活动水平、完善校园足球竞赛体系，进一步激发青少年的参与热情，更好地宣传校园足球活动，全国校足办携手国家奥林匹克体育中心于2012年国庆节期间举办了首届全国青少年校园足球冠军杯赛，来自全国20个城市24支代表队的300余名小学运动员经过5天84场的激烈争夺，最终乌鲁木齐第五小学代表队赢取了自2009年启动赛事以来全国青少年校园足球活动的首个全国冠军荣誉。2013年的赛事在上一年的基础上增加了初中组的比赛，并增设了广州、成都、潍坊、西宁、长春、上海和北京7个赛区的分区预赛，来自全国的140支学校代表队通过分赛区的比赛角逐出了小学初中各16个参加总决赛的球队。2013年7月15—20日，来自全国24个城市32支代表队的384名学生队员齐聚首都北京，进行了4天96场的精彩激烈比赛。他们在校园足球的大舞台上，体验竞赛的魅力，诠释体育的精神，弘扬和平和谐的理念。

走出去、引进来，定期将优秀球员送出国外学习、培训，或邀请足球发达国家青少年来华交流互动，以促进与发达国家足球青少年之间的了解与交流，推动中国校园足球活动的普及与提高。

全国校足办与中国英利集团合作，于2012年起，每年组织中国校园足球希望之星队参加拜仁慈善杯青少年足球赛，与来自奥地利、巴西、德国、意大利、日本、俄罗斯等国家的小队员同场竞技，同时接受拜仁慕尼黑青训教练的专业指导。

2013年10月1—6日，全国校足办在中国上海组织了全国青少年校园足球东亚国际邀请赛，来自全国校园足球布局城市的9支定点学校足球队以及AKSIL浦东、AKSIL浦西、德荷3支国际学校足球队的144名小队员参加。

2013年10月，全国校足办选派中国9支学校代表队前往韩国仁川松岛综合体育公园参加2013年韩国亚洲青少年足球节。来自亚洲16个国家的60支代表队分别参加了U-9、U-1i、U-13三个组别的比赛。今后每年将由不同的国家组织一次亚洲青少年足球节，旨在推动亚洲青少年足球运动的开展，增进亚洲各国足球的文化交流。本次足球节我国青少年足球代表队均取得了较好的成绩，通过观察比赛并对比其他小组比赛情况，看到东南亚国家青少年足球的快速发展，以及亚洲各国在个人技术、传接球速度等方面经验更加成熟。

（三）培训工作全面展开

随着全国校园足球活动的开展，参与足球运动的青少年学生越来越多，但缺少优秀的足球专业体育教师和青少年指导员的现状已成为提高校园足球活动水平的瓶颈。根据这一实际情况，全国校足办逐年加大校园足球有关人员的培训工作力度。

（1）国际足联草根讲师暨指导员讲师培训班，是国际足联与中国足协签订的援助项目之一，2013年共举办3期，培养新讲师90人，其中一期为体育院校足球讲师培训班；此外，举办讲师继续培训班1期，研讨会1期，培养精英讲师80人，初步建立初、中、高三级指导员培训体系。邀请国际足联草根讲师克里特先生来华参与了5期夏令营授课工作；邀请国际足联草根讲师叶任强先生参与3期讲师班和1期冬令营授课工作；邀请美籍青训专家汤姆先生来华参与了2期夏令营和1期冬令营授课工作。

（2）全国校足办于2012年9月召开了全国体育院校讲师研讨会，14所体育院校足球教研室主任或负责人出席，共同研讨如何提高在校足球教师授课技能，以及如何培养更多优秀的足球专业体育教师和青少年教练员。2013年北京体育大学、沈阳体育学院、山东师范大学体育学院、河南大学体育学院已经成功举办校园足球指导员培训班。

（3）2012—2013年度，各国家级布局城市校足办和省级校足办共举办校长、管理干部培训班96期，培训校长4861人次；举办指导员培训班97期，培训4450人次。

（4）联合中国足协技术部，2012—2013年在地方举办校园足球D级培训班49期，共培训1174人次。

（四）校园足球冬令夏令营亮点纷呈

1. 地方校园足球夏令营活动

按照全国校足办年度工作计划安排，各地方校足办于暑假期间组织当地校园足球夏令营活动，其中表现优秀的队员将获得参加全国校园足球夏令营的资格。为办好夏令营活动，各布局城市校足办精心策划、认真组织，不但有五人制、八人制足球赛，而且还有相应的亲子足球游戏、快乐足球绘画、征文、手抄报、足球啦啦操比赛等活动。在比赛期间安排学生解说比赛、高年级学生执法低年级足球赛、足球小记者等活动，通过足球活动与教育教学紧密结合，更大范围地吸引全校或全市师生的参与，构建学生展示个性的舞台，为学生打造快乐校园足球。

2. 国家级校园足球夏令营、冬令营

为了激励青少年学生积极参与校园足球活动，并及时发现优秀学生队员，2010年1月、8月和2011年7月、8月，2012年2月、7月、8月，2013年2月，2013年7月、8月全国校足办共举办了4期冬令营和34期夏令营。来自全国60个布局城市、试点县的11522名优秀学生队员参加了冬令营或夏令营。在夏令营中，各个城市的同学共同切磋、共同生活，相互交流，感受足球的独特魅力，体验快乐足球，一起分享、共同追逐未来的足球梦。冬、夏令营不仅开展五人制、八人制足球赛，还有国际足联草根足球讲师、全国青少年校园足球指导员讲师的现场训练与指导、才艺表演等活动，整个活动组织有序、形式多样、内容丰富。2013年夏令营活动引起国际足联的高度重视，8月29日，国际足联官方网站首页刊文报道了本届夏令营活动，文章盛赞了中国校园足球活动所取得的成绩，肯定了中国足协这几年为发展青少年校园足球所做的努力。报道中讲道："其他的国家可能都不知道，世界上人口最多的中国在这几年里争分夺秒地发展青少年足球，规模相当巨大，而且是在最基层进行。从2009年开始制定了校园足球计划，至今已经有几百万的青少年参与了足球培训，这4年来取得相当不错的成效。"

（五）校园足球公益服务活动

（1）国家队比赛以及有中超、中甲队伍的比赛期间，校足办会组织定点学校小队员、家长、老师观看比赛、参加垫场赛等活动，并定期组织国字号队伍、中超、中甲俱乐部球员走进学校，与学生进行亲切互动。

（2）亚足联确定2013年5月15日为"草根足球日"，并确定2013年为"草根足球年"，以此庆祝和启动会员协会草根足球发展和推广活动。为了配合亚足联草根足球年和草根足球日的活动，进一步推动我国青少年校园足球活动开展，丰富青少年足球活动方式和内涵，促进足球活动多样化，增强足球趣味性和对广大青少年的吸引力，宝鸡、鞍山、北海、成都、楚雄、都匀、长春、长沙、大连、达州、广州、昆明、姜堰、景德镇、临颍、开远、拉萨、牡丹江、青岛、上海、沈阳、石家庄、天津、武汉、兰州、西安、厦门、志丹、呼和浩特、南昌、西宁、乌鲁木齐、南京、秦皇岛、淄博、江西新余、抚州、九江、汉中、邵阳等40个国家级和省级布局城市积极响应号召，开展所在城市的"校园足球节"活动。

（3）10月30日为"亚足联教练日"，每年10月30日前后，各国家级校园足球布局城市、试点县以及省级校园足球布局城市根据全国校足办年度工作计划，举办亚足联教练日之精英教练进校园系列活动。

（4）全国校足办携手中国奥委会共同组织现役或退役的奥运冠军以及足球精英教练走进学校进行各种形式的公益服务活动。此活动已经于2012年11—12月在北京、成都、厦门、长沙、武汉，2013年10月在北京、雅安、武汉、南京、杭州、福州、广州成功举办，社会反响热烈。

（5）为宣传国际足联公平竞赛精神，推广校园足球"阳光体育、快乐足球"的理念，全国校足办下发了《全国青少年校园足球活动相关人员行为规范》通知，要求全国各地校足办将相关资料放到当地校园足球官网、微博首页进行宣传报道，并根据本城市校园足球活动安排组织一系列以"公平竞赛"为主题的校园足球活动。

（6）2013年3月、6月，世界著名球星贝克汉姆以中国青少年足球发展及中国超级联赛推广大使身份来到中国，分别与北京、青岛、武汉、南京、上海、杭州等布局城市校园足球的队员、家长、教练员进行了互动，贝克汉姆用他的亲身成长经历激励参与校园足球活动的教练员、队员、校长以及家长，鼓励他们坚持对足球这项运动的激情与热爱。

（六）宣传体系全面建立

为了营造良好的校园足球环境，全国校足办通过多种途径认真宣传校园足球工作的重要意义和政策要求，宣传校园足球工作的先进经验以及各类校园足球工作者的先进事迹，引导广大青少年、家长、学校以及社会各界积极参与到校园足球活动中来。

（1）校园足球官网。借助腾讯平台，共同创建了中国校园足球官方网站（http://

www.schoolfootball.cn）。此外，全国49个布局城市、3个试点县全部开通地方校园足球官网及官方微博，11个省的82个城市也在逐步完善自己校园足球官方网站，并及时宣传了该地区校园足球活动开展情况。网站和微博深得学生、家长、老师关注，点击率直线上升，很好地宣传了校园足球活动。

（2）校园足球官方微博（http://t.qq.com/schoolfootball）参与者达34万人，要求各地方校足办、学校、校长、指导员开通微博进行认证，对校园足球活动进行实时报道，腾讯体育、腾讯中国足球、体育名记、体育明星等经常进行评论转播，影响力与日俱增。

（3）《校园足球》杂志为双月刊，每期发行3万册，发送至国务院、体育总局、教育部以及各地方体育、教育局、各定点学校，目前共出版10期，30万册，其电子版挂至校园足球官方网站，吸引了大批读者。

（4）全国校足办与《中国体育报》《足球报》《体坛周报》签订了合作协议，每周或每年定期为校园足球整版或半版宣传报道。

（5）全国校足办与新华社、《人民日报》《中国教育报》《中央电视台·新闻频道》《中央电视台体育频道》《中国教育电视台》、新浪、搜狐、网易等媒体建立了长期的合作报道关系。

（七）配套建设扎实跟进

（1）2010年起，全国校足办与中国人寿财产保险有限公司签署合同，中国人寿保险公司在保监会备案专门为校园足球活动设立新险种，即"校园足球责任险"，并于2013年起把中国平安保险公司纳入进来，每年共为参加全国青少年校园足球活动的小学、初中校际联赛的队员统一购买保险。2013年为全国72836名队员免费投保，极大地减轻了校园足球活动中因意外伤害带给社会和家长方面的压力，为校园足球活动的开展提供了更加宽松的环境。

（2）为了加强对校园足球运动员以及校园足球人口的注册管理，方便办理校园足球联赛保险，保护青少年运动员相关权益，加强对校园足球指导员的培训管理，全国校足办于2013年9月建立竞赛注册系统，优秀运动员从参加校园足球活动开始，录入二代身份证信息、指纹信息，数据真实可靠，不可修改，为今后进入梯队、职业队的注册管理提供了可靠的数据保证，有望根除年龄造假现象。同时依据此系统可有效建立输送优秀运动员的补偿和奖励机制。

（3）随着活动的开展和"阳光体育、快乐足球"理念的传播，中国校园足球活动逐步得到了社会各界和相关企业的关注和支持。校园足球活动得到了阿迪达斯、耐克、中国青岛双星、锐克、奥联、世达等体育用品有限公司，以及山东泰山体育产业有限公司等国内外相关企业的大力支持与赞助。此外，各地方校足办也通过自己的努力得到了不同企业的赞助与支持。

第四节　少年儿童足球游戏编排

足球游戏是以足球练习为基本手段，以娱乐身心、提高技能为目的的一种现代游戏方法。

一、编排原则

（一）锻炼性原则

依据运动训练活动的客观规律与少年儿童身体各系统机能的结构特点，确定的组织体育锻炼所必须遵循的基本准则，是运动训练活动客观规律的反映，对运动训练实践具有普遍的指导意义。

（二）教育性原则

此原则是指在运动训练与少年儿童的身体锻炼过程中，指导员与教练员不应该采取任何对运动员身心发展不利的措施；不允许向被试者出示跟教育目的和任务相矛盾的问题及相关材料；更不允许有与道德教育相违背的各种形式出现；为确保青少年运动员的全面发展，训练方法与设计研究都要考虑是否有利于运动员的身心健康、心理发展。

（三）趣味性原则

该原则是指在运动训练与少年儿童的身体锻炼过程中，学生是学习的主体。指导员与教练员应注意采用多样化的训练内容和方法，引导他们独立思考，积极探索，生动活泼地进行学习，从而在体验乐趣的过程中自觉地掌握科学知识和提高分析问题与解决问题的能力。

（四）安全性原则

指在运动训练与少年儿童的身体锻炼过程中，应合理地计划、安排相关的训练内容、强度、量度，促使身体全面发展、各器官系统的机能、各种身体素质和基本活动能力得到逐步提高，并且避免与减少运动损伤。

（五）针对性原则

指在身体锻炼过程中，根据锻炼者的个人特点以及季节、地域等客观条件，合理地确定锻炼内容，选择方法手段和安排运动负荷，使之符合实际需要。

二、指导思想与目标

依据《体育与健康》课程标准提出的"健康第一"为指导思想，着重培养学生对足球运动的兴趣。在兴趣中形成自主锻炼和终身锻炼的意识，激发学生的参与，促进同学、师生间的相互了解与沟通，培养学生对足球知识、技术的不断追求，对同学热情帮助，对集体善于关心的良好品质。通过小组的协作学习和自主学习，促进交流与协作，从而达到提高机能、发展体能，增进身心健康的教学目标。

三、教学与方法

1. 教法：启发诱导、语言激发、表扬鼓励、纠正错误、小组展示等。
2. 学法：观摩思考、动手动脑、自主学习、小组协作学习、互纠互勉。

四、课的程序与构思

1. 情景导入：在课的开始部分运用语言调动学生的积极性，利用一些足球明星事例，使学生在最短的时间把注意力集中到教学中来，学生热情高涨，积极准备活动。
2. 情景展开：队长领取练习内容并带领队员一起学习本课的熟悉球性练习，主要培养学生的协作学习与自主学习能力。

第五节　足球的教育功能

积极开展校园足球的目的，就是要通过足球运动的方式进一步完善我国青少年的人格和个性化的培养。与此同时，提高青少年的的综合素质水平，扩大我国的足球人口，为真正提高我国足球运动水平奠定坚实的人才基础。

一、推进素质教育的重要性

当今世界，科学技术突飞猛进，知识经济已见端倪，国力竞争日趋激烈。教育在综合国力的形成中处于基础地位，国力的强弱越来越取决于劳动者的素质，取决于各类人才的质量和数量，这对于培养和造就我国21世纪的一代新人提出了更加迫切的要求。我国正处在建立社会主义市场经济体制和实现现代化建设战略目标的关键时期。新中国成立50年来特别是改革开放以来，教育事业的改革与发展取得了令人瞩目的巨大成就。但面对新的形势，由于主观和客观等方面的原因，教育观念、教育体制、教育结构、人才培养模式、教育内容和教学方法相对滞后，影响了青少年的全面发展，不能适应提高国民素质的需要。因此1999年6月13日中共中央办公厅下发《中共中央国务院关于深化教育改革全面推进素质教育的决定》，面向全体学生，全面推进素质教育。

二、足球运动在素质教育中的作用

足球是世界第一运动，足球运动是一项群众基础好、开展范围广，学生非常喜爱的运动项目，对学生的吸引力很大，由于足球运动的魅力和特点，在学校体育中发挥了独特的作用。无论从竞技性、健身性、娱乐性、竞争性，还是从全面发展身体素质等方面，足球运动都可以作为素质教育的重要内容和手段，对促进学生素质教育具有重要的作用，对培养全面发展，适应现代社会需求的优秀人才也具有积极的促进作用。

1. 足球运动的健身功能

（1）足球运动对抗性强。

（2）足球运动对身体素质的要求高。

2. 创造型人才的塑造

（1）注重能力培养。

（2）注重创造性的培养。

3. 辩证思维方式的培养

（1）增强科学思维方式。
（2）增强心理承受能力。

4. 世界观与道德情操的培养

（1）集体主义观念的培养。
（2）协作精神培养。
（3）高尚的道德情操培养。

5. 个性培养

足球运动能够培养人的独立思考、沉着冷静、快速抉择、勇于胜利、不怕失败、耐心从容、信任尊重、沟通交流、宽容大度、荣辱不惊、持久专注、收放自如等品质。

素质教育的整体特征以及体育科学研究的深入发展加深了我们对体育、对足球运动的认识，能够站在素质教育的高度上来看待足球运动和它的发展。足球运动在生物层面、文化层面和社会层面都与素质教育紧密联系，扩展了足球教学内容的广度和深度，促进了教学目标的生物性和人文性结合，实现了教学效果的短期性和长远性的统一。足球运动不仅仅是体育的内容和手段，更应该是素质教育的有力武器，更应该切实作用于当代学生的社会化进程。

草根足球能够活跃足球氛围，为足球运动的发展提供成长的土壤，为足球事业在将来的开花结果提前做好准备。与草根足球息息相关的校园足球的开展能够提高学生参加体育活动的兴趣、上课的注意力、身体平衡和协调性、视觉和听觉记忆能力等；校园足球运动有利于提高学生的身体素质，有利于调节学生的精神和情感状态，使他们能有充沛的精力投入到学习中去。

要鼓励孩子们参加足球活动，使他们从中形成一系列的优良品质，并迁移到其他领域中去，为灿烂的人生奠基。足球项目所达到的教育功能是其他任何体育项目无法实现的，它与学校教育教学的目标高度一致，因此足球在校园开展既是必要的，也是可行的。足球今天在校园植根是利在当代、功在千秋的大计！

第六节　足球活动中的安全与健康

一、足球的安全与健康

足球这项运动让人充满激情，让人痴迷。踢足球不仅能锻炼身体，还能提升运动员的团队协作能力。但是足球运动还是存在很多安全隐患，那么，在参加足球运

时有哪些注意事项呢？

  1. 足球运动由于跑动较多，技术动作幅度以及出汗量都较大，所以参加锻炼时应身着宽松合体、透气吸汗的运动服装，球鞋应选用合脚防滑的帆面胶底的足球鞋。除了参加正式比赛外，平时锻炼不宜穿足球比赛用鞋（皮面钢钉），以防止对自己或他人造成不必要的伤害。

  2. 不要在场地设施不符合要求的地方进行锻炼。场地不平、碎石杂物多，容易造成踝关节扭伤、骨膜损伤、跟腱拉伤等。

  3. 运动开始时，要先做一些较缓和、运动量较小的热身运动，使身体在进入剧烈运动前有一个准备过程，待心率和体温上升时，再逐渐增加运动的强度和速度，这样，既有助于肌肉的活动效率和关节的润滑，又可以防止运动损伤。

  4. 夏天锻炼时要利用运动间歇适当补充水分。不要在感到口渴时再饮水，这时可能机体已处于轻度脱水状态。运动后可以喝少量的运动饮料或淡盐开水，以多次少饮逐渐补充为宜，切莫一次大量饮水。

  5. 虽然足球运动是一项"全天候"的运动项目，但要尽量避免在恶劣的天气下锻炼。高温湿热时要注意防止中暑、抽筋或虚脱。低温潮湿时要注意保暖以防止冻伤。黄昏、黎明（尤其是雾天），因光线不足，能见度低，神经反应迟钝，兴奋性降低，极易发生损伤。雨天地滑也是引起损伤的重要原因。

二、保护与安全

（一）签订保险

  签订一份保险是必要的预防突发事故的方法。根据一些国家的规定，保险包括了

不同的方面。

    1. 学校：学生必须被保险才能参加体育训练。

    2. 俱乐部：在足协注册以后，必须对所组织的活动购买保险。

    3. 活动：为足球节活动或比赛的顺利进行提供有力保障。

（二）医疗检查

    在有条件的情况下，所有俱乐部的执照持有者或在学校组织体育练习的指导员都必须体检以保证自身的健康。

（三）足球训练课的安全设计

1. 对学生的要求

    （1）学生必须要有合适的装备。

    （2）学生不应该带饰物或其他挂件。

    （3）把贵重的东西留在家中，以避免在训练中丢失。

2. 对指导员的要求

    （1）教育学生在穿着装备和行为方面要规范。

    （2）指导员要照看和教育学生，在休息的时候督促小运动员补水（多次少量）。每15～20分钟200毫升。

    （3）在比赛前后进行有效的热身和整理活动。如果可能和学生一起做。

三、足球训练环境

    1. 设施：基本设施要保持良好的状况。球门柱要固定在地上，移动球门的放置要离开球场端线2米外的距离，周围不能有坑或洞，也不能有碎玻璃和碎石等锐器物。

    2. 装备：装备必须完好无损，不能存在运动时潜在的隐患。

    3. 急救器材在运动员轻度受伤时必须及时到位。

    4. 急救：在没有专业急救人员时，训练组织者必须有能力做急救。

    5. 成立紧急情况办公室，负责拨打紧急电话（救护车、医生出诊、医院）。

四、足球节和比赛

    （1）检查基本设施和足球场地周边情况（厕所、更衣室、食堂）和其他一些应被禁止进入的区域（没有完工的建筑物、危险的地方、不安全的地方）。

（2）如果需要，应安排安全人员，保证在比赛中拥有一个安全的环境。

（3）工作人员必须始终在身边携带一个急救箱处理一些小伤病。在没有专业急救人员时，工作人员必须有能力做急救。在场地附近必须有可使用的电话，以便紧急求助使用。必须准备好担架，以便抬送受伤的队员离场。只有懂得使用担架的人才能负责使用担架（针对于重伤情况），并且要服从比赛的规则。

（4）购买保险以应对在比赛场内或场外发生的问题。

第七节　学习足球提高素质

通过足球活动可以学习其他相关的知识。例如对形状的认知，你能在足球场地中找出多少个不同的形状？有多少个长方形？有多少个1/4的圆？进而让学生实测学校场地并计算各自长度等，让学生在纸上按一定比例画出足球场地。

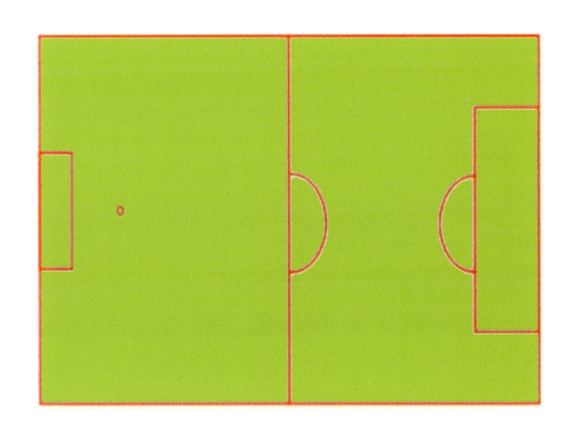

一、培养公平意识

设置一定的比赛规则，让学生遵守比赛规则进行比赛，深刻体会比赛公平的重要性。

1. 规则一：守门员跑动，把球扔进球门，球员触球不得超过3次，一次触球射门，输球0分，平局1分，赢球3分。

2. 规则二：守门员不跑动，把球踢进球门，队员触球不限次数，不限触球次数射门，输球2分，平局4分，赢球6分，比赛后学生明白必须严格遵守比赛规则和公平竞争对于任何竞赛都至关重要。

鼓励学生思考自己在日常生活中遇到的规则或制度，思考遵守规则的目的及不遵守规则的后果；让学生列出以下地点能想到的规则：在家；在学校（课堂）；在训练场所。

二、语言的活动

1. 背景信息：比如世界杯每四年一次，1930年乌拉圭举办了首次世界杯并获得冠军，四年后谁举办了世界杯也获得冠军，上一届世界杯在哪举行？哪个国家获得冠军？举办国家有哪些优势？一国若有意申办世界杯，要向国际足联提出申请。国际足联是世界足球的管理机构。

2. 任务。假设你是某地区的足协负责人，请你准备材料申办地区比赛。你的申办材料如下：

（1）你的地区或学校有哪些与众不同的地方？
（2）你们的场地条件如何？
（3）你为参赛队伍提供哪些条件？
（4）制作一张海报宣传你的地区或学校，其中宣传海报包括图片、文字或该学校明信片。

三、有关数学的活动

掷骰子踢足球：这是一个假设的比赛，可以帮助你了解比赛成绩表是如何形成的。第一次掷骰子得到的点数就是主队进球数，第二次的点数是客队进球数。例如，第一场比赛是（1）曼联对阵（2）利物浦，第一次点数是3，第二次点数是4，那么曼联和利物浦的比分就是3：4。

球队	队名	点数		球队	队名	点数
（1）			对	（2）		
（3）			对	（4）		
（1）			对	（4）		
（2）			对	（3）		
（1）			对	（3）		
（2）			对	（4）		

在下列表中填写比赛信息。胜3分，平1分，负0分

	球队1	球队2	球队3	球队4
比赛场次数量				
赢球场次数量				
平局数量				
输球场次数量				
进球总数				
失球总数				
分数				

按照以下信息完成比赛成绩表
P-比赛场次　　W-赢球　　　D-平局　　　　L-输球
F-进球数　　　A-失球数　　GD净胜球数　　PTS-得分
净胜球的计算方法是进球数减去失球数。

球队	P	W	D	L	F	A	GD	PTS

四、对有关问题的讨论与辩论

"足球运动有没有女性的空间"是展开辩论的议题，要用充分的证据进行论证。

例如，女性运动员因运动项目的不同是否得到的尊重程度也是不同的；体育是否就是男性的领域；足球领域中是否存在着男女间的不平等问题，让学生进行讨论和辩论，通过这种形式多样的活动提高学生的思辨能力。

五、关于健康生活

什么叫健康？很多人说首先是没有病，这并不完全对。真正的健康是以生理和心理两个方面的健康为标准的。如果仅有生理上的健康，而忽视心理上的健康。那就不能算得上正真的健康。学生需要正确的运动方法、时间、运动量，保持良好的情绪和正确饮食，假如你是一名厨师，请为你的运动队设计一套食谱，如何进行科学合理的膳食搭配，并进行烹饪说明。通过这些活动使学生的生活实践能力得到有效的拓展。

第八节　校园足球竞赛的组织与编排

一、校园足球竞赛的组织

校方根据俱乐部的数量、学生人数和可用场地数量等具体情况来组织。每队参与者进行相同数量的比赛。比赛没有胜利和失败者，其目的是享受足球，得到快乐。

（一）场地

1. 4：4　最小：（12~15米）×（20~25米）
2. 5：5　最小：（20~25米）×（30~35米）
3. 8：8　最小：（35~45米）×（45~60米）
4. 11：11最小：（45~90米）×（90~120米）

足球场地规格图：

- 普通比赛：90~120米（100~130码）；国际比赛：100~110米（110~120码）；国际足联世界杯比赛：105米
- 普通比赛：45~90米（50~100码）；国际比赛：64~75米（70~80码）；国际足联世界杯比赛：68米
- 边旗，边线，角旗，角旗区，端线，球门区，罚球区弧线，罚球区，中圈，开球点，中线，罚球点，球门（高2.44米），角球区弧线，摄影人员限制线
- 18.32米，7.32米，5.5米，40.32米，11米，13.84米，5.5米，16.5米
- 半径9.15米（10码），11米（12码），6米，3.5米，半径1米，2米，1米

（二）基本规则

1. 根据队员的水平和需求确定规则。
2. 裁判员的设置
   （1）6~8岁：不设裁判员。
   （2）9~10岁：可设可不设裁判员。
   （3）11~12岁：设有裁判员。
3. 比赛时间长度
   （1）6~8岁：2节×15/20分钟。
   （2）9~10岁：2节×20/25分钟。
   （3）11~12岁：2节×25/30分钟。

（三）其他方面

1. 医务护理

（1）急救药箱 – 急救号码。
（2）确保球门的安全。

（3）热身和放松，休息补水。

2. 观众

（1）教练区不允许观众（家长）入内。
（2）保持安全距离。
（3）文明观赛。

3. 竞赛礼仪

（1）每场比赛前后学生相互握手。
（2）向对方教练员和替补席的队员以及观众致意。

二、校园足球竞赛编排

（一）1块场地3支球队比赛组织形式

1. 3支球队主客场（双循环）比赛。

3队（2轮次）	
轮次	比赛
1	A–B
2	C–A
3	B–C
4	B–A
5	A–C
6	C–B
各队4场比赛	

2. 4支球队每支球队与其他3支球队进行比赛。

（二）1块场地5支球队比赛组织形式

1. 每支球队与其他4支球队比赛，每轮有1支球队轮空。

5队（1轮次）		
轮次	场次	比赛
1	1	A–B
	2	C–D
	轮空	E
2	3	E–A
	4	D–B
	轮空	C
3	5	C–E
	6	A–D
	轮空	B
4	7	B–E
	8	C–A
	轮空	D
5	9	D–E
	10	B–C
	轮空	A
各队4场比赛		

（三）1块场地6支球队比赛组织形式

1. 第一阶段

第一阶段分2组，每组3支球队，每队与其他2队进行比赛。
第一组＝A，B和C
第二组＝D，E和F
方案1：3支球队每队2场比赛。

6队-首轮		
组别	场次	比赛
第一组	1	A-B
第二组	2	D-E
第一组	3	C-A
第二组	4	F-D
第一组	5	B-C
第二组	6	E-F
	每队两场比赛	

方案2：分2组 主客场（双循环）。

6队-首轮		
组	场次	比赛
第一组	1	A-B
第二组	2	D-E
第一组	3	C-A
第二组	4	F-D
第一组	5	B-C
第二组	6	E-F
第一组	7	B-A
第二组	8	E-D
第一组	9	A-C
第二组	10	D-F
第一组	11	C-B
第二组	12	F-E
	每队4场比赛	

2. 第二阶段

按名次和成绩分2组，每组3支球队，每队与其他2队进行比赛。
W组：第一组、第二组的第一名和两组中成绩最好的第二名。
L组：其他3支球队。

W组		L组	
A	第一组的第一名	D	两组中成绩较差的第二名
B	第二组的第一名	E	第一组的第三名
C	两组中成绩最好的第二名	F	第二组的第三名

最后一轮		
组别	场次	比赛
胜队W组	1	A–B
负队L组	2	D–E
胜队W组	3	C–A
负队L组	4	F–D
胜队W组	5	B–C
负队L组	6	E–F
每队两场比赛		

（四）1块场地8支球队比赛组织形式

1. 第一阶段

第一阶段分2组，每组4支球队，每队与其他3队进行比赛。

第一组		
轮次	场次	比赛
1	1	A–B
	2	C–D
2	3	B–C
	4	D–A
3	5	B–D
	6	A–C
每队3场比赛		

第二组		
轮次	场次	比赛
1	1	E-F
1	2	G-H
2	3	F-G
2	4	H-E
3	5	F-H
3	6	E-G
每队3场比赛		

2. 第二阶段

第二阶段分2组，每组4支球队，每队与其他3队进行比赛。

W组：各小组第一名和第二名。

L组：各小组第三名和第四名。

W组		L组	
A	第一组的第一名	E	第一组的第三名
B	第一组的第二名	F	第一组的第四名
C	第二组的第一名	G	第二组的第三名
D	第二组的第二名	H	第二组的第四名

W组		
轮次	场次	比赛
1	1	A-B
1	2	C-D
2	3	B-C
2	4	D-A
3	5	B-D
3	6	A-C
每队3场比赛		

L组		
轮次	场次	比赛
1	1	E-F
	2	G-H
2	3	F-G
	4	H-E
3	5	F-H
	6	E-G
每队3场比赛		

（五）1～4块场地16支球队比赛组织形式

1. 第一阶段

第一阶段分4组，每组4支球队，每队与其他3队进行比赛。

第一组：A队，B队，C队，D队
第二组：E队，F队，G队，H队
第三组：I队，J队，K队，L队
第四组：M队，N队，O队，P队

第一组		
轮次	场次	比赛
1	1	A-B
	2	C-D
2	3	B-C
	4	D-A
3	5	B-D
	6	A-C
每队3场比赛		

2. 第二阶段

第二阶段分4组，每组4支球队，每队与其他3队进行比赛。
W组：第一组的第一名、第二名，第二组的第三名、第四名。
L组：第一组的第三名、第四名，第二组的第一名、第二名。

Y组：第三组的第一名、第二名，第四组的第三名、第四名。

Z组：第三组的第三名、第四名，第四组的第一名、第二名。

	W组		L组
A	第一组的第一名	D	第一组的第三名
B	第一组的第二名	E	第一组的第四名
C	第二组的第三名	F	第二组的第一名
D	第二组的第四名	H	第二组的第二名

	Y组		Z组
J	第三组的第一名	P	第三组的第三名
K	第三组的第二名	Q	第三组的第四名
M	第四组的第三名	R	第四组的第一名
N	第四组的第四名	S	第四组的第二名

3. 半决赛

第1场比赛：W组第1名对L组第1名

第2场比赛：Y组第1名对Z组第1名

4. 决赛

1、2名决赛（半决赛胜者参加）。

第九节　足球节的组织

一、定义

足球节是在一定范围场区内划分出若干区域，在指导员的带领下，按照规定的轮转顺序完成不同的比赛和练习的交替进行的团体活动。

二、目的

足球节可以从玩中学，从学中玩，激发学生的足球兴趣，推动草根足球与校园足球活动的开展，让学生充分体验参与足球节活动的快乐，并从中达到锻炼身体，增强学生体质，普及足球运动的目的。

三、足球节基本条件

举办足球节的基本条件如下：
1. 活动资金
2. 学生年龄结构
3. 学生人数
4. 场地和器材
5. 工作人员
6. 举办时间

四、足球节的组织机构及职责

1. 组长：负责足球节各项工作安排，（校长或领导）1人。
2. 副组长：负责足球节各项工作落实，（财务、后勤、教务主管、副校长或主任）2～3人。
3. 足球节总指挥：负责足球节当天前、中、后三个阶段的组织工作，（策划者、主要实施者）1人。
4. 联络官：负责完成传达总指挥下达的各项指令，2～3人。
5. 各站指导员：负责本站活动场地布置、讲解、示范和组织，1～2人。
6. 总务管理员：负责器材发放和管理、设备维护、奖品、餐食和水的管理与发放，2～4人。
7. 医务员：负责医务救护和安全管理，1人。
8. 宣传管理员：足球节宣导、信息收集、新闻稿件，1人。
9. 学生管理员：负责学生组织和活动分组，1～2人。
特别说明：在学校人员紧缺的情况之下，可以兼职管理。

五、足球节的组织办法

1. 成立足球节工作小组。
2. 制定详细的工作手册和活动计划书。
3. 召开足球节筹备工作会。
4. 分项分组进行工作筹备。
5. 召开足球节主要负责人通气会。
6. 实施足球节活动计划。
7. 召开足球节工作总结会。

六、足球节器材

1. 球门：可用锥桶码放，可利用不同尺寸球门，最大宽5米，高2米。
2. 场地划分：隔离带、标志物、划线、地贴等。
3. 分队服：队服分成两种不同颜色，最少保证一半学生拥有分队服（可不同颜色）。
4. 球：尽量少使用（便于管理），根据学生年龄决定用球的大小。
5. 标志物：数量要保证各项使用，不同颜色要分区域功能码放和使用。

七、足球节参与者的选择

1. 根据学校的实际情况，最好安排同一个年级的学生进行足球节的活动，也可采用临近年级的组合。
2. 男女生混编适用于小学阶段的学生。
3. 各站指导员由会踢球的教师或家长担任（也可招募社会义工），最少1人。
4. 各站活动学生人数根据指导员人数、场地和活动内容决定。

八、足球节工作流程

1. 指导员报到。
2. 发放和领用器材。
3. 布置场地。
4. 指导员准备会。
5. 迎接领导和嘉宾。
6. 学生集合。
7. 开幕式。
8. 足球节活动开始。
9. 学生编队集合。
10. 闭幕式。
11. 学生退场。
12. 收放器材。
13. 指导员总结会。

九、足球节注意事项

1. 根据学生人数和年龄大小决定活动场地大小。

2. 根据教师人数和器材情况决定活动内容。
3. 根据计划书提前进行场地划分、确定轮转方法和人员分工。
4. 根据活动内容可以使用不同尺寸的球门。
5. 在比赛中可以使用或不使用守门员。
6. 活动内容和方法的讲解以示范为主,讲解为辅。
7. 讲解的重点是活动方法。
8. 根据天气、时间和学生年龄的不同情况决定补水时间和休息时间。
9. 不要固定学生的比赛位置,应经常变换场上位置。
10. 只有参加活动的学生和带队老师被允许进入场地。
11. 统一足球节活动信号。
12. 不设专业裁判员,各站指导员负责评判和决定胜负。
13. 每站结束时要分出胜负结果,但全部活动不进行总排名。
14. 是否发放奖品由学校和组织者决定(最好有纪念品)。

十、6支球队的组织安排

轮次	场地A	场地B	场地C	场地D
1	1对2	3	4对5	6
2	6对1	2	3对4	5
3	5对6	1	2对3	4
4	4对5	6	1对2	3
5	3对4	5	6对1	2
6	2对3	4	5对6	1

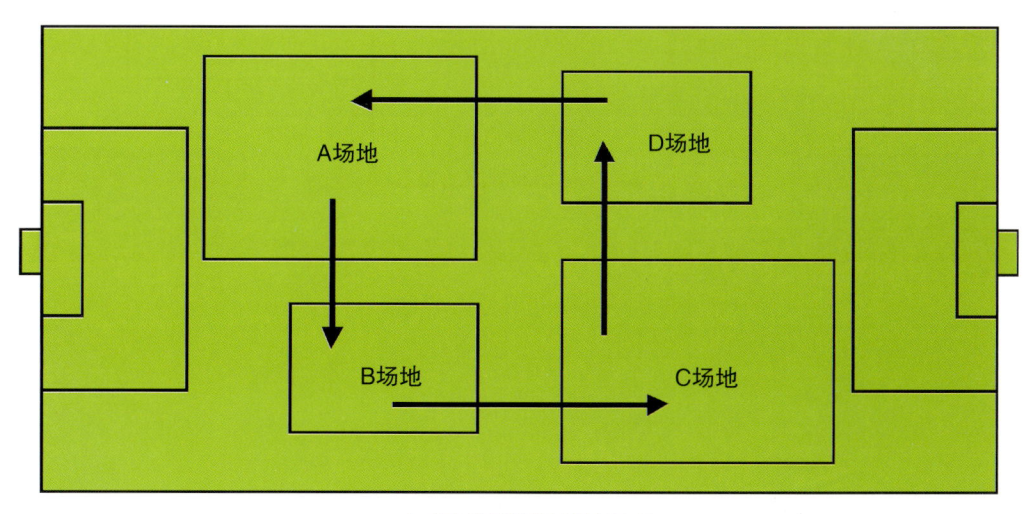

6支球队比赛场地轮转示意

十一、8支球队的组织安排

轮次	场地 A	场地 B	场地 C	场地 D	场地 E	场地 F
1	1对2	3	4	5对6	7	8
2	8对1	2	3	4对5	6	7
3	7对8	1	2	3对4	5	6
4	6对7	8	1	2对3	4	5
5	5对6	7	8	1对2	3	4
6	4对5	6	7	8对1	2	3
7	3对4	5	6	7对8	1	2
8	2对3	4	5	6对7	8	1

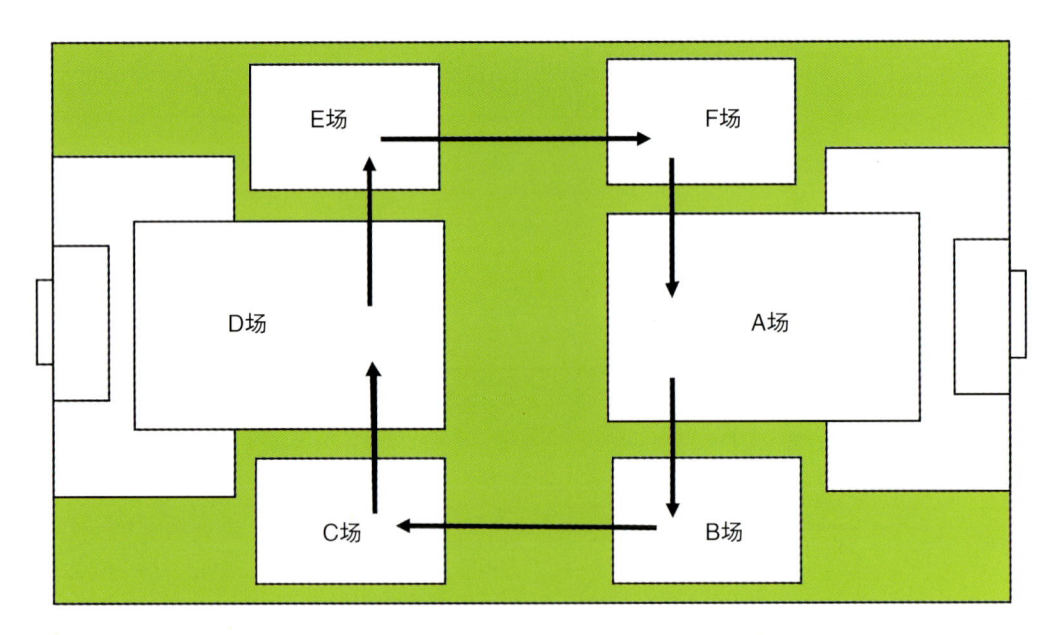

8支球队比赛场地轮转示意

十二、12支球队的组织安排

轮次	场地 A	场地 B	场地 C	场地 D	场地 E	场地 F
1	1对7	2对8	3对9	4对10	5对11	6对12
2	6对8	1对9	2对10	3对11	4对12	5对7
3	5对9	6对10	1对11	2对12	3对7	4对8
4	4对11	5对12	6对7	1对8	2对9	3对10
5	3对12	4对7	5对8	6对9	1对10	2对11
6	2对7	3对8	4对9	5对10	6对11	1对12

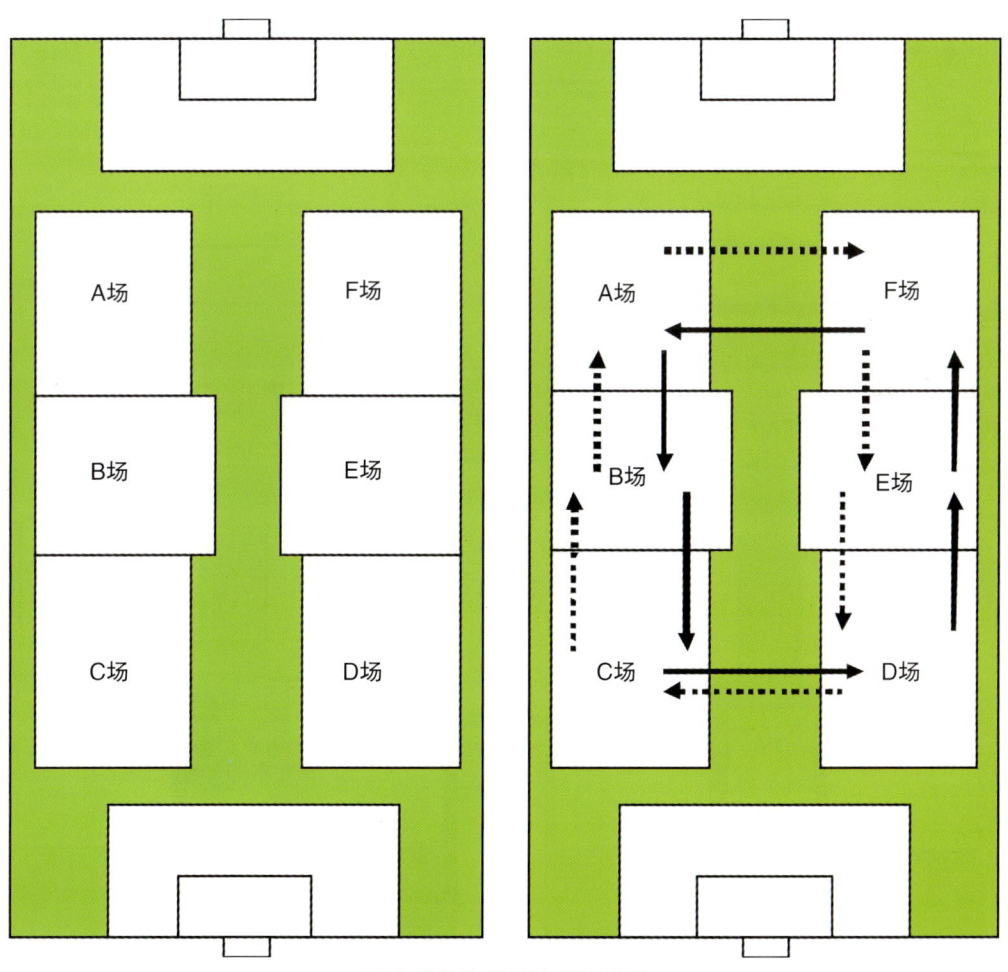

12支球队比赛场地轮转示意

十三、16支球队的组织安排

轮次	场地A	场地B	场地C	场地D	场地E	场地F	场地G	场地H
1	1对9	2对10	3对11	4对12	5对13	6对14	7对15	8对16
2	8对10	1对11	2对12	3对13	4对14	5对15	6对16	7对9
3	7对11	8对12	1对13	2对14	3对15	4对16	5对9	6对10
4	6对12	7对13	8对14	1对15	2对16	3对9	4对10	5对11
下一轮次，9～15队改变比赛区域							
5	5对14	6对15	7对16	8对9	1对10	2对11	3对12	4对13
6	4对15	5对16	6对9	7对10	8对1	1对12	2对13	3对14
7	3对16	4对9	5对10	6对11	7对12	8对13	1对14	2对15
8	2对9	3对10	4对11	5对12	6对13	7对14	8对15	1对16

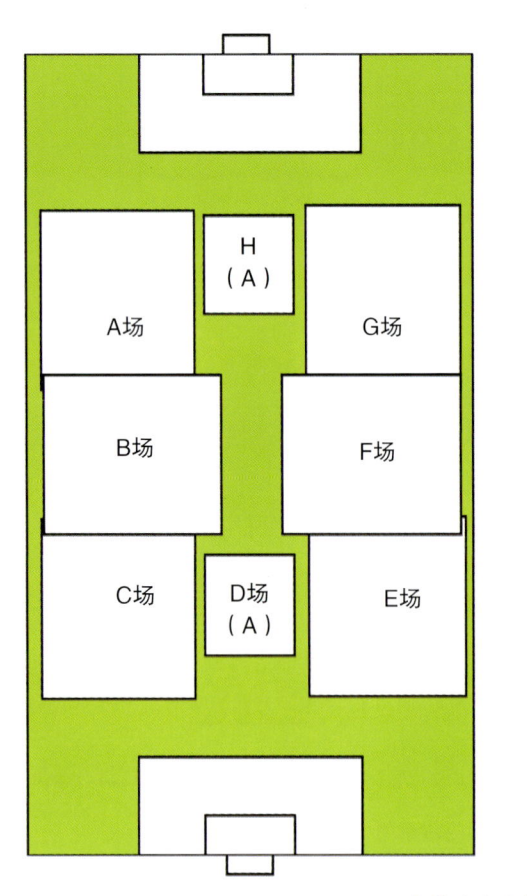

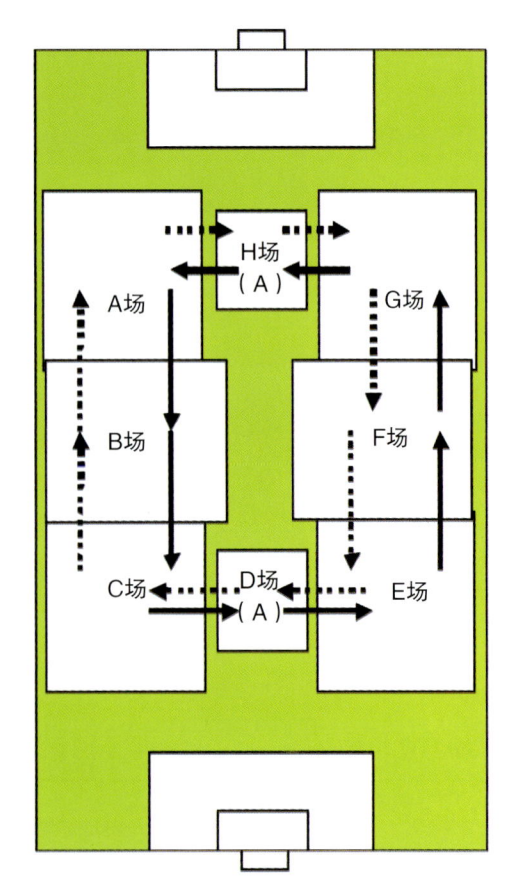

16支球队比赛场地轮转示意

十四、校园足球活动海报的制作

校园足球活动海报制作要求如下：

1. 校园足球活动的目的和任务。
2. 校园足球活动的时间、地点、日期。
3. 参加校园足球活动团队成员介绍。
4. 校园足球活动的介绍。
5. 校园足球活动对参与者所提供的内容支持。
6. 本届校园足球活动的创新之处。
7. 小组讨论海报的制作方案。
8. 海报制作要求图文并茂。
9. 官网上展示本届校园足球活动的概况。

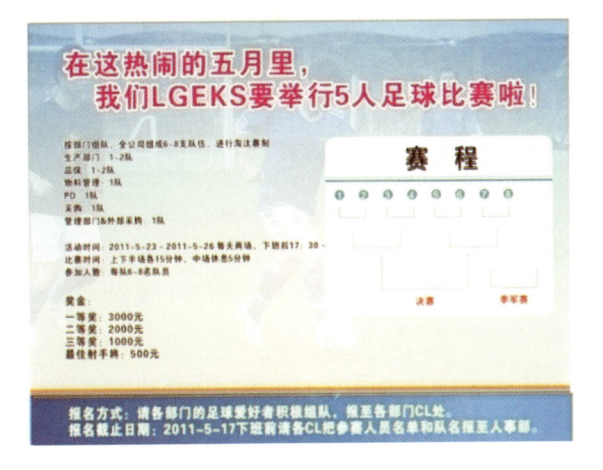

第十节　足球运动员的营养

一、营养的重要性

在高水平比赛中，胜利与失败的差距非常小，对于细节的关注才是拉开差距的关键。经过训练，对足球运动发挥最多作用的因素是运动员的营养。

营养是指人体从外界摄取适当有益物质以谋求养身的行为，是人体摄取和利用食物的综合过程，是对食物中养料的摄入、消化、吸收和排泄等的全过程。营养应理解为滋养或被滋养的行为，其含意为谋求养身。对营养词义的解释还有以下数种：人体由食物内吸取养料供养身体；人体从外界吸取所需要的物质来维持其生长、发育等生命活动；人体从外界摄取需要的养料以维持生长；人体吸取养料以维持其生命的过程。总之，人体为了维持生长、发育、代谢、修补等生命活动而摄取和利用食物养料的生物学全过程称为营养。研究这种生物学过程及其有关因素的学科称为营养学。营养学是生物学的分支学科。食物中所含营养素种类繁多，达数十种，按其化学性质可分为六大类：蛋白质、脂肪、碳水化合物、矿物质（矿物盐或无机盐）、维生素和水。现在有人把碳水化合物中不能被消化吸收的膳食纤维称为第七类营养素。不同营养素对人体的作用各有差别，但总的来说，有三大功能。

1. 提供热能：碳水化合物、脂类（其中绝大部分为脂肪）和蛋白质在体内氧化产生的热能供维持生命和从事活动时使用，所以这三类为产热营养素，又称热源质。

2. 构成身体组织：从化学结构来看，身体是由蛋白质、脂类、碳水化合物、矿物质、水和维生素组成。维生素在体内含量甚微，以毫克或微克计，可以省略不计。肌肉主要含有水分和蛋白质。骨骼主要含矿物质，其次为水和蛋白质。血液主要含水分，其次也有相当数量的蛋白质。从人体整体构成来看，主要是水分，其次是蛋白质和脂肪。

3. 调节生理活动：维生素、矿物盐、蛋白质和水都具有各自不同的调节生理活动的作用。很多维生素是各种酶的辅基。很多矿物盐是酶的激活剂。蛋白质是酶、激素、抗体等的组成成分。以上这些因子都是机体完成复杂的生命活动所必需的，其在调节生理活动中具有以下的作用。

（1）从训练中取得利益最大化；
（2）加快练习与比赛中的身体恢复；
（3）达到并保持理想的体重与身体素质；
（4）减少伤病的危险；
（5）具备为比赛和训练进行良好准备的自信；
（6）增加在比赛中高水平发挥的持续性。

二、营养对足球队员具有重要的意义

营养不仅仅关系到运动员的健康，并且对运动成绩的提高也有很大作用。特别是对少儿运动员，如果营养不充足，不仅不能提高运动成绩，而且还会影响到他们的健康成长。只有努力掌握营养的科学知识、足球运动的特征和物质代谢的规律，才能使运动员的膳食较为科学和合理，从而使营养起到它应有的作用。

1. 一场90分钟的比赛，运动员要消耗1000～1500卡的能量。
2. 根据练习时间长短、强度以及运动员的体重，需消耗500～1000卡的能量。
3. 每天的能量需求：1500～3000卡。
4. 赛季当中，运动员不应该尝试减轻体重，最好在赛季过后尝试减重。
5. 少吃多餐。

碳水化合物	● 主要的能量来源 ● 1克碳水化合物 = 4卡能量
蛋白质	● 对于肌肉结构和其他组织非常重要，同时对于血液中的必不可少成分的运送也非常重要 ● 1克蛋白质 = 4卡能量
脂肪	● 人体最大的能量储集库 ● 为身体组织提供保护并可保持身温度 ● 1克脂肪 = 9卡能量
维生素	● 帮助调节身体机能，是人体生长代谢、发育过程中不可或缺的 ● 不提供能量
矿物质	● 帮助调节身体机能，强化神经系统功能 ● 不提供能量
水	● 帮助调节体温，促进代谢，具有润滑和介质作用 ● 不提供能量

6. 大量饮水。
7. 每餐吃水果或者蔬菜。
8. 保证碳水化合物的摄入。
9. 避免过度饮食。
10. 膳食应采取低脂战略。

三、碳水化合物

　　碳水化合物亦称糖类化合物，是自然界存在最多、分布最广的一类重要的有机化合物，葡萄糖、蔗糖、淀粉和纤维素等都属于糖类化合物。碳水化合物是由碳、氢和氧三种元素组成的，由于它所含的氢氧的比例为二比一，和水一样，故称为碳水化合物。它是为人体提供热能的三种主要的营养素中最廉价的营养素。食物中的碳水化合物分成两类：人可以吸收利用的有效碳水化合物，如单糖、双糖、多糖和人不能消化的无效碳水化合物，如纤维素。糖类化合物是一切生物体维持生命活动所需能量的主要来源。它不仅是营养物质，而且有些还具有特殊的生理活性。例如，肝脏中的肝素有抗凝血作用；血型中的糖与免疫活性有关。此外，核酸的组成成分中也含有糖类化合物——核糖和脱氧核糖。因此，糖类化合物对医学来说，具有更重要的意义。

　　碳水化合物与蛋白质、脂肪同为生物界三大基础物质之一，为生物的生长、运动、繁殖提供主要能源，是人类生存发展必不可少的重要物质。碳水化合物是生命细胞结构的主要成分及主要供能物质，并且有调节细胞活动的重要功能。机体中碳水化合物的存在形式主要有三种，即葡萄糖、糖原和含糖的复合物，碳水化合物的生理功能与其摄入食物的碳水化合物种类和在机体内存在的形式有关。

四、蛋白质

蛋白质是生命的物质基础，没有蛋白质就没有生命，因此它是与生命及与各种形式的生命活动紧密联系在一起的物质。机体中的每一个细胞和所有重要组成部分都有蛋白质参与。蛋白质占人体重量的16%～20%，即一位60公斤重的成年人其体内约有蛋白质9.6～12公斤。人体内蛋白质的种类很多，性质、功能各异，但都是由20多种氨基酸按不同比例组合而成的，并在体内不断进行代谢与更新。

蛋白质的作用。蛋白质在细胞和生物体的生命活动过程中，起着十分重要的作用。生物的结构和性状都与蛋白质有关。蛋白质还参与基因表达的调节，以及细胞中氧化还原、电子传递、神经传递乃至学习和记忆等多种生命活动过程。在细胞和生物体内各种生物化学反应中起催化作用的酶主要也是蛋白质。许多重要的激素，如胰岛素和胸腺激素等也都是蛋白质。此外，多种蛋白质，如植物种子（豆、花生、小麦等）中的蛋白质和动物蛋白、奶酪等都是供生物生长之用的蛋白质。蛋白质占人体的20%，只有蛋白质充足，才能代谢正常。

蛋白质是满足适应能力、组织修补和训练后恢复的必需物质，大部分运动员能够在日常饮食的牛羊肉、鱼、奶制品中吸收足够的蛋白质。

五、铁质

对于人体，铁是不可缺少的微量元素。在十多种人体必需的微量元素中，铁无论在重要性上还是在数量上都居于首位。一个正常的成年人全身含有3克多铁，相当于一颗小铁钉的质量。人体血液中的血红蛋白就是铁的配合物，它具有固定氧和输送氧的功能。人体缺铁会引起贫血症。只要不偏食，不大出血，成年人一般不会缺铁。

青少年，尤其是女性，由于偏食或节食会导致饮食缺乏铁，加上周期性失血，患上缺铁性贫血的机会较高，以致脸色苍白、容易疲劳、学习时难于集中精神。此外，还可能会引起其他健康问题，如头晕、无胃口、肠胃不适、减低身体抵抗力等。

六、补水

人们在运动前、运动中、运动后按照少量多次的原则补充水分或液体（可含有适量无机盐），可使机体水分保持平衡。"其实，运动前后和运动过程中补充水分是很有学问的，喝对了才有助于保持体液平衡，保证健身者的健康和安全。"

1. 世界运动医学领域的权威机构、美国运动医学学院则将运动补水的原则概括为以下几点：

（1）运动前2小时喝约500毫升的白开水。"这是因为运动前补充水分可以提高机体的热调节能力，降低运动中的心率。提前2小时补水可以给肾脏代谢充足的时间，将体液平衡和渗透压调节到最佳状态，有足够时间使多余的水分从体内排出。"

（2）运动过程中，如果时间超过1个小时，就应该喝些淡盐水，每升水里加0.11～0.15克盐，并将水温控制在15～22摄氏度。"运动时大量出汗，汗液中含有很多离子成分，此时再喝没有任何离子含量的白开水，便起不到补充作用。而淡盐水则能及时补充流失的离子，防止出现血钠症等不适反应。"去运动时，最好随身带个保温杯，按比例冲好淡盐水，即使不感到口渴，也最好每运动20分钟就喝一两口，以平衡体内汗液的流失，避免出现脱水给人体带来损伤。

（3）运动后要喝电解质饮料，即含有钠、钾、氯、镁、钙、磷等矿物质的饮料，或者可以按1∶15的比例，在白开水中加些糖饮用。"水中加入糖，是为了保持一定的血糖浓度，延缓疲劳发生，从而保证健身者的身体健康。"

（一）饮用量、饮用时间、饮料的种类

（1）比赛前的几个小时不必克制补水；天气炎热时，在比赛开始前60～90分钟饮用约500毫升的饮料；在训练与比赛期间也要补水。

（2）中途短时间的休息饮水非常有利。

（3）训练或比赛后，体重每损失1千克，需补水1.2～1.5升，在24小时内逐量补充，而不是一次性饮下大量的水。

（4）在缺乏食物补充的情况下，运动饮料是良好的补充来源。但不推荐矿泉水（含气体的）、苏打水、果汁、类似于红牛的能量型饮料。

（二）如何判断是否缺水

（1）如果小便的频率比平常低，你可能脱水了。

（2）如果尿液的颜色变深了，你可能没有饮用足够的水。

（3）在训练课前后分别称体重，前后体重的缩减通常不应超过1%～2%，如果超过了这个范围，你可能没有饮用足够的水；如果低于以上的范围，你可能饮用过量。

第二章 初级指导员培训基本理论

第一节 青少年儿童的准备活动和整理活动

一、准备活动

（一）准备活动的作用与目的

（1）提高肌肉温度，预防运动损伤。体育锻炼前进行一定强度的准备活动，可使肌肉内的代谢过程加强，肌肉温度增高。肌肉温度增高，一方面可使肌肉的粘滞性下降，提高肌肉的收缩和舒张速度，增强肌力；另一方面还可以增加肌肉、韧带的弹性和伸展性，减少由于肌肉剧烈收缩造成的运动损伤。

（2）提高内脏器官的机能水平。内脏器官的机能特点之一是生理惰性较大，即当活动开始，肌肉发挥最大功能水平时，内脏器官并不能立即进入"最佳"活动状态。在正式开始体育锻炼前进行适当的准备活动，可以在一定程度上预先动员内脏器官的机能，使内脏器官的活动一开始就达到较高水平。另外，适当的准备活动，还可以减轻开始运动时由于内脏器官的不适应所造成的身体不适。

（3）调节心理状态。体育锻炼不仅是身体活动，而且也是心理活动。现在越来越多的研究认为心理活动在体育锻炼中起着非常重要的作用。体育锻炼前的准备活动即可以起到这种心理调节作用，接通各运动中枢间的神经联系，使大脑皮质处于最佳的兴奋状态投身于体育锻炼之中。

（二）准备活动的形式

准备活动可分为一般准备活动和专项准备活动。一般准备活动主要是一些全身性身体练习，包括跑步、踢腿、弯腰等。一般性准备活动的作用是提高整体的代谢水平和大脑皮质的兴奋状态，减少运动损伤的发生。专门性准备活动是指与所从事的体育锻炼内容相适应的运动练习，如打篮球前先投篮、运球，跑步前先慢跑等。除非进行一些专门性运动和比赛，一般人体育锻炼时只需进行一般性准备活动，即可进行正式的体育活动内容。而足球运动当中的热身多数采用一般性和专项性准备活动结合的形式，按照本人的特点，又可分为不结合球和结合球的两种。

（三）准备活动的原则

（1）移动性原则：全体队员都要移动起来，不要排队或少排队，要使所有队员都达到准备活动的目的。

（2）循序渐进原则：从无球的慢跑热身，由静力性拉伸过渡到动力性拉伸，以动力性拉伸为主，逐步增加强度过渡到有球的和有一定压力的练习。

（3）多样性原则：练习形式丰富多样，积极调动队员情绪，使队员从身心等方

面迅速进入临战状态。

（4）适应环境原则：因天气、环境，包括比赛性质等因素的影响，安排准备活动要灵活，如夏天的准备活动时间就要相对短些，而冬天则要相对长些。

（5）不中断原则：鉴于准备活动的目的，建议在不中断练习的基础上运用语言或肢体给队员以各种提示。

（6）结合训练主题与比赛原则：所有的准备活动一定要有针对性，即为主题服务。如头顶球主题的准备活动要重点考虑颈部和腰部的拉伸，所有练习要和比赛有关联。

（7）简便易行原则：易于安排并行之有效。如慢跑不需要组织站队，练习可以采取散点形式进行。

（8）思维性原则：所有活动都需要脑的参与，注重观察与思维。

二、整理活动

（一）整理活动的作用与目的

整理活动是指较剧烈的体育运动结束之后所进行的放松练习。运动之后的整理运动有助于使人体由紧张状态过渡到安静状态，保证第二天能够更好地进行训练活动。

运动对身体所引起的生理变化，并不随运动的停止而同时消失。剧烈运动时，肌肉常常是在缺氧的情况下活动的。运动后内脏器官还需继续工作，以补偿运动时缺少的氧气。例如，中距离跑，氧的需要量超过平时的15倍多，如果不做整理运动而突然完全静止下来，身体的静止状态首先妨碍了强烈的呼吸运动，影响氧的补充；同时也必然影响静脉血的回流，心脏血液的输出量因而减少，血压必然降低；由于重力的影响，血液不容易送到头部，甚至可能造成暂时性的脑贫血，产生一系列的不良反应，如恶心、呕吐、心慌、面色苍白，甚至晕倒等。

（二）整理活动的形式

整理活动的内容多种多样，如走步、慢跑、伸展运动、放松舞蹈、动作和缓的游戏等。比赛训练后逐渐降低强度，然后做腿部屈伸和呼吸等动作，促使下肢的血液能够很快地回流心脏，防止脑贫血的发生。一般说来，整理活动着重于深呼吸运动和较缓和的全身运动。

（三）整理活动的原则

（1）一般性整理放松活动与专门性整理放松活动相结合。

（2）整理放松活动与运动量相结合。

（3）整理放松活动内容与选择性相结合。

（4）采取正确的运动方法、方向、幅度、频率与次数相结合。

第二节　训练课的组织与方法

一、训练课的组织要求

组织练习和一堂训练课要考虑以下问题：

1. 训练目的：通常是指运动训练主体根据自身的需要，预先设想运动训练活动目标和结果。训练活动以目的为依据，目的贯穿训练过程的始终。

2. 场地的大小：为了使训练达到一定的质量和要求，通过不同大小场地的设置，运动员在不同空间内掌握和学习足球技术，使其运动技术和对器械的操控能力有所提高。

3. 训练的持续时间：根据中国青少年足球训练大纲的要求，设定不同年龄段的训练时间，保证其训练质量和训练效果。

4. 运动员人数：保证运动员在训练中的练习密度是提高运动训练质量的重要前提，其中练习人数的搭配也是提高训练质量的重要手段。

5. 所需要的装备器材：标志盘、标志桶、标志杆、对抗服、小球门、不同型号的足球等。

6. 运动员的年龄、经验、特点及能力：在青少年足球运动训练中应对不同年龄段的小队员合理地安排运动训练，教练员应根据其对足球运动的认知状况和已获得的学习经验安排不同层次的技战术训练，这是系统训练的一个重要标志。

7. 团队精神的培养：通过两人以上的攻防训练，培养运动员在攻防过程中的团队协作意识。

8. 身体训练：通过有效的足球训练使不同年龄段的队员身体各系统机能得到循序渐进的发展和提高。以全面发展为主线，抓好小队员生理发展的各个敏感期训练。

9. 提高个人能力：在足球比赛中，运动员个人是比赛主体的基本元素，因此，发展个人能力是提高球队整体比赛能力的重要前提。

10. 正确的讲解示范：通过训练理论的讲解和技战术示范，使队员获取较多的训练信息，并能够正确理解比赛中各种情况的处理方法，以使在训练和比赛中加以运用。

11. 训练计划的有效实施：训练计划是实施运动训练活动的指导性文件，它包含训练目的与任务，训练内容与方法和手段，通过训练课的实施总结和反馈训练效果，为今后的训练收集训练依据。能否有效实施训练计划，是检验训练质量的重要标准。

12. 训练方法：训练方法是完成训练任务实施途径。例如，方格训练法就是根据训练要求设计的，将训练场地划分为不同大小的区域，根据训练需要和要求，在不同的区域内设置和安排不同的训练内容，从而提高运动员在不同空间条件下完成各种技术动作的能力，以保证技术训练的效果。

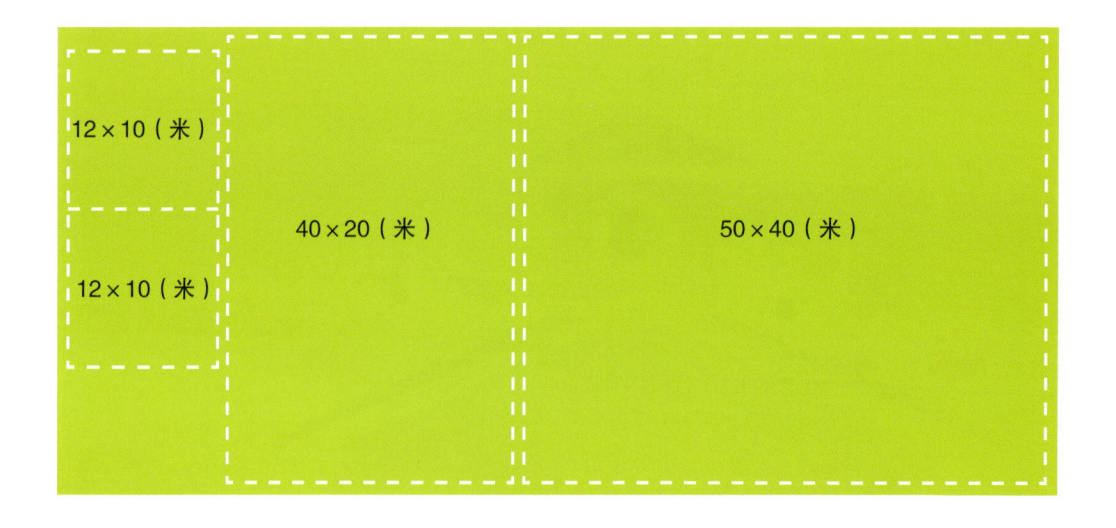

12×10（米）

12×10（米）

40×20（米）

50×40（米）

13. 训练时间

（1）时间的分配——良好的计划——组织。

（2）对机动因素的考虑，要有一定的弹性。

14. 队员人数

（1）可以参加训练的人数。

（2）有现实意义的训练角色。

（3）确保队员完全参与到训练中。

15. 装备：不同颜色的训练背心、一定数量的球、标志物和标志桶、可移动的球门、战术板及其他材料、录像和视频设备、清晰的标志线。

根据队员的年龄、经验、特点以及能力设计实际的目标和训练对象、组织方法与手段、练习的进度、训练的质量、设计进球及激励，营造快乐的训练氛围。

二、训练课的基本方法

在开展校园足球训练中常用的方法有以下几种。

1. 全面法：每一名球员都同时练习。用于开始或结束部分，如开始部分的球感练习或结束部分的技术或体能练习。

2. 流水作业法：在保障每名球员必须掌握的前提下轮换练习。用于技术攻关（如射门或头球练习等），多用于基本部分技术教学训练阶段。

3. 轮换法：当场地器械不足时，球员分组轮流进行练习。多用于基本部分的技术教学训练阶段。

4. 小组法：当师资出现不足时，采用分组的形式，教练负责复杂的教学重点的那一组，其余组由学生组长负责进行练习。如我们的足球节形式，多用于基本部分的教学阶段。

5. 个别法：差异训练。位置、能力、技术种类等。需要足够设备，多用于基本部

分开始或结束阶段。主要是针对个人、小组的技术或体能的补充练习方法。

6. 循环法： 为了达到某一技术或体能的重复训练，但训练形式又不至于枯燥而采用的一种训练法，其特点：分站练习、强调练习和间歇时间、练习顺序、多次以上循环。如：快速直线带球、带球绕中圈弧、绕杆带球、折返带球等。主要用于基本部分阶段，是一节课的主体。

第三节　足球基本技战术

足球技术是指运动员在比赛中所采用符合规则的合理的各种攻守动作的总称。随着足球运动的日益发展，足球技术不仅在内容上更加丰富，而且动作难度也在不断提高。特别是当今的足球比赛要求队员能够在快速和激烈对抗的条件下，准确地完成踢、接、顶、运、抢截以及起动、快速跑动转身和急停等技术动作，在一定义上说足球技术已成为足球运动的核心内容。

一、基本技术

足球基本技术可划分为主要的3部分。

（一）控球

控球是指足球队员用脚和身体的合理部位，在地面和空中将球按照自己的意愿控制的技术。

（二）运球

运球是指队员用脚或身体的某一部分触球，使球能随运球者一起运动的技术。用脚推拨足球，使之与跑动中的人一起行进并牢牢控制住球的动作，主要用脚背的外侧或内侧部位触球。比赛中常用运球调动对手位置，扯开对方防守，寻找传球、射门的时机或空隙，也可采用运球变换进攻速度，控制比赛节奏，以利于展开进攻。

1. 无防守队员逼抢运球

（1）在开阔区域推进。
（2）具有好的控球能力，需要好的平衡能力和移动能力。
（3）运球时抬头观察能够更好地做出选择，合理地处理球（传球、传中、运球……）。

2. 有防守队员逼抢运球

（1）突破对方防守。
（2）突破对方一名或多名队员的防守。
（3）继续推进，运球（个人行动）。
（4）准备完成一系列的技术动作选择。
（5）控制球权和等待队友支援。
（6）假动作欺骗对方。

（三）射门

射门是指用踢球、头顶球、铲球等技术将球射向对方球门，是进攻的最终目的，也是比赛胜负的关键。射门方法很多，如射地滚球、空中球、反弹球、直线球、弧线球；可直接射、运射、接射。射门时要求冷静、机智、果断、有信心，动作快速、准确、有力，并能随机应变。

（四）传球

传球主要通过脚背内侧、脚背、脚背外侧进行短传、中传、长传，还可以通过身体的不犯规部位进行合理的传递。比赛是通过不断地传球来进行攻防转换的。

1. 传球的准确性：一般分为向脚下传和向空位传两种，但向前、向空位传球是主要的，过多的横传、向脚下传球不符合快速的要求，单一的向前、向空位传也不会收到良好的效果，所以两者必须结合使用。比赛中，在前场对前锋来说是冒险区，所以应大胆地向前传、向前插，而在后场，传球时则要以安全、保险为主。

2. 传球的时机：比赛中的传球有两种情况，一是传球在先，跑位在后，传球指挥跑位；另一种是跑位在先，传球在后，让跑位促使传球。无论哪一种情况都要求传球及时，早一点或晚一点都可能造成失误，这就需要控球队员对本队和对方队员的位置有正确的判断。同伴接应是传球时机之一，对手上抢就会失位也是传球时机之一，另外一种情况就是同伴处于非常有利的位置也是传球的时机之一。这些经验必须通过比赛和近似于比赛的对抗性练习才能获得。

3. 传球的力量：传球的力量应适度，有利于接球者处理球，并且要准确。在向被对手紧逼的同伴脚下传球时，传球力量要小些，并且将球传向远离防守队员的一侧脚，否则，易被对方队员抢断。向空位传球时，一般要球到人到，人到球到，但在向有较大纵深距离的空位传球时，若突破接应的队员速度快，补位的防守队员离得也较远，传球力量就要大些，以利于发挥突破队员的速度。

4. 传球的隐蔽性：传球可以很好地控制比赛节奏，将对方的阵型拉开，在对方的防守阵型中找到漏洞，不断创造有效的空间进行具有隐蔽性的传球和最有威胁的传球，达到能够穿透对方防线，直接破门的效果。

（五）其他技术

1. 头顶球：头顶球技术的种类主要以顶球时运用头的部位来区分。正确的部位只能是前额骨的正面和侧面。在每一种技术中，由于头顶球前的准备动作不同，可分为原地头顶球和跳起头顶球，跳起时又可分为单脚起跳头顶球和双脚起跳头顶球。由于球的方向不同，又可分为向前、向后和向两侧头顶球。头顶球可用来射门和破坏解围，无论是在对方罚球区或本方罚球区都可以进行头顶球的射门。

注意事项：建议不要让9岁前的小队员进行头球练习，这项技术必须循序渐进地进行练习，并且要确保队员已具备进行练习的能力。

2. 抽射：抽射是足球常用的射门技巧，主要靠股四头肌、股内收肌、胫前肌、趾伸肌发力。完成抽射要求队员基本功要扎实，支撑脚一定要站好，重心要根据来球方向、速度及旋转进行调整，一般抽射都是用正脚背。

3. 射凌空球：在球落地之前，直接将球射向对方的球门。

4. 射反弹球：当球刚落地反弹的一瞬间，不停球直接进行射门。

（六）守门员技术

守门员接扑球的技术动作很多，有原地的、跳起的、倒地的接扑球，也有双手、单手的击、托球，以及用脚踢挡球等。不论采用哪种方式接扑球，都要把球接牢，一旦脱手要立即再扑拿。当守门员截获球后，要立即发起进攻。可采用单手肩上掷球、低手掷球和勾手掷球等方法组织快速反击；也可用抛踢空中球和反弹球的方法把球传给远方的同伴。现代足球比赛门前争夺日趋激烈，守门员的活动范围也随之增大，而且拳击球技术也日益受到重视。

守门员要善于观察全局，尽可能协助队长适时地组织指挥全队进攻和防守。守门员必须冷静沉着、勇敢果断，他的竞技状态直接影响到本队的士气和成败。为了守住球门，守门员要有敏锐的观察和准确的判断，要善于选位。在校园足球队训练中要积极鼓励想成为守门员的队员，要充分地保护他们，尤其安排射门练习时，对初学者可以先教会他们用脚破坏球的阻挡意识和技术。在此基础上学生懂得守门员是全队最后一道防线，其主要任务是防止球进入本队球门。

二、个人与集体防守技战术

1. 盯人：面对对手的接应（在对手无球移动摆脱状态下的防守），当球在对手一人脚下时，其余的对手都可称为是接应队员。

2. 断球：断球主要是针对对手接球时的防守（即，球在这个过程中，从传球到接应之间的过程称之为接球），是指将对方的传球在其运行的途中将其截获或破坏掉，断球是攻守转化的开始，断球是一种具有一定智慧的战术活动，它需要队员具有对场上对手的战术活动的反侦察能力，一些有经验的防守队员往往会诱骗对手进行断球。断球是一种具有攻击性的防守战术活动，但同时如果断球未果，则防守队员很可能将失去有利的防守位置被对方所利用。所以说断球是一把双刃剑，因此，队员在进行断球时一定要考虑到成功的把握，不要贸然行事。有时可通过延缓进攻的个人防守战术来达到防守目的。在比赛中一对一的防守是极为重要的，它的成功与否将关系到全队防守的成败。

3. 抢球：压迫抢球主要是针对球到了对手脚下后的防守。抢球是指将对手控制的球抢下来获为己有或者使对手失去控球权的个人战术行为。在进行抢球的过程中队员应注意抢球的距离和做出抢球动作后是否能保持好自己的身体重心，保持好身体重心是为了在第一次抢球未果的情况下进行第二次或第三次抢球。特别是对手使用假动作诱骗队员时，一定要保持好自己的身体重心不要轻易出脚。

4. 除了个人防守战术之外，足球比赛中最常用的集体防守主要分为区域防守、人盯人防守、混合防守3种方法，主要是为了延缓对方的进攻所进行的一种措施。

（1）区域防守：所谓区域防守就是指全队在防守时，层层设防，形成层层盯人加保护的整体防守体系。在区域防守体系中，每名队员都是在自己相对稳定的防守区域内进行盯人防守。主要是对进入自己防守区域的对方队员实施盯人防守，当对方进攻队员交叉跑位到另一个防守区域时，我方防守队员和该区域防守队员交换防守任务，一般不越区盯人，不受对方的牵引。防守队员的保护由在其身后的队员来实施和支援。当对方强行突破或无球跑动切入接球时防守队员就要紧追盯防。区域防守的优势在于节省体力，队员在防守时的机动性和保护性更强，防守队员需要有良好的判断预测能力和意识。如果队员的配合不默契，就会被对方充分利用两个防守区域的交界处，一旦被突破就会和守门员形成单对单的形势。

（2）人盯人防守：人盯人防守基本上就是各人专盯防自己的防守对象，防守对象跑到哪儿，自己就得跑到哪儿，不交换防守对象，不受防守区域限制，后方队员间的保护主要由最后的拖后中卫进行区域保护和补位。人盯人主要通过压迫式的凶猛抢断来压制对手的进攻和技术优势。这种防守体系优点是分工明确，对对方的限制力强。但是对防守队员的体能、意志、防守能力的要求高。人盯人的防守体系的缺点在于一旦有个防守队员被对方突破，而防守队员间的保护及补位不及时到位，很可能就会造成全线被瓦解的局面。所以要根据对手的情况而采用不同的盯人方式，可能从一丢球就开始全场紧逼盯人，也可能从中场就开始或到后场才开始盯人防守。

（3）混合防守：混合防守就是人盯人防守与区域防守的结合。这种防守体系中的盯人是将对方中最具有突破威胁或组织者死死盯住，通常是两个中卫中的一个去实施，另一个成为拖后中卫"清道夫"。这种防守体系对盯人中卫的个人防守能力、体能、意志要求较高。"清道夫"则要求有良好的保护和补位意识，头脑冷静、观察全面、判断准确。

第四节　不同年龄组少年儿童的特点

一、不同年龄组的基本划分

不同年龄组的儿童青少年具有不同的特点，我们可以将其分为3个阶段：第一，

6～10岁幼儿或儿童阶段；第二，9～11岁发育前阶段；第三，11～13岁青少年阶段。

二、青少年发展特点

（一）6～9岁阶段

1. 发展特点

（1）身体较为柔弱，对抗能力较差，身体素质力量较弱。
（2）缺乏集中注意力的能力。
（3）有较强的模仿能力（视觉记忆）。
（4）热爱足球，为自我而战。
（5）足球给他们带来了充分的快乐，满足所需快乐的欲望。

2. 训练内容

基本技术：主要通过足球基本功的练习开启对足球的基本认识。
（1）练习方法：脚弓传球，脚背传球等。
（2）小范围的比赛：4对4，5对5。
（3）练习和比赛交替进行。
（4）分组和分队要实力平均。

3. 指导员的职责

（1）保证比赛和训练的安全和组织

在日常的比赛和训练中，应该把安全放在首位，必须保证参训的小队员在一个非常安全的环境下进行训练和比赛。良好的组织能力是保证运动训练质量的重要基础，指导员如何通过有效的组织方法和训练手段针对不同状况的队员进行具有针对性的训练，是提高队员技战术水平和比赛能力的重要前提。

（2）示范

6～9岁的儿童在训练中会出现很多不规范动作，指导员需要对不规范的动作进行纠正，做出正确的示范动作，这对于他们将来的发展有很大的帮助。

语言要简练，演示简短清晰。6～9岁的孩子在语言方面不具备较好的理解能力，所以指导员需要与队员进行简单易懂的语言沟通，清晰、规范演示，队员就能更好地理解足球理念、灵活地运用足球知识以及规范动作。

少暂停，给队员更多的练习时间。指导员在技战术训练当中，如果80%的队员按照要求去完成训练，就要尽量避免暂停而导致局部影响整体，以致不能按时完成日常的训练任务。可以对那些出现技战术动作错误的队员进行专门针对性的修正。要

多动少修正，给运动员更多的练习时间以达到量变到质变的效果。

多鼓励队员。对6～9岁的队员而言，指导员不仅需要向他们传授基本的足球知识，还需要对他们多鼓励多帮助，让他们带着积极的态度进行训练，达到更好的训练效果。

（二）9～11岁阶段

1. 发展特点

（1）具备更好的协调性，耐力和速度力量迅速提高。
（2）有更好的视觉记忆。
（3）具有充足的自信。
（4）有较高的分析能力。
（5）学习的欲望增强。
（6）团队精神、团队意识提高。

2. 训练内容

（1）基本技术（足球专项技术）：通过身体训练、时间和空间的预判、短传球、长传球等技术练习，使他们对足球运动的基本规律进一步地了解和认识。与此同时，在训练中还应加强对速度、灵敏、反应、协调性等身体素质进行训练。

速度素质是指人体进行快速运动的能力或在最短时间而完成某种运动的能力。它是指人体快速运动的能力。按其运动的表现形式可分为反应速度、动作速度、周期性运动的位移速度三种形式。反应速度是指人体对刺激发生反应的快慢。动作速度是指人体对单个动作速度的时间的能力。位移速度是指在周期性运动中以单位时间通过的距离，或通过一定距离所需要的时间。位移速度包括速度和速度耐力。速度耐力是指人体保持长时间快速运动的能力。

灵敏素质是指人体在各种突然变化的条件下，能够迅速、准确、协调、灵活地完成动作的能力，是人各种运动技能和身体素质在运动中的综合表现。大脑皮质神经活动过程的灵活性及分析综合能力，是灵敏素质的重要生理基础，因此可通过训练改善和提高各感受器官功能，以增强灵敏素质。此外，在体育锻炼的实践中，掌握的运动技能愈多就愈熟练，大脑皮质中暂时神经联系的接通就愈迅速、准确，动作也愈灵巧。灵敏素质是运动技能、神经反应和各种素质的综合表现。运动中的灵敏能力是非常重要的。灵敏是人体各种运动能力在运动过程中的综合体现，良好的灵敏性不但有助于更快、更多、更准确、更协调地掌握技术和练习手段，使已有的身体素质充分、有效地运用到实践中去，而且可以防止伤害事故的发生。灵敏素质分为一般灵敏素质和专项灵敏素质，前者指适应一般活动的灵敏素质，后者指符合专项需求的特殊灵敏素质。

反应是有机体受到体内或体外的刺激而引起的相应的活动。

运动协调能力是指运动员有机体各部位在时间和空间上相互配合，合理有效地完成动作的能力。普通的关于灵敏性的解释"是指人体在各种突然变化的条件下，迅速、协调、准确、敏捷地完成动作的能力"。"灵敏素质没有客观的衡量标准，只能通过动作的熟练程度来显示灵敏素质的高低"。

（2）训练比赛：通过实战来磨炼个人技术和团队配合，加强对比赛阵型的理解。

（3）小范围比赛：5对5，7对7，传抢练习，比赛与练习交替进行，分组和分队实力要平均。

3. 指导员的职责

（1）教育与教学方法：合理正确的教育教学方法对队员而言，能够更好地理解指导员传授的观念，对运动员会带来更大的收益。

（2）技术和心理的指导：不断提高队员的技术水平，使他们在比赛中更好地灵活运用，展现出自身所具备的技术特点，达到理想的效果。同时，队员的心理沟通也是相当重要的，假设一名优秀的足球队员在比赛当中遇到巨大的打击，该队员无法承受，那么他的技战术水平将会受到很大的影响，不能将其发挥到最好，无法顺利完成比赛任务，此时需要心理指导。

（3）组织与沟通：在日常训练和重大比赛当中，指导员需要具有一定的组织与沟通的能力，谨慎管理、良好的沟通是队伍不断壮大的关键。

（4）团队精神：足球属于一个整体性项目，它是由11人所组成的集体活动。在足球比赛当中，队员们必须具备团队精神，拧成一股绳，将对手——击败。如果队员没有对团队精神的深刻认知，将会导致队伍成一盘散沙，孤军奋战。

（5）传授基本的足球知识：使孩子对足球运动的一般知识和比赛规律以及体能问题有基本的认知。同时，提高对时空的良好判断。

（6）正确示范及纠错：指导员正确的示范，是足球战术的实施，提高队员对正误的判断能力，促进整个队伍不断进步的重要因素。

（7）多鼓励队员：对队员要积极鼓励，对错误的技术动作，要委婉批评不给运动员造成太多的心理压力。

（三）11～13岁阶段

1. 发展特点

（1）这一年龄阶段的队员会出现较大的生理变化。
（2）在运动能力方面他们具有更好的平衡和协调能力的发展空间。
（3）在感知觉方面他们具有更好的视觉和听觉记忆发展。
（4）随着年龄的不断增长，队员在接受事物和新知识的过程中，不像以前那样不假思索地接受，而是具有一定的批判思想和逆反心理，因为这一阶段的他们已经具有一定的分析能力。
（5）在心理和性格的发展中较高的注意力品质逐渐形成。
（6）队员具有较强的求知欲望。
（7）这一年龄段的队员更有主见。
（8）队员的身体素质不断提高，对抗能力加强。

2. 训练内容

（1）速度，灵敏和反应。
（2）协调性。

（3）基本技术。

（4）基本的阵型和队形1-3-2-3。

（5）介绍比赛基本原则。

（6）场上空间的控制：空间感对于一名队员而言是十分重要的，队员尽量利用场地，使防守者被迫扩大防守面积，从而创造便于利用的进攻空间。对能够很好控制场地空间的队员予以积极鼓励，多配合、多传球，充分利用场地最终找出防守漏洞，射门得分。

（7）小场地比赛：5对5，7对7，9对9。

（8）鼓励队员的创造性：对具有创造天赋的队员多加鼓励，以带动其他运动员不断的突破创新精神，打造符合自身特点的战术以提高整体实力。

3. 指导员的职责

（1）运用正确的教育与教学的方法。

（2）提倡团队精神，鼓励团队合作。

（3）提高练习质量。

（4）传授足球知识。

（5）培养队员交流与沟通的能力。

（6）要求队员通过练习进行学习。

（7）注重示范和纠错。

（8）给予队员更多鼓励。

第五节　青少年要重视发展协调性训练

协调性是指大脑对肌肉进行控制达到完成动作的能力。协调性和灵敏性是运动员完成技术动作的基础，也是他们表现自身竞技能力的手段，许多著名教练员认为协调性和灵敏性是决定一个人能否成为优秀运动员的关键因素。协调性是青少年阶段发展的重中之重，校园足球是协调性发展的最好途径。

具备良好协调性的青少年队员可以很好地控球和带球，跑动更快，跳得更高，射门更有力，抢点更准。协调性练习的主要目的是提高队员的灵敏性和移动能力。

一、发展协调性的最佳年龄段

8～12岁是青少年队员发展协调性能力的最佳时间，发展协调性能力应注意：

1. 通过不同的方法提高协调性能力，比如有球或无球的练习，移动和跑动，以及其他活动（如手球比赛）。
2. 练习内容的多样性和不同方法的结合才能达到最佳的练习效果。
3. 协调性练习要尽可能早地开展（6～7岁）。
4. 6～12岁的每节训练课都要有协调性练习（在训练课开始阶段）：

（1）时间：15分钟。

（2）练习内容：

- 有球或无球。
- 带有竞争性。

（3）练习内容的调整：

- 不要过难。
- 不要过易。
- 保持趣味性不断变换练习的方法。

（4）特别注意

- 质量比数量更加重要。
- 队员的积极性是最重要的。
- 不要在队员感到疲劳时进行练习。

5. 协调性训练常用的方法：

（1）不习惯动作的各种身体练习。

（2）反向完成动作。

（3）改变已习惯的动作速度与节奏。

（4）以游戏方式完成复杂动作。

（5）要求创造性改变完成动作的方式。
（6）采用不习惯的组合动作，使已掌握的动作更加复杂化。
（7）改变动作空间范围。
（8）利用器械或自然环境做各种较复杂的练习。
（9）适时用信号或有条件刺激以使运动员做改变动作的各种练习。

协调性训练是一种强化训练，在准备期与提高期中必须打好基础，在调整期与比赛期中，一般没有专项的协调性训练。在安排上，可依据上述训练法所列的项目，再加上指导员另编的项目来操作。强度以70%、频率以每周3次为宜。

在具体的足球训练中，指导员可以参考以下表格所标示的内容进行重点练习。

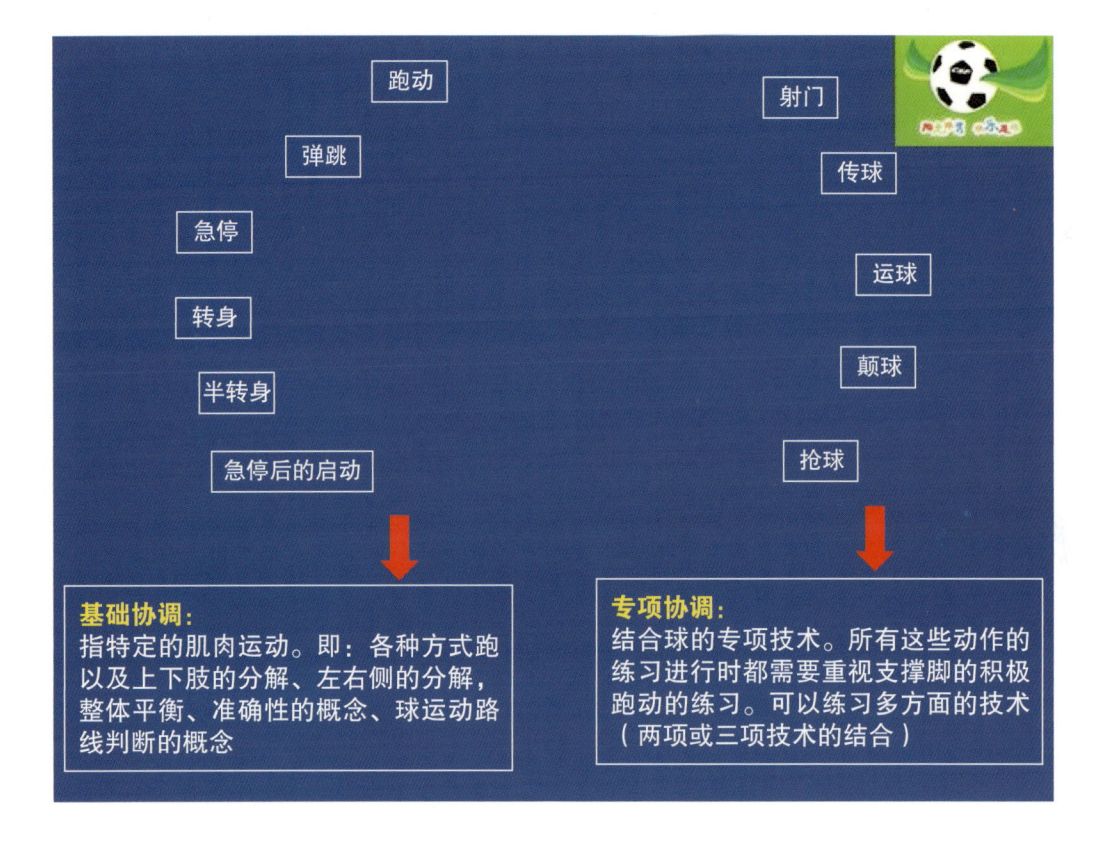

基础协调： 跑动、弹跳、急停、转身、半转身、急停后的启动
指特定的肌肉运动。即：各种方式跑以及上下肢的分解、左右侧的分解，整体平衡、准确性的概念、球运动路线判断的概念

专项协调： 射门、传球、运球、颠球、抢球
结合球的专项技术。所有这些动作的练习进行时都需要重视支撑脚的积极跑动的练习。可以练习多方面的技术（两项或三项技术的结合）

二、各年龄段如何发展协调性

类型	6~8岁	8~10岁	10~12岁	12~14岁	14~16岁	16岁以上
基础协调	++++++	++++++	++++++	++++++	++++++	++
专项协调	+++	++++	++++++	++++++	+++++++	+++++
备注	有球或无球练习，移动和跑动练习内容的多样性和不同方法。特别强调各部位的均衡使用			身体的稳定性伴随成长逐步加强		分组练习＝个体化

97

协调性的训练是一个循序渐进的过程，在不同的发展阶段有不同的要求。因此，指导员应根据各年龄段的不同要求对队员进行训练。

三、发展协调的意义

提高个人表现水平	做出合适并准确的回应
改善动作的准确性和灵活性	提高对不同动作的控制能力 区分不同动作的用力顺序
减少能量的消耗	放松的完成动作=减少能源消耗=避免多余的动作
改善预判的能力	在最短的时间里面处理最多的信息= 减少时间间隔，改善观察能力
提高执行的速度	协调执行速度和动作的准确性
减少及预防运动损伤	

第六节　小场地足球比赛

一、小场地比赛的理念

1. 让更多的孩子参与到足球运动当中，让他们感受到踢足球带来团队合作、拼搏向上的精神。

2. 学习足球的基本知识，充实自己的理念，创造更多自身的技战术特点，打造更好的自我。

3. 通过足球带给孩子们欢乐，理念是"通过比赛去学习如何练习"。

（1）比赛和练习是训练的主要组成部分，要结合使用，最重要的是根据训练课的目的去进行

（2）练习重点是与小组比赛相结合的小场地比赛。通过日常训练，提高个人技战术水平，结合小组比赛来促进团队作战能力。

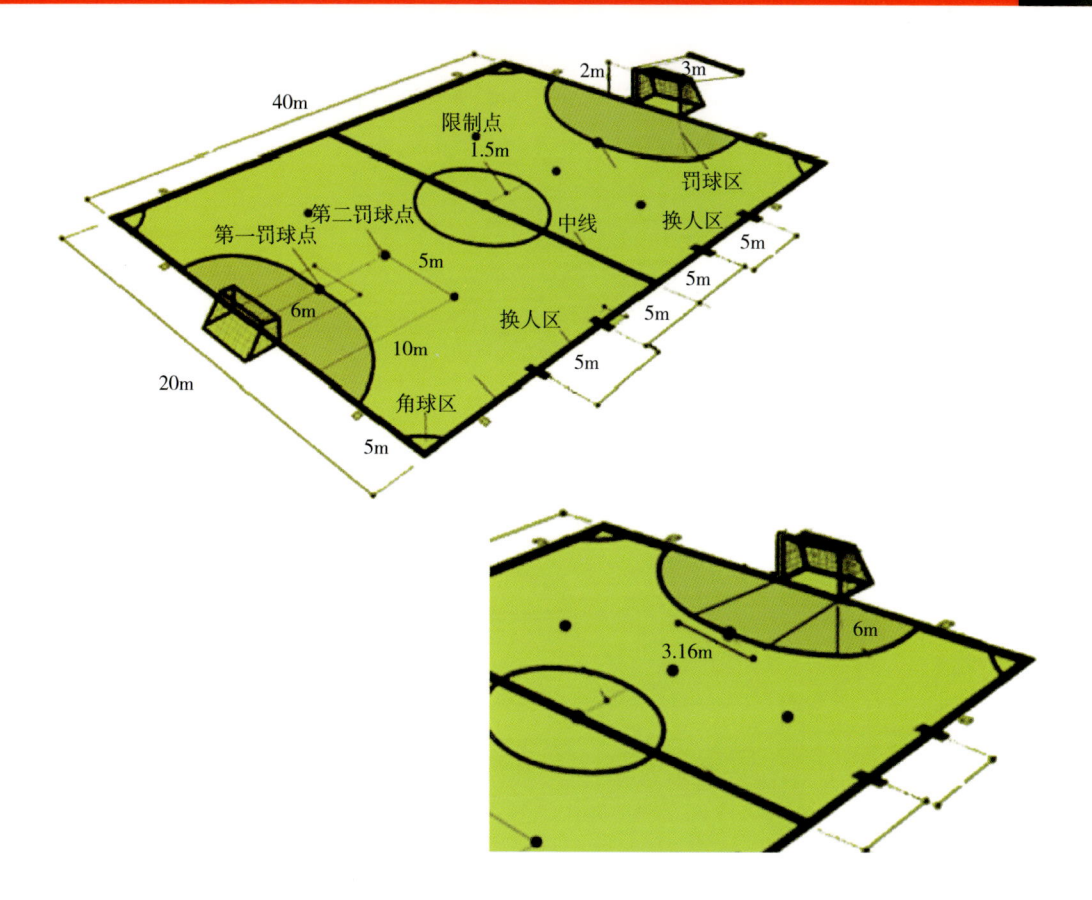

二、小场地比赛的特点

1. 青少年队员能在比赛中获得无穷的欢乐。
2. 比赛设置要以队员为基础，形式简单，人人可参与，调动队员的主动性。
3. 小场地比赛能够有效地形成比赛规模。
通过比赛的形式让更多的人参与进来，让更多的人感受足球的快乐。
4. 根据队员的特点简化或选择适当的比赛规则进行比赛。
5. 小场地比赛与11人比赛相比，具有积极作用：
（1）在4对4练习中，队员有高于5倍的触球次数，在8对8中则多于50%。
（2）在4对4练习中，队员有高于3倍的1对1机会，在8对8中是2倍。
（3）在4对4练习中，平均每2分钟进一球，在8对8中每4分钟进一球。
（4）在8对8中，守门员运用技术能力的机会是11对11的2～4倍。
（5）在4对4练习中，成死球的机会是8%，在8对8中是14%，11对11中是34%。
6. 在小场地比赛中，每名队员在不同程度上获得以下的比赛体验
　（1）持续比赛；
　（2）更多触球机会；
　（3）不断尝试得分；

（4）自由发挥；

（5）接受指导员的鼓励；

（6）得到家长及指导员的支持。

三、小场地比赛的年龄和场地要求

以下是不同年龄段队员适宜的小场地比赛形式，以及如何开展小场地比赛的具体场地安排和要求。

小场地比赛 \ 年龄	6~8岁	9~10岁	11~12岁
4 对 4	√	√	√
5 对 5	√	√	√
8 对 8		√	√
9 对 9			√

例如：

4 对 4

场地尺寸

宽度：10~20米

长度：20~40米

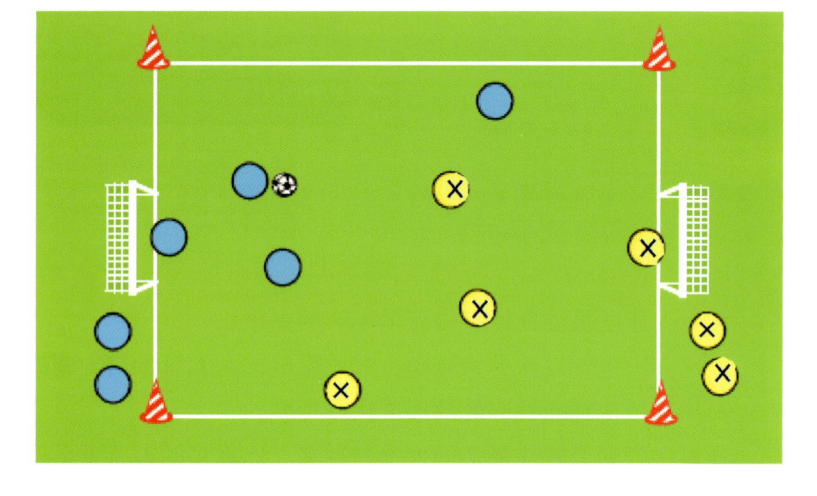

5对5

场地尺寸

宽度：20~25米

长度：30~40米

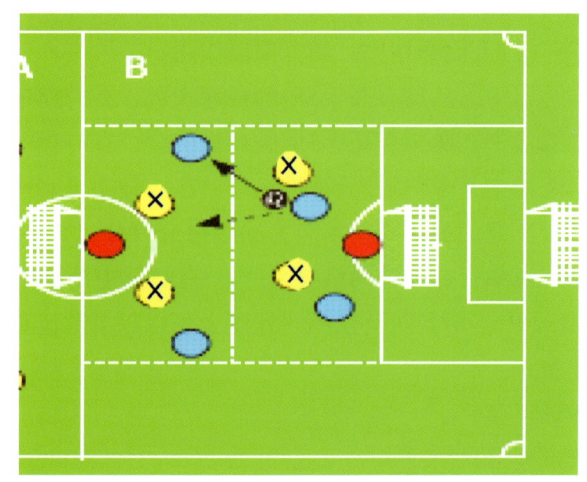

8对8
场地尺寸
宽度：30～40米
长度：50～60米

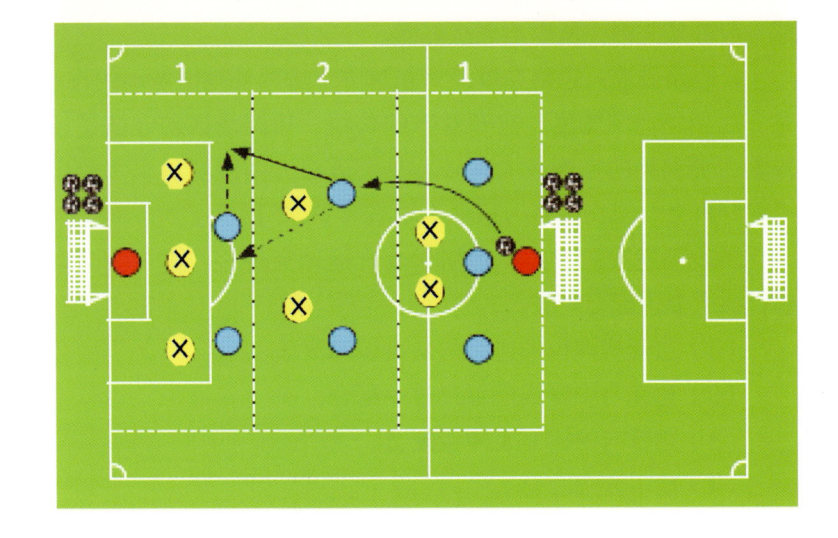

第七节　8对8比赛

一、8人制比赛战术依据1-3-3-1阵型

　　8人制比赛能够在比赛中形成更多的战术衔接和接应点，队员在比赛中能够在攻防过程中形成更多的3～4人的战术组合。4对4的练习主要体现了队员在练习中攻防人员的不断组合，将进攻与防守的各类比赛因素通过4对4的训练形式表现出来的一种较好的训练方法。这种训练方法在训练中可以让队员不断体会进攻与防守的基本要素，逐步培养队员在比赛中的应对各种比赛条件的比赛能力。

　　1. 纵深：球队进攻作战任务的纵向深度。是指球队或队员利用球场的长度和宽度而采取的进攻手段，这在球队破对方密集防守或由守转攻时经常被提及。例如队员插上进攻就是足球运动中利用纵深进攻战术之一。指位于第二、第三线的前卫、后卫队员，插入第一线参加进攻的战术方法。因有纵深距离，故容易摆脱对方的防守，且第二、第三线队员的插上具有较大的隐蔽性和突然性。因此，更具威胁性。后卫插入前锋线直接参加进攻是全攻全守战术的一个重要标志。

　　2. 宽度：球队进攻时进行横向转移的尺度，良好地利用空间对于一支体能充沛的球队来说是可以将对方的防线进行直接而有效的攻破。

　　3. 中路：通过利用中路的开阔地带发动进攻，合理地利用中路的配合，依靠中路人员数量、技术上的优势，通过多次传球，强行撕开对手的后防。中路渗透进去，要比边路的直接面对大门的机会大，得分的机会也就更大！几乎所有的球队都派重兵把守中路，一些球队在中路打不进去也只好考虑走边路，边路防守比较薄弱，一般对手宁愿放你下底，也不会让你往中间走，所以下底传中的机会很多，打边路进球一般都是头球，所以不怎么好看。

4. 边路进攻：边路进攻是指在对方半场两侧地区发动的进攻。边路进攻的特点是充分利用场地的宽度，拉开对方的防线。边路场区防守队员较少，防守的纵深保护较差，可利用的空当较大。较容易突破对方防线然后采用传中等手段，创造中路射门得分机会。但直接射门角度小很难射中球门。

5. 边路进攻的方式：边路进攻有运球突破；二过一配合突破；交叉换位配合突破；插上套边配合突破。

（1）边锋或跑位到边路的队员运球突破。

（2）边锋与中锋或前卫二过一配合。

（3）边锋与中锋交叉换位配合。

（4）前卫套边配合。

（5）后卫插上套边配合。

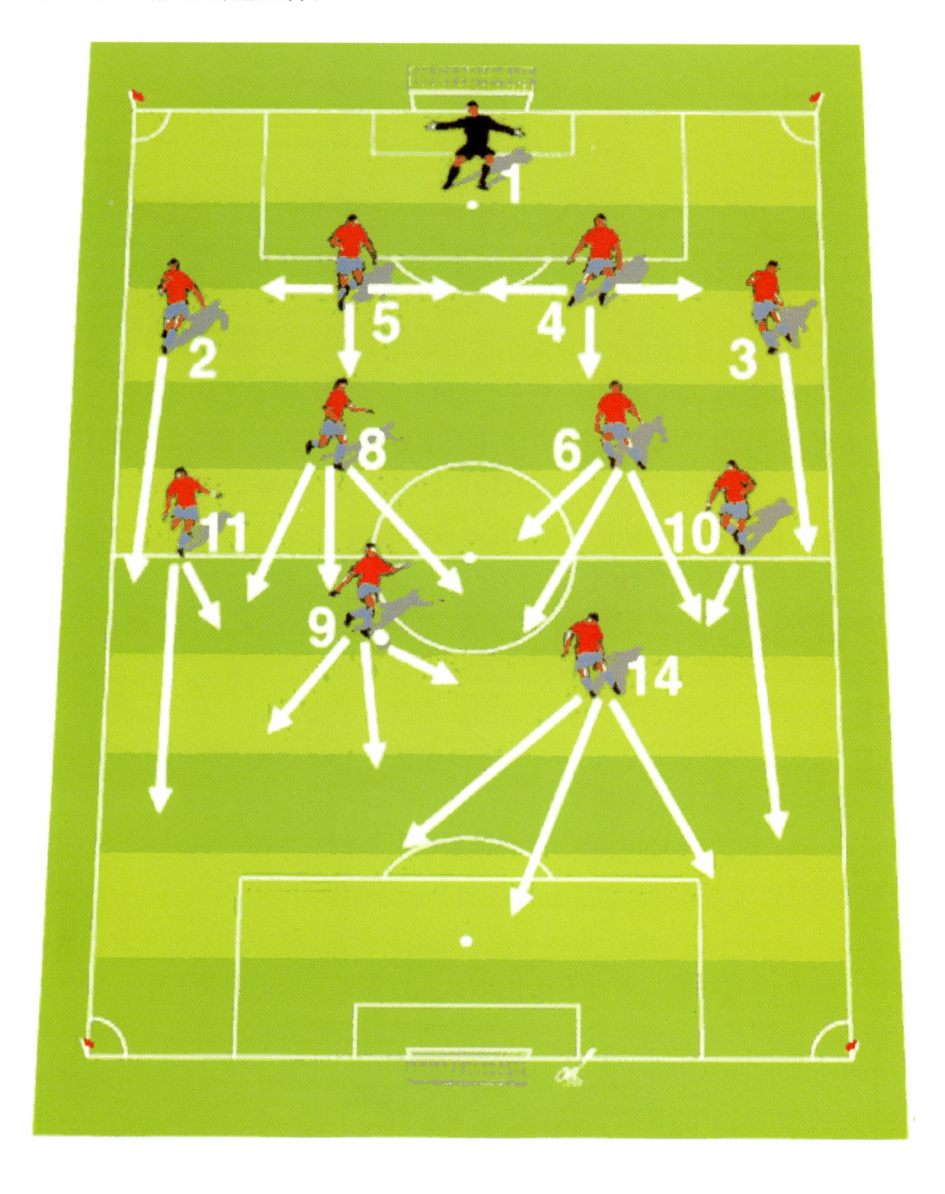

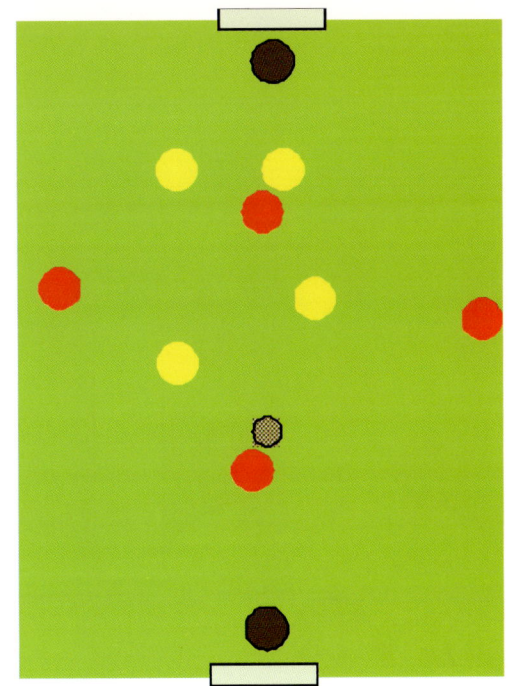

二、8人制足球常采用比赛阵型

1. 1-3-3-1（较早阵型）
2. 1-4-2-1阵型
3. 1-3-2-2阵型
4. 1-2-3-1阵型
5. 其他阵型

7人制或8人制边路的区别

7人制与8人制后防中路的区别，若后防改变，中场就有所缺陷

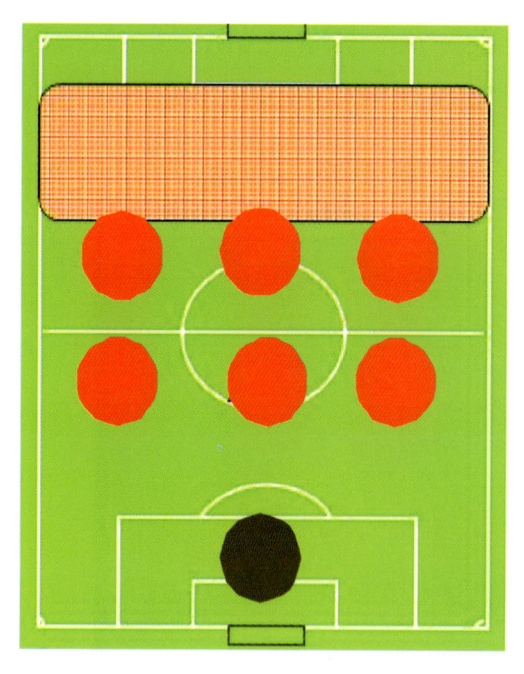

7人制与8人制区别，7人制若中场改变，前场就缺少前锋，若改为1-2-2-2阵型，就缺乏合理的战术人员配置

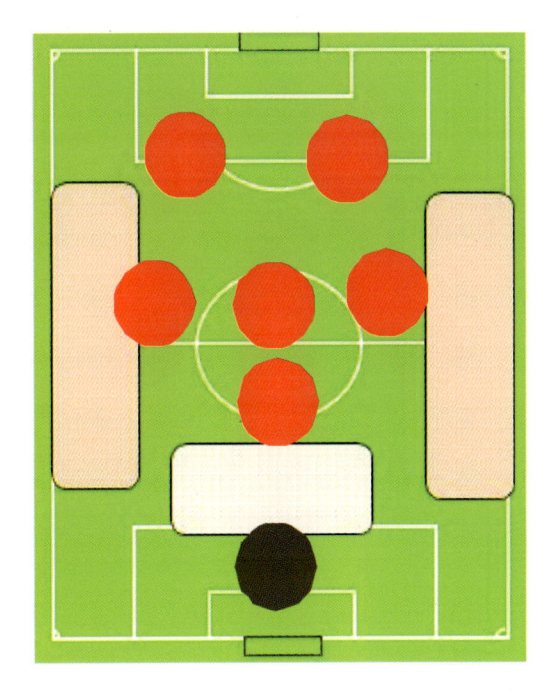

第二篇　中国校园足球指导员培训教程理论部分

7人制与8人制区别，若改为1-1-3-2阵型，便削弱后防和边路的进攻

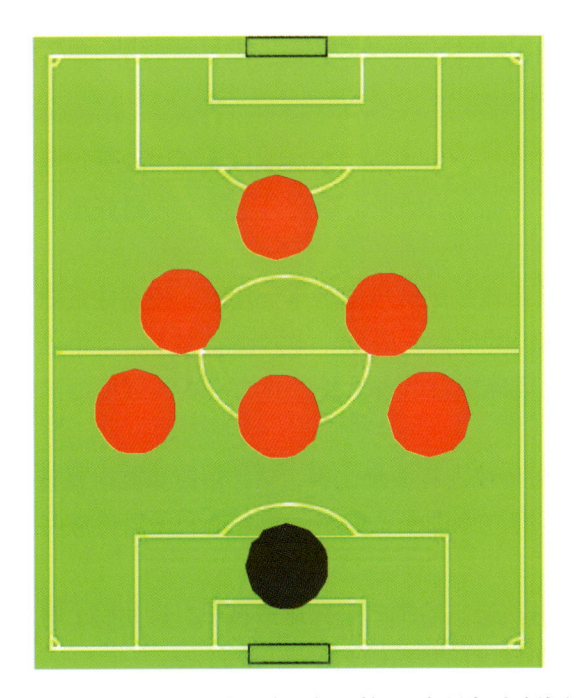

7人制与8人制相比较，8人制在后防线和边路区域都具备了较大的战术变化空间

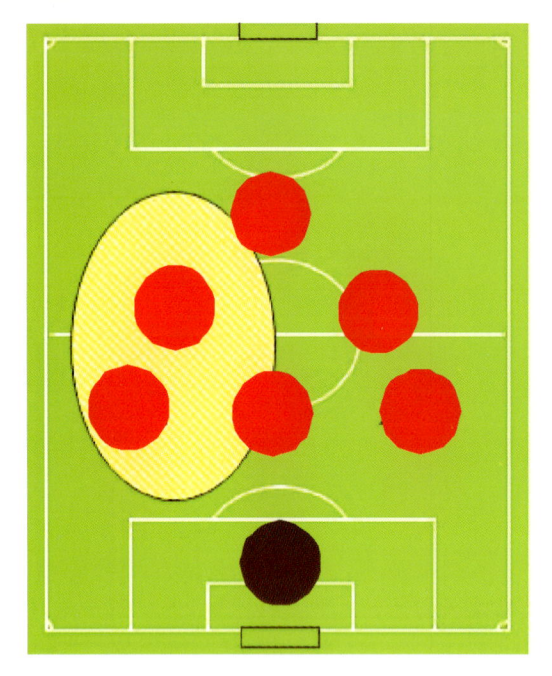

7人制与8人制在边路的攻防与11人制基本相同，而且8人制也便于向11人制打法过渡

三、8人制足球的特点

（一）优点

1. 有利于改善个人技术：在8人制足球赛中，个人技术相对于11人制来说更加重要，通过比赛不断提高个人技术，达到个人实力的增强，配合其他队友，很好地实施整体战术打法。

2. 有利于改善接控球及运球：控球及运球是足球当中的重要技术，控制住足球就相当于控制住了比赛，对方将会跟着你们的节奏去踢球，本方将更加得心应手地控制对方的跑动、防线等。改善接控球及运球也会节省大量的体力完成高强度的比赛，最终赢取比赛的胜利。

3. 有利于改进短传球：足球比赛当中短传球占有大量比例，估计短传球能达到整场比赛传球的3/4，所以更好的短传球是比赛当中的重要环节，很好地利用短传球将会使本方队员更好地组织进攻和控制比赛。

4. 有更多的踢球机会：创造更多的踢球机会，给那些想踢球的孩子，让他们了解足球知识，认知足球的乐趣，更好地接触足球这门华丽的艺术。

（二）需待解决的问题

1. 按年龄施教：不同年龄段对队员的要求不同，不能将足球的一切统统讲给他们，运动员是从小培养，需要循序渐进地将足球理念、知识传授给他们，待其进行一定的消化过后再进行下一步，这样将来发展将不会出现模糊的状况。

2. 改善技术因素：对技术观察的角度不同，导致对技术要素认识的不同。认为技术就是人控制球者，必然认为技术中最重要的是动作结构，技术好就是动作规范、准确；技术的发展方向就是动作结构新颖、优美和高难度。我国足球运动员的一些主要缺点如意识差、创造性与想象力不强、抢截能力低下等也均与时空判断能力不足有关。因此认为，尽快采取措施提高我国运动员对时间和空间的掌握能力，在技术训练时由侧重技术结构转向侧重于掌握时间与空间的分寸，这是提高技术水平的当务之急。

3. 为小队员参加11人比赛做过渡性准备

通过对5人制足球的训练，使小队员基本掌握了足球比赛中攻防转换的基本规律。小队员在5人制的比赛中对足球的技战术的运用有了比较清楚的认识，由于5人制足球比赛在对抗程度上与11人制在规则要求和对抗程度上存在着较大差异，因此如何将小队员技战术和对抗能力顺利的与11人制足球比赛对接。是这一过渡时期的重要训练内容之一。教练员应根据球员的生长发育水平适当增加对抗性练习，并且在身体训练中增加力量训练的内容，以保证球员顺利过渡到参加11人制比赛的需要。

第八节　足球比赛原则

为了保证比赛中的攻守平衡，发挥运动员的技战术特点，赢得比赛的先机，运动员在平时训练中需加强足球比赛原则的学习，培养足球意识。

所谓原则是指观察问题、处理问题的准则。足球比赛很多方面都会发生改变，唯一不变的是比赛原则，队伍的水平高低取决于对比赛原则的理解。足球比赛原则可分为进攻原则和防守原则，当一支足球队在比赛中从对方脚下获得对球控制的刹那，进攻战术便开始起动。为了追求进攻战术的运用效果，每位队员都必须了解和掌握下列进攻战术和防守战术的原则。

即，进攻：渗透原则、纵深原则、移动原则、宽度原则即兴的个人发挥原则。

防守：延缓原则、支持保护原则、平衡原则、密集原则、控制及解救原则。

一、进攻原则

（一）渗透原则

渗透原则是指采用长传直接打击对方身后或用墙式、后套、交接、威胁性传球以及个人突破尽可能快的方式向前推进。其目的是为了直接创造射门机会，或为射门创造有利的条件。该原则不仅要求队员具备用各种脚法准确快速回传球渗透的能力，而且要求具有良好的移动速度。当慢速进攻时，突然性地加速将是渗透对方防守的重要条件。渗透对方越早越快，成攻的效率越高。因此，在中场稳妥地组织进攻时，每位队员应努力准备伺机迅速采用渗透性传球，以创造射门机会。

（二）纵深原则

在进攻中给持球队友支援时应减少平排接应，利用纵深创造接应层次，使对手协防保护距离或角度被打乱，从而击败对手。

（三）移动原则

移动原则是指在进攻中被对方盯防时需采取机智协调的有球和无球的行动。该原则表现在有球活动时向一侧运球为同伴创造另一侧跑位切入的空当和向前方运球在身后创造空当。无球活动则主要体现在有意识地穿插跑位，为持球同伴拉开空当以及利用有球队员战术移动所扯开的空当切入，创造传球点。通过有效的战术转移打乱对方的防守布局，瓦解对方密集防守，打乱防守阵脚，求得前场进攻战术运用的成功。

（四）宽度原则

宽度原则是指进攻者尽可能利用场地宽度，使防守者被迫扩大横向防守面积，失去深度，从而创造便于利用的进攻空间。该原则主要应用于降低进攻推进速度，从边路迂回到对手身后，稳步组织进攻的战术。当处于这一阵势时，任何场区都可以应用这一原则。在运用该原则时，必须准确地掌握好横传和横向长传基本技术，以便为继而实施的转移性进攻提供可靠的技术保证。

（五）即兴的个人发挥原则

此原则是指在进攻中合理随意创造射门机会和抢时机射门，其最终目的在于射门得分。就该原则战术思想而言，每一队员都应尽可能多地创造射门机会并伺机射门，否则必然是华而不实，劳而无功。总之，最终能够射门就是合理的。在逼抢激烈的争夺中，战术的有效性更依赖于队员对环境的深刻理解和即兴创造力。因此，直觉、应变思维、临场经验、本能反应等战术素养和个人天赋，就成为参战队员的必备条件。

进攻的三个阶段：

1. 进攻开始阶段

（1）由守转攻。
（2）拉开进攻准备区域。
（3）控球。

2. 中场进攻的发展阶段

（1）拉开宽度与深度的无球跑位。
（2）利用边路空当。
（3）转移配合。
（4）相互传递。
（5）通过运球穿透中场。

3. 结束进攻阶段

（1）近射与远射。
（2）通过传递后射门。
（3）交叉掩护射门。
（4）运球后射门。

二、防守原则

（一）延缓原则

控球权丢失的瞬间，离球近的队员要马上对球施压，减缓对手向前的速度（直传和突破），为同伴回防到位重新组织防线赢得时间。

（二）支持保护原则

回到自己的位置。离球近的队员抢时，身后的队员要给予支持和保护。要掌握好保护的距离及角度，并进行相互间的沟通交流。

（三）平衡原则

各负其责。近盯人远盯位，追人时应该人球兼顾。当对手大范围移动时，则要呼应交换盯防人员。

（四）密集原则

所有防守队员都要回到防御一方面对球，应该根据前三项原则和设法施加压力尽快获得球权，密集压缩对手活动空间。

（五）控制及解救原则

防守并不意味着被动，可诱使对方进入到本方防守设下的陷阱。当对手落入到你的陷阱后，要采取快速统一的行动。

防守的三个阶段：

1. 开始防守阶段

只要丢失控球权就开始防守了。这个时段被称为是"无组织状态时刻"，通常是10秒以内，对手就将完成射门。

这一时刻该做什么？

（1）角色转换，思想行动统一，所有队员回撤到防守一方，面对球。

（2）所有防守队员都要做到就近盯人。

（3）离球最近的队员迅速对球施压（延缓）。

（4）全队队员回防组织防守体系。

2. 组织防守阶段

（1）组织防守的目的是使防守形成纵深层次，尽可能压缩对手的活动空间。

（2）每名前锋都要盯防对手一名队员，后卫要清楚自己的盯防对象。

（3）防守队员的位置应较对手更加接近球和本方球门。

（4）中卫和拖后前卫之间的保护。对方前锋回接浅则中卫跟，如果回接较大，则中卫要呼应拖后前卫交换盯防对象。

（5）一旦1对1断球成功要早点传球。此时也是对手延缓的好时机。

3. 保护球门阶段

保护球门的目的是不丢球失分。其方法有：

（1）紧逼盯人。通过合理的严密的紧逼盯人使对方控球队员和其他队员始终处于强大的压力之下。

（2）防守队员的位置始终处于较对手更接近于本方球门一侧，防止对手插入射门。

（3）注意力高度集中。始终保持高度的注意力。

（4）1对1争夺抢球，要聪明地将球从对手控制下抢走。不要犯规，不可贸然出脚，保持身体重心。看准时机再出脚抢球。

（六）不同场区的防守要求

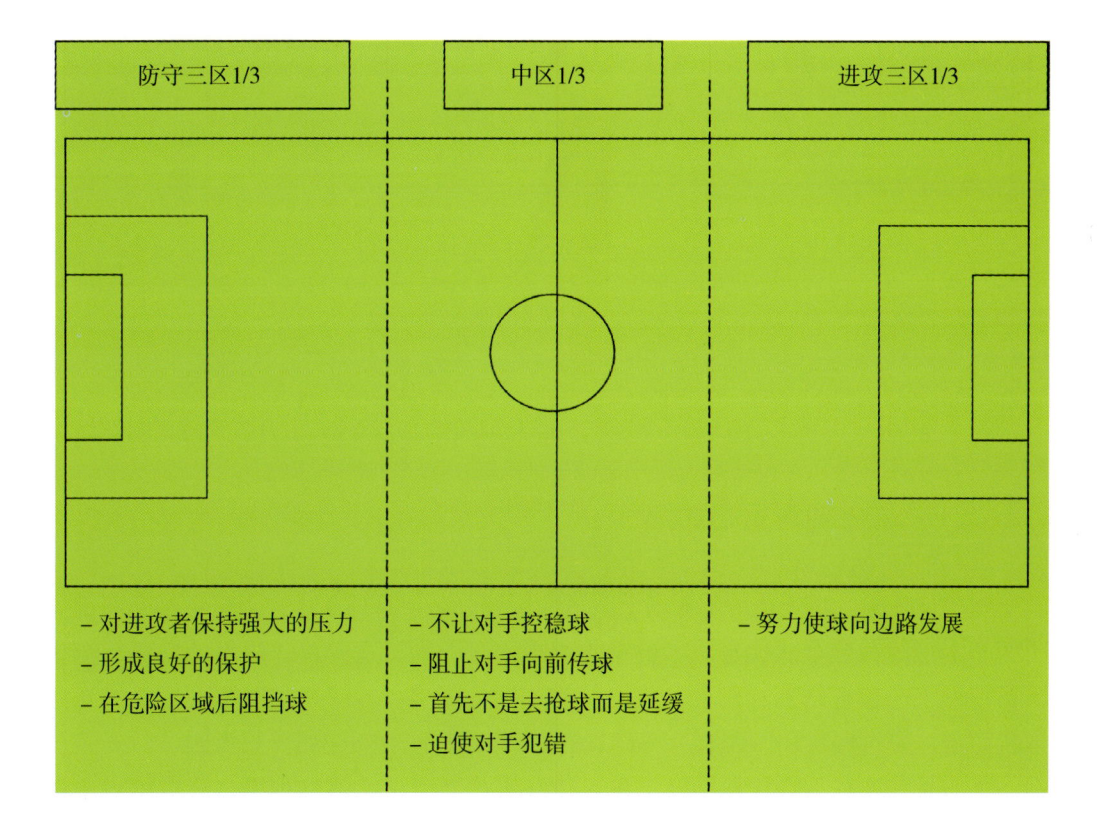

防守三区1/3	中区1/3	进攻三区1/3
- 对进攻者保持强大的压力 - 形成良好的保护 - 在危险区域后阻挡球	- 不让对手控稳球 - 阻止对手向前传球 - 首先不是去抢球而是延缓 - 迫使对手犯错	- 努力使球向边路发展

第九节 比赛组织与指导

一、指导员组织和指挥比赛

指导员在训练和比赛中，采用正确的组织方法和指导方法，对小队员了解比赛的基本规律和特点会起到积极的作用。

二、分析比赛与人员布局

阵型与队形：阵型是指比赛场上队员的位置分布，是球队攻守力量搭配和职责分工的基本形式，是全队比赛战术的基本组成部分。为了适应攻守战术的需要，全队队员在场上的位置排列和职责分工，要有不同的阵型。各阵型的名称按队员排列的形状而定，如1-1-2-1（5人制）、1-3-3-1（8人制）、1-4-5-1（11人制）。

队形是阵型在不同比赛场合下更具体、更严谨、更灵活的运用，阵型是对比赛攻守原则的演绎，如世界杯揭幕战中，德国队4-4-2阵型中，前卫线4名队员在比赛中基本保持一种平行的一字形站位，而哥斯达黎加队前卫线上的5名队员在比赛中的站位则常常分为两层，前边两名队员，后面3名队员，形成一个3-2队形。队形分为整体队形与局部队形两大类。优秀球队在比赛中，一般整体队形前后纵深在35米左右，横宽在40米左右，且三条线脉络清晰，间距合理。在局部地区3人之间的前后位置往往保持一个三角形，4人之间的队形往往是一个菱形。

队形是一个队攻守战术效应的重要基础，凡不能保持良好队形的队，攻必乏力，守必漏洞百出。合理的队形在进攻中利于支援，防守中利于保护补位。阵型与队形完美结合在进攻时将有利于创造和利用时空间，在防守时有利于控制和封锁时空间，从而使本方在比赛中始终处于主动有利的地位。

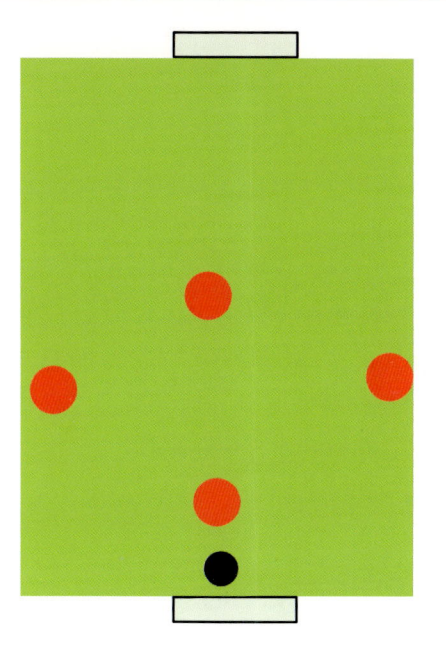

三、定位球的攻防战术分析

定位球包含任意球，还包括球门球，角球，点球和中圈开球。任意球分为直接任意球和间接任意球两种。现代足球比赛最本质的特点是高速度、强对抗。体现在防守时，特别是在防守三区内盯逼更积极，抢断更为凶狠，队员之间的保护也迅速而及时，这些防守措施最大限度地遏制进攻队员无球和有球活动。与此同时，现代足球表现出对防守的高度重视，"稳固的防守是取胜的基础"、"守好了再攻"已成为当今足球比赛的基本哲理。当比赛处于防守时，整队的回防速度常快于对方的进攻速度，在防守的关键地区更是采用以多防少的压逼式打法。在这种紧密的防守条件下，进攻队员所能创造利用的时间更少，空间也更狭小，这就给进攻技战术的发挥带来了更大的困难。在近几届的世界杯足球赛中，平均每场进球为 2.58 ± 0.208 个。与此相反，防守人数增加，国际足联规定对防守队员的犯规判罚更加严厉，使得攻方在前场获得并利用定位球创造得分机会也大大增加。通过对近几届世界杯赛决赛阶段的两百余场比赛统计，定位球进球率占总进球的31.7%，进攻三区的任意球占43.1%。更关键的是许多重要比赛的胜利，通常通过任意球、角球和掷界外球的巧妙配合或卓越的射门技术破门得分而实现的。所以，已经被广泛得到重视，列为重要得分手段，其发展潜力很大。

四、指导员组织和指挥比赛

（一）了解竞赛规程

指导员应了解竞赛规程，如日程安排、比赛时间、场地情况、计分方法、换人名额等。

（二）赛前收集信息

通过各种方式获取所需要的信息。信息收集是信息得以利用的第一步，也是关键的一步。信息收集工作的好坏，直接关系到整个信息管理工作的质量。

（三）制订切合实际的比赛方案

1. 深入全面细致地了解情况

（1）深入了解比赛对手的情况。不管参加任何级别的比赛，指导员都要善于利用各种条件了解各参赛对手，经过分析、研究，制定出合乎实际的作战方案，使全队做到心中有数，打出自己的水平。

（2）研究竞赛规程了解比赛环境。指导员要对日程安排、比赛时间、场地情况、替补人数的规定等进行认真分析，对本队不利的因素有哪些要有明确的认识。

③了解本队赛前状况。指导员要随时注意本队队员的思想动向和竞技状况，及时了解队员的伤病、停赛情况，以便对本队的技战术进行全面的部署。

2. 分析对手研究对策

"知己知彼，百战不殆"，指导员要在赛前全面细致地了解对手。对对手的情况收集越全面、越准确，对本队决策战术就越有效。要根据双方的实力情况，制定出具体可行的对策，随时应付比赛场上多变复杂的局面。在分析研究比赛形势、制定对策方案过程中，应注意以下几点：

（1）实事求是从实际出发。指导员要对对手的比赛现场进行观察，了解对手的实力，做到心中有数。应从事实出发，充分估计彼此的实力，在认真仔细的分析双方竞技能力强弱的基础上，制定符合本队实际的比赛指导思想、谋略对策与作战方案，以及如何防守对手的得分队员和主要传球队员。

（2）辩证分析强弱关系。强弱关系具有辩证性，在足球竞赛过程中反映更为明显。任何一支强队都存在一定的弱点，任何一支弱队也都有自己的强处。因此，在足球比赛中如果遇到强队时，指导员要避其实攻其虚，形成强弱转化，达到以弱胜强的目的。在比赛中遇到弱队时，指导员则要抑其长处，攻其短处，不要麻痹大意。

③扬长避短有备而战。指导员要认真研究对手的技战术特点和打法，找出对手不足之处。认真分析本队的优势在哪里？利用自己的优势攻击对手不足之处。在比赛中要充分预计可能会出现的各种问题，并制定出解决各种问题的对策，增强队员战胜各种困难的信心，做到有备而战。

3. 赛前针对性训练

为熟悉本队的作战方案和对手的风格特点，应找一些类似于对手的技战术风格特点的队伍进行友谊比赛，使运动员真正掌握克敌制胜的战斗本领，在战略战术上做好准备。

（1）赛前训练量不宜过大，但必须保持一定的强度，时间不宜过长，使队员的机体能适应激烈的比赛强度。在临近比赛时，应根据队员的长期训练的习惯或临时情况变化酌情掌握。

（2）对特殊运动员要进行特殊训练。遇到强队时，后卫队员要多进行防守阵型的配合和补位练习，使队员在比赛时减少失误。

4. 赛前准备会

准备会是进行赛前思想动员、振奋精神、统一认识、明确打法、布置战术的一种准备方式，具体内容与要求如下。

（1）做好思想动员与心理准备。指导员要根据不同的对手，进行不同的动员，使队员做好心理准备，放下心理包袱，树立信心，全身心地投入到比赛中去。

（2）指导员要针对性地介绍与分析双方实力。就对手的技战术打法和特点及双方实力进行对比和分析。根据不同对手的攻守特点，启用不同的队员上场，进行不同的力量搭配。指导员在比赛前要交待清楚队员在攻守中的位置职责以及和同伴的配合要求，使上场队员都非常明确自己在场上的主要职责和任务，这样才能充分发挥场上所有队员的竞争能力。

（3）赛前准备会的具体要求

1）让全体队员放下心理包袱，树立必胜信心，全力以赴打好比赛。

2）指导员的赛前动员必须有说服力和感染力，才能调动全体队员的积极性和自觉性。

3）准备会应简练、明确，时间不宜过长，一般不超过一小时为宜。准备会不宜召开过早，一般在比赛前半小时或一小时为宜。

4）战术打法是准备会的重要内容，指导员必须先在教练组广泛讨论和听取有关人员意见后，经决策再在准备会上宣布。

5）技战术的布置与安排。在明确比赛作战方案的前提下，宣布战术打法、交待战术重点与比赛细节、布置攻防任务与职责、确定定位球主罚队员人选与战术安排、确定做准备活动的时间、对核心队员提出要求以及提出替补队员的要求等。

6）宣布首发阵容队员名单和替补名单。

5. 临场指挥

临场指挥水平的高低，在某种意义上对一场比赛的胜负起着至关重要的作用。从现代的足球发展状况来看，运动员的技战术水平之高，队员配合之默契，双方在任何比赛都很难分出胜负来。如果其中一支队伍有一名临场经验丰富的指导员来指挥和决策，场上的局势肯定会发生变化，甚至会赢得比赛的胜利。临场指挥要做到：

（1）全面观察比赛形势

A. 观察对手。观察对手的阵容配备、运用变化特征和总体攻守打法，前、中、后三条线核心队员技、战术运用特点，重点观察对手攻击点、得分与攻击队员的攻击方式，要特别注意观察对方的防守漏洞和弱点等。

B. 观察本队。观察本队场上队员执行预定作战方案的情况和执行效果。

（2）临场决策

指导员根据观察获得的各种信息，借助自己的知识和临场经验进行全面综合分析，迅速做出对比赛的判断与决策，果断调整本队的攻守战术。

（3）临场调整方案

A. 保持比赛场上的人员不变，对有关队员的位置进行调整，赋予全队新的攻、守打法。

B. 换人。在比赛过程中，对心态失常、技战术水平发挥欠佳、体力不佳、受处罚等原因不能胜任比赛任务的队员替换下场，或因比赛局势发展的需要，换上新队员对比赛战术打法进行调整，但是换人要慎重。

C. 进行场外指挥。利用赛前规定的手势等信号或语言，对场上队员进行指挥与布置，但教练员这种指挥必须在规定的指挥区内进行。

D. 中场小结。充分利用中场休息时间，小结上半场比赛形势和不足的地方，并对下半场的比赛进行适当的调整与布置。

E. 比赛最后阶段的控制与指挥。教练员根据比赛场上的比分与局势，有针对性地调整攻、防节奏和本队的侧重点，保住比赛的胜利成果，或扳回不利局势。教练员要充分发挥自己的临场指挥能力，有效地控制和指挥好比赛的最后阶段。因为比赛的最后阶段，是全场比赛的关键时刻。

6. 比赛的临场观察

临场观察是获取对手比赛中各种信息最直接、最真实的通道，为教练员分析判断场上局势、制定相应对策，甚至确定将来队伍训练方向、改善本队的技战术打法，提供最新、最好的依据。

（1）观察对手的基本阵型与位置配备

观察对手是什么阵型，是进攻性阵型还是防守性阵型。观察对手每名队员的活动位置范围、跑动路线及他们的技战术特点。还要观察本队的作战方案是否切合实际，队员们能否完成赛前制定的技战术要求，完成本队的攻守任务。

（2）观察对手的战术打法

观察对手主要采取什么进攻方法，是边路进攻还是中路进攻。观察对手前锋箭头核心人物是谁，中场组织核心人物是谁，对手主要采取什么防守方式。赛前预测与对手的情况是否吻合？如不符合赛前预定的对策，要及时更改本队的作战方案来应对对手的进攻。

（3）分析本队的攻守情况

赛前设计本队的作战方案是否能应对对手的战术，指导员还要根据本队在比赛中反映出的各种问题进行及时调整。

（4）观察赛场气氛

观察赛场气氛是否正常，队员在场上能否适应激烈的竞争，如不能适应，要及时进行调整，这样才能保持队员有良好的竞技状态，发挥队员们的技战术水平。

7. 中场休息的指导

足球比赛中场休息时间为15分钟，是全场比赛时间的1/6，是半场比赛时间的1/3，去掉退场和入场总和的2分钟，净剩时间大约为13分钟。任何一位足球教练员都不会放弃中场休息时间来对本队上半场比赛进行小结，并重新制定和部署下半时比赛的战术。作为一名有谋略的指导员，充分利用好中场休息时间，及时调整本队的战略战术，往往会起到决定胜负的作用。

8. 赛后小结

赛后小结是为了更好地提升成绩，纠正错误，以利再战，做到比赛一场，进步一场。应以实事求是的态度，认真做好比赛后的总结工作。

对比赛作总的评价，包括队员的技术发挥情况、攻守战术运用情况、进球与失球原因、临场指挥是否得当等。总结时，一定要实事求是，既要看到成绩，又能认识到不足之处。

对比赛的思想作风、技术、战术等方面表现突出的队员进行表扬，对表现差的队员进行提醒或批评教育。

通过分析比赛中的典型事例，提高队员的认识水平。

对比赛中暴露出的问题，指出今后的改进措施。总结的方法，可以采取如下两种不同方式进行。一种是由教练员首先进行总结性发言，然后请队员充分发表意见。另一种是由队员先谈或按位置分组讨论，集体交换意见，最后由教练员进行总结发言。

第十节　包容性训练理念

一、包容性训练的意义

包容性训练与单纯追求个人进攻训练相对立。包容性训练寻求的是团队和个人的协调发展、可持续发展，倡导机会平等的模式；最基本的含义是公平合理地分享进攻机会。任何人都可以更多地创造接触球的机会，不要考虑他们做不到什么，而是要考虑他们能做什么？问问年轻人自己的想法，他们可以怎样参与比赛和足球活动；采取STEPS（步骤）法则，让所有人参与其中，由教练员和运动员提出假设怎样改变条件，使比赛或者活动变得更简单或者更难。

价值观作为一种社会意识，对人们的行为具有重要的导向作用。坚持包容性训练有利于整个团队球风的发展。坚持包容性训练的价值取向，有利于队员树立正确的技战术观念，从而促进整个团队朝着健康的道路发展。团队是由每个个体构成的。大家来自五湖四海，具有不同的文化、教育和经历。建设和谐团队，就需要求同存异，要能够包容不同的球风和思想，鼓励队员发挥自己的特长。

二、训练中应注意的五大要素

1. 时空间：时间的长短、场地的大小、距离、方向。
2. 任务：技巧、技术发展、成果、规则、目的。
3. 设备：皮球种类、大小尺寸、数量、重量。
4. 人员：年龄、能力、分组规模、性别、经验。

5. 速度：加速、减速、恒速、变速。

三、实例

（一）接应改变规则

1. 方法

（1）在20米×20米绿色场地四个角上设置4个相同的3米×3米蓝色区域。

（2）红黄两队各一名队员对角站立在该区域内。

（3）绿色区域进行4对4手球传递游戏（持球队员2秒内必须传球）。

（4）绿色区域同队队员每人必须至少触球一次后才可以将球交到任一蓝色区域的同伴，最后传球队员同蓝色区域内同伴互换位置。

（5）循环练习至对角区域。

（6）限制用右手（脚）或左手（脚）练习。

（7）球可以落地一次或不允许落地。

2. 要点

（1）到防守队员两侧、中间或靠近接应，远端拉开接应、成三角型接应。

（2）姿势。

（3）呼应。

（4）摆脱节奏。

3. 设备

（1）标志物16个。

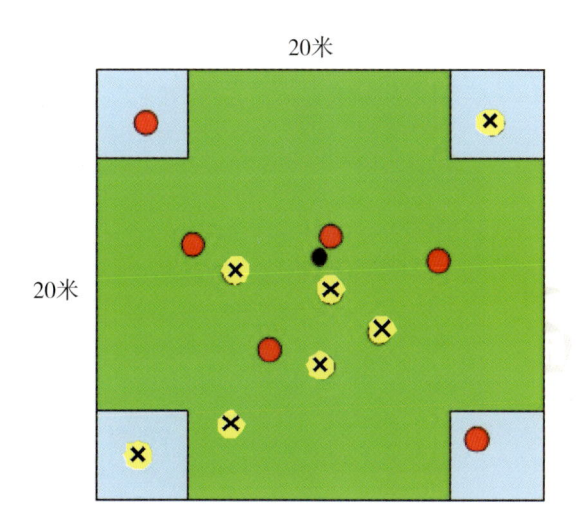

（2）对抗服红黄各6件。

（3）5号球。

4. 人员

红黄队各6人。

（二）传球改变设备、改变速度、改变人员

1. 方法

（1）在20米×20米绿色场地四个角上设置4个相同的3米×3米蓝色区域。

（2）红黄两队各一名队员对角站立在该区域内。

（3）绿色区域进行4对4手球传递网球游戏（持球队员不得抱球跑动）。

（4）绿色区域同队队员每人必须至少触球一次后才可以将球交到任一蓝色区域的同伴，最后传球队员同蓝色区域内同伴互换位置。

（5）循环练习至对角区域。

（6）6对2传2球练习。

（7）有一个球被破坏出场地，攻守角色互换。

2. 要点

（1）准确。

（2）力度。

（3）隐蔽。

（4）时机。

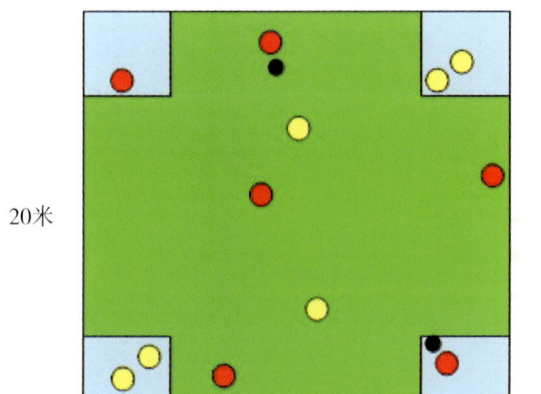

3. 设备

（1）标志物16个。
（2）对抗服红黄各6件。
（3）5号球和网球各2个。

4. 人员

红黄队各6人

（三）改变规则、改变速度

1. 方法

与传球方法基本相同，不同的是在绿色场区内增加3个蓝色三角区（保险区），此区域内队员持球时不允许对手抢球。

2. 要点

（1）准确。
（2）力度。
（3）隐蔽。
（4）时机。

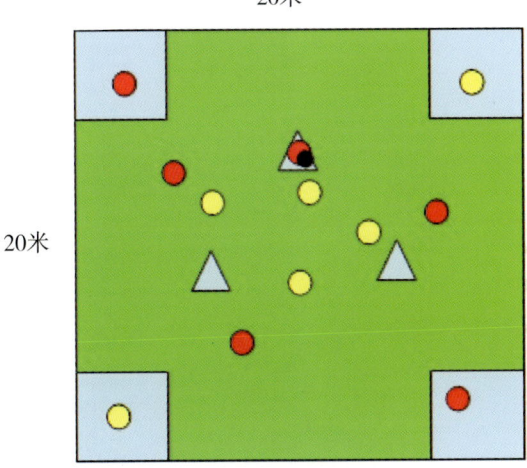

3. 设备

（1）标志物16个。
（2）对抗服红黄各6件。
（3）5号球和网球各1个。

4. 人员

红黄队各6人。

（四）改变空间

1. 方法

（1）在15米×15米绿色场地四个角上设置4个相同的2米×2米蓝色区域。
（2）红黄两队各一名队员对角站立在该区域内。
（3）绿色区域进行4对4手球传递网球游戏。
（4）绿色区域同队队员每人必须至少触球一次后才可以将球交到任一蓝色区域的同伴，最后传球队员同蓝色区域内同伴互换位置。
（5）循环练习至对角区域。

2. 要点

（1）准确。
（2）力度。

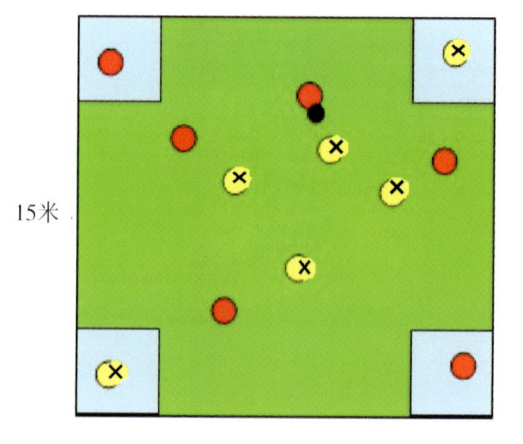

15米

15米

（3）隐蔽。

（4）时机。

3. 设备

（1）标志物16个。

（2）对抗服红黄各6件。

（3）5号球和网球各1个。

4. 人员

红黄队各6人。

第十一节　小队员测试

　　足球要从娃娃抓起，所以对小队员的选拔测试至关重要。通过对其某几项身体素质、运动能力和对器械的操控能力进行测试，能够更好地发掘小队员的身体及技术特点和将来发展的空间，提高小队员踢足球的积极性及竞争性，也便于指导员对小队员的基本素质有一定的了解，为他们今后训练和发展计划的制定打下坚实的基础。

一、测试计划

1. 测试项目：主要分身体素质测试及技术测试两种。

2. 测试条件：（1）测试程序不复杂，能准确地测定出所需数据，不同的主考官不影响测试成绩，在测试进行时，没有其他障碍，成绩不会因为环境而变化。（2）测试对象应充分休息；测试前需要热身并了解测试流程和测试的目的。

3. 测试时间：可以在校园联赛的三个时间段进行测试，即赛季开始前，赛季进行中，赛季结束时。

4. 测试的作用

（1）训练作用：测试可以被视为一次训练。

（2）测量作用：测试可以表现出个人或者团队目前的水平。

（3）比较作用：定期进行的测试可以量化球员的进步，训练的积极或消极的影响，也可以提供个人之间比较的机会。

（4）鼓励作用：对球员而言，成绩能被突出，是一种莫大的鼓舞。

二、测试方法

（一）身体测试

1. 每人分别进行10米、20米、40米计时跑。
2. 每人2次。
3. 记录成绩。

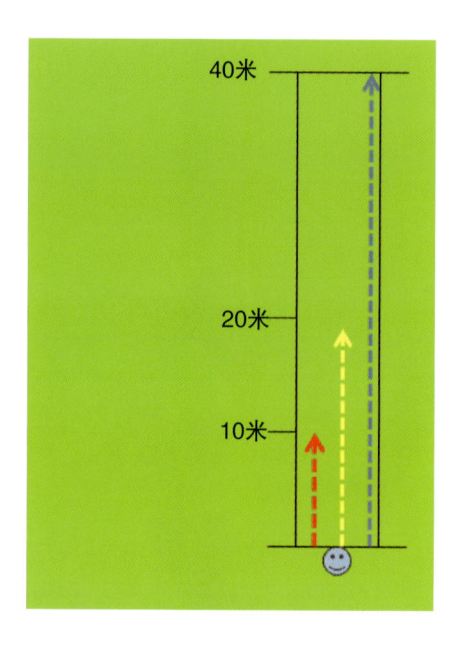

（二）灵敏性测试

测试1

1. 测试场地如下图，纵向10米，横向也是10米。
2. 先直跑到中路的标志物向右转绕过返回，然后再向右转绕过起点的标志，最后再跑向蓝色标志物向右转返回。
3. 先测试向右转身，再测试向左转身。
4. 各测试2次。

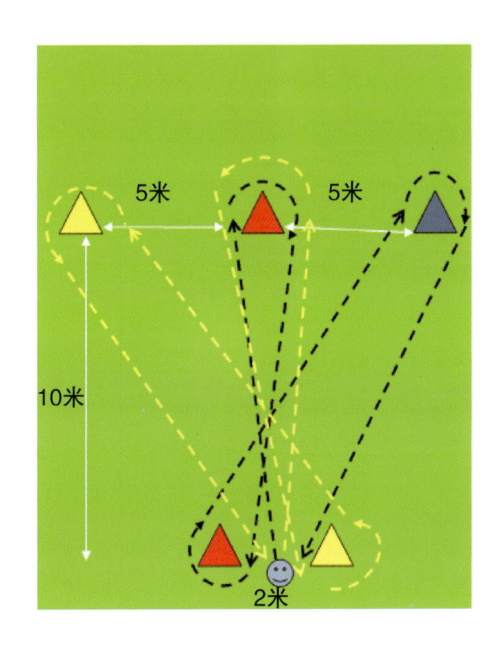

测试2　20米折返跑

10米快速跑，用手碰到标志桶然后返回到起点。以速度计成绩。

器材：秒表、标志桶。

测试3 立定跳远

测试队员双脚站立在起跳线后，同时双脚用力向前跳跃，落地后进行测量。

主要技术参数
测试范围：50～350cm
测试精度：±0.5cm
连续工作时间：无限
电源电压：AC220V
工作环境：温度–15℃～45℃，湿度≤90%
储存环境：温度–15℃～50℃，湿度≤75%

测试4 障碍跑

先分别在相距50厘米的小圆圈内单脚跳跃，然后快速跑10米，再双脚快速碎步分别在相距30厘米的体操棒间跑过。先踢左边的标志桶，再踢右边的标志桶。将两桶踢倒后，快速跑5米并跨跃离地40厘米的横线，最后冲刺10米直到终点。以速度计成绩。

器材：秒表、胶带、体操棒4根、两根标杆一根绳、两个标志桶。

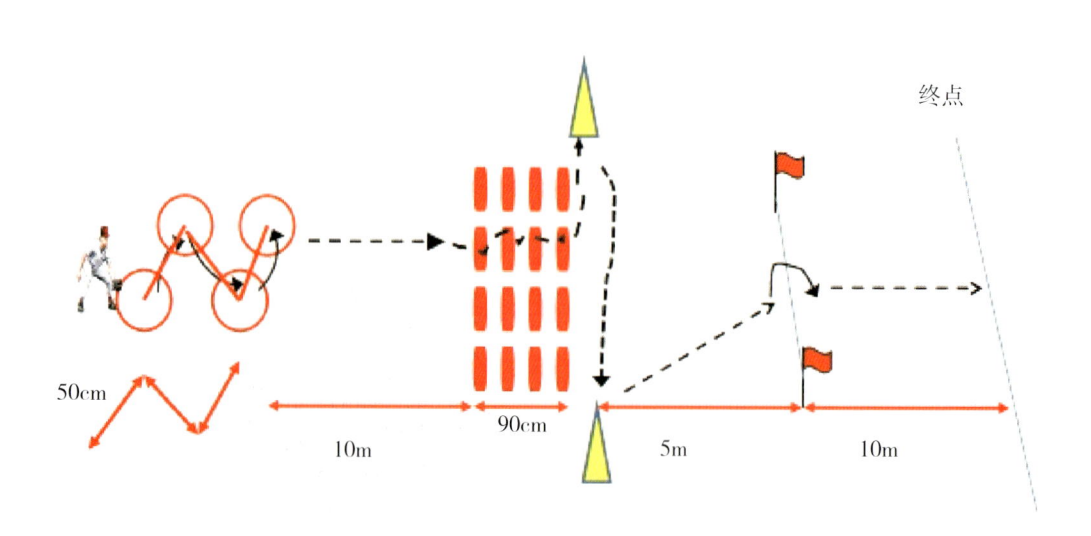

三、基本技术测试

（一）颠球踢准

1. 场地图

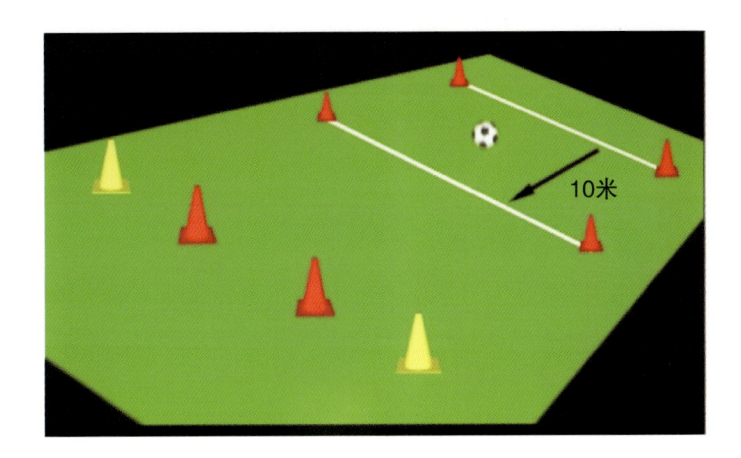

2. 评分办法

（1）按10分计算，颠球落地一次减1分，以此类推。超过10次为0分。球在哪里失去控制就在哪里重新开始颠球。

（2）进不同球门得不同分值，踢球前球不可以过黄线。

（3）每人2次测试机会。

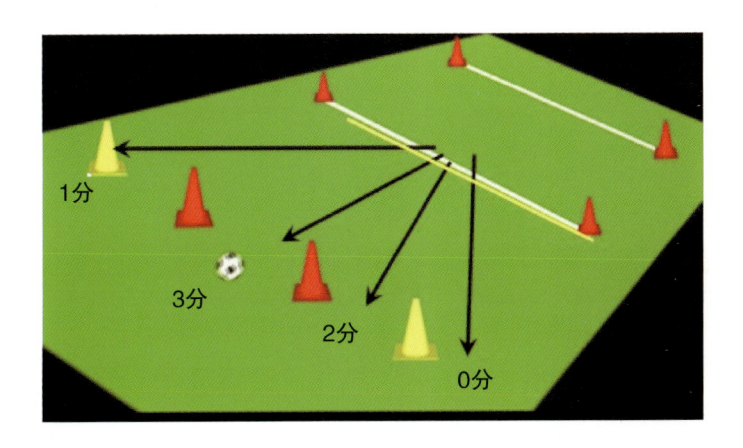

（二）短传

1. 测试办法：30秒内计传球次数。
2. 要求：球必须在1.5米边长的方块内传出，在圈外触球不算次数。每人2次测试机会。

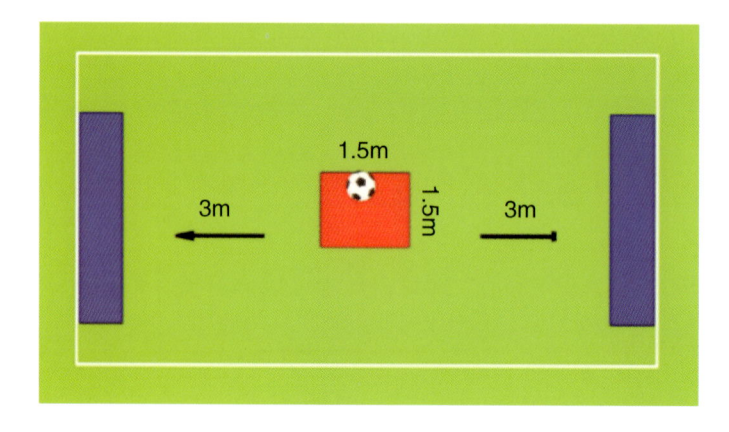

（三）运球射门

1. 从运球开始到球过球门端线计时。
2. 球踢中不同方位得不同分值。
3. 每人3次测试机会。

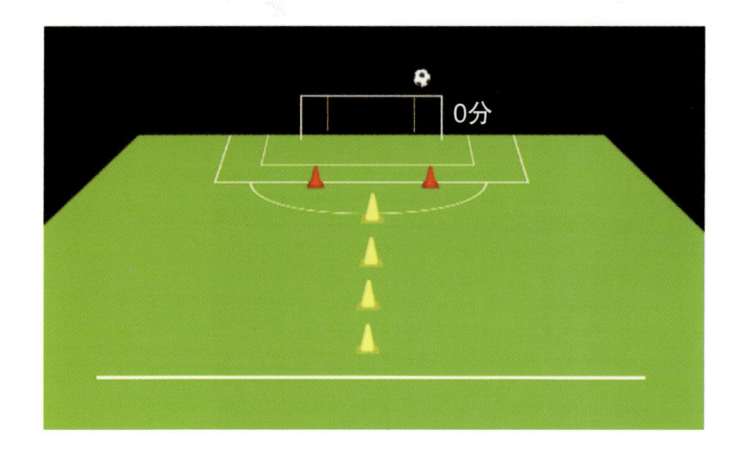

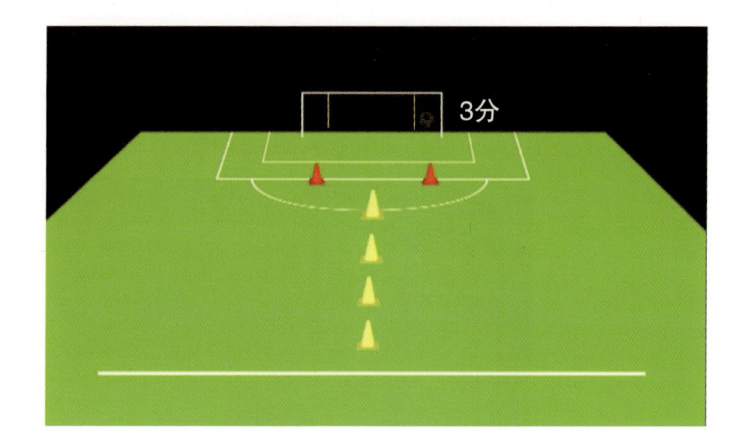

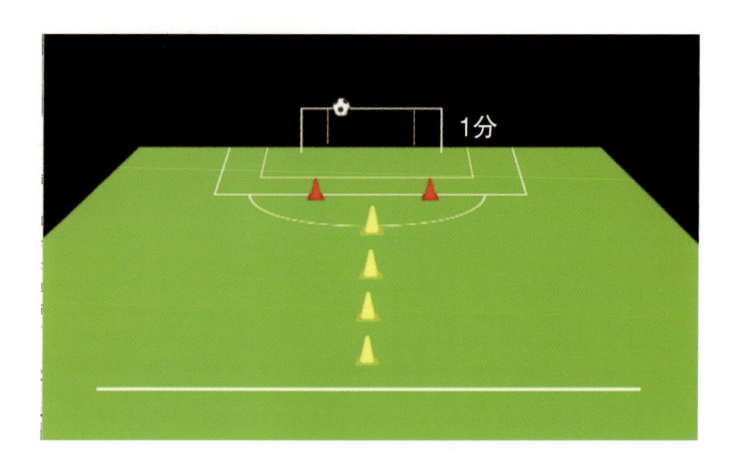

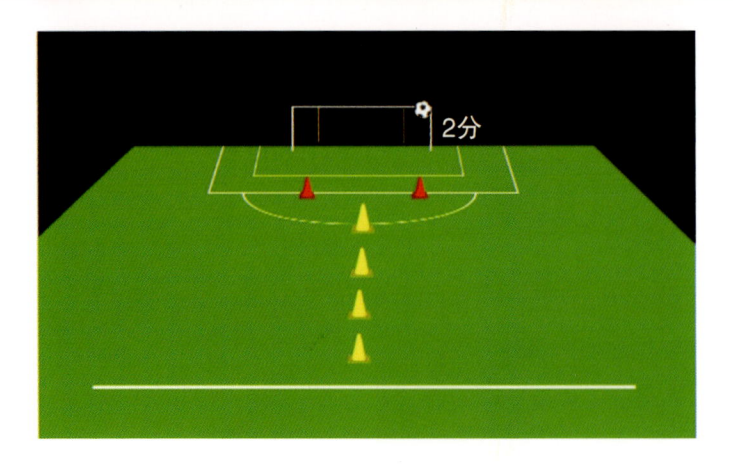

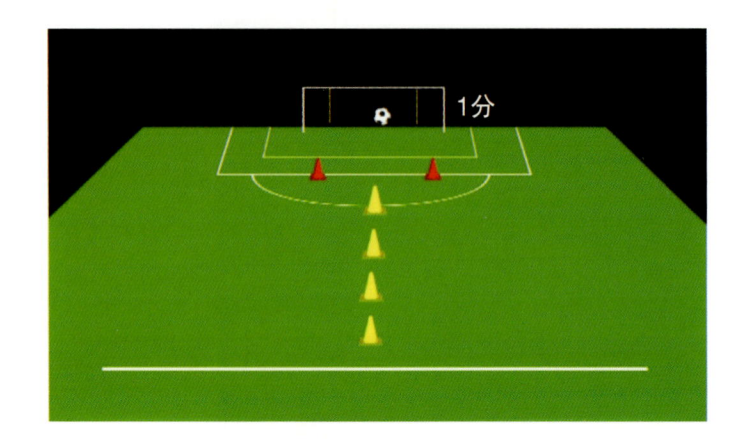

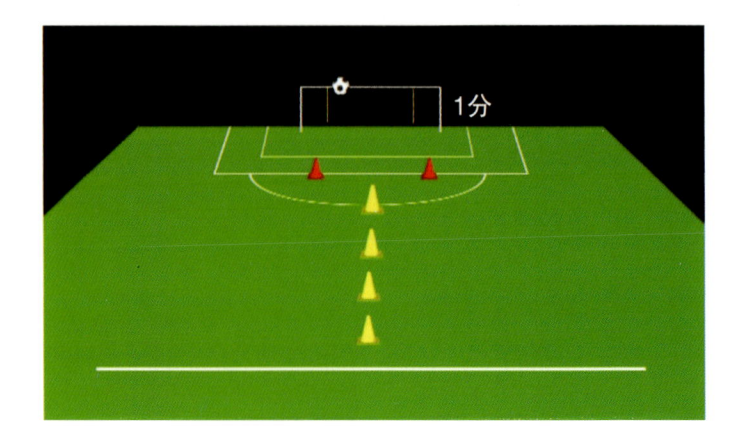

（四）长传

1. 球第一落点在不同区域即获得不同分值。
2. 每人2次测试机会，取高分值。

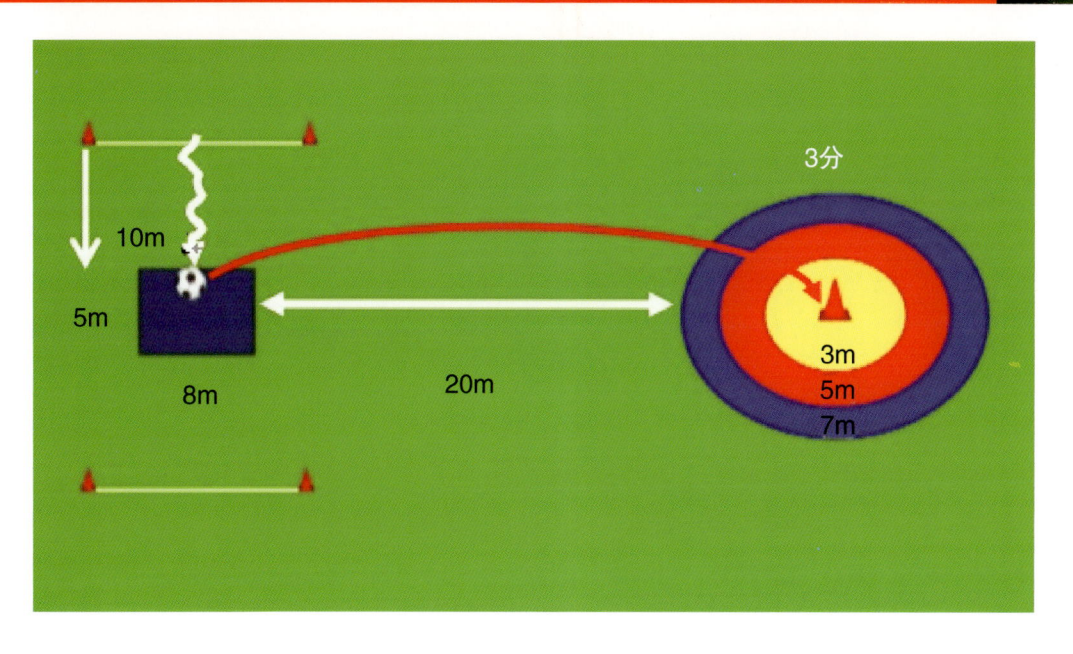

（五）测试场地分布图

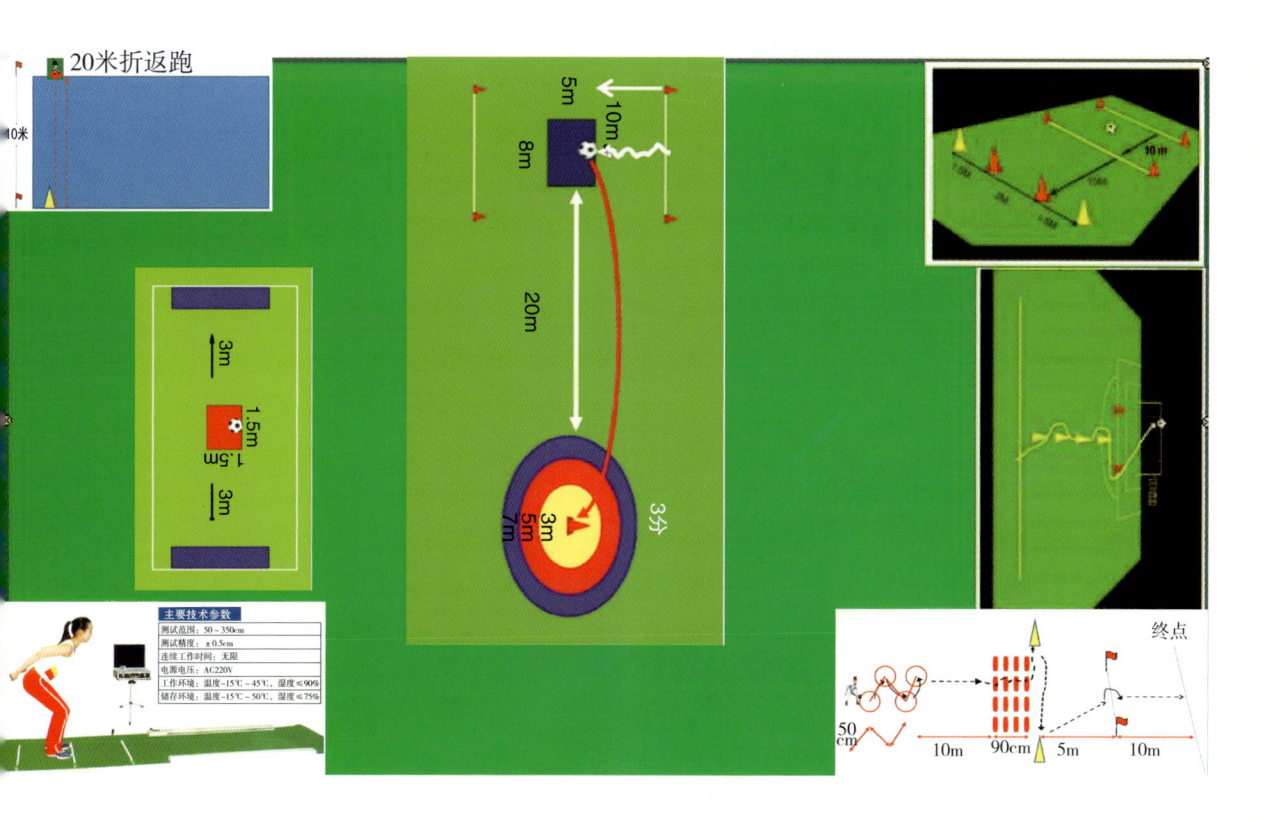

（六）成绩报告

项目 次数 成绩 姓名	20米跑		立定跳远		障碍跑		运球射门				短传				长传				颠球踢准			
	1次	2次	1次	2次	1次	2次	时间		分值		次数		分值		分值		落地		分值			
							1	2	1	2	1	2	1	2	1	2	1	2	1	2		

第十二节　青少年足球对抗练习

一、青少年对抗练习的意义

1. 对抗练习是训练中的重点，例如，小范围内人数较少的对抗练习。
2. 对抗练习方法更加贴近实战，能够充分调动攻守双方的积极性。
3. 对抗练习对队员的思想意识会产生积极地影响，不仅能够提高其练习的积极性，而且也能增加训练的灵活性，使队员建立起责任感。
4. 在训练中减小场地的范围，从而达到增加队员触球次数的目的。
5. 在小范围内进行练习可提高队员预判动作的能力（带球，假动作，接球，短传和射门）及简单的技战术质量，同时提高了防守的逼抢力度。

二、青少年对抗练习要求

1. 所有的练习内容都要有清晰的训练目的和主题。
2. 指导员准备练习时要考虑的要点：
   （1）场地范围（小或中等大小）。
   （2）有无球门（标准球门，小门）。
   （3）队员数量（个体队员或整体）。
   （4）比赛规则（如何进行比赛，传球次数和触球次数）。
   （5）具体的指导（技战术方面）。
   （6）训练器材的准备（球，标志物）。

三、青少年对抗练习的组织

不同的比赛设置方法：
1. 自由比赛：让队员充分发挥自己的能力，调动自主性和创造性。
2. 指导比赛：当队员出现问题时叫停，说明问题并纠正。
3. 带有具体主题的比赛：例如，远射。
4. 重要的是所有比赛的设置都要与先前的练习相结合。

四、青少年对抗练习的设置

1. 练习中设置球门可以调动队员的积极性（标准或小球门，可以用两个以上的球门，设置或不设置守门员），因为这样更接近于实战。
2. 无球门的练习可以有很高的对抗性（提高控球进攻或者控制球权的能力）。例如，达到一定传球次数得1分（连续10次传球）或者连续打二打一，或者踩线得分。
3. 比赛双方人数不等（4对3，3对2）。人数较多一方会更加自信，有助于提高攻守质量。相反，增加了人数较少一方的难度，尤其是在身体方面、思想状态和技战术运用上。可增加特殊的规定，例如限制人数较多一方队员的触球次数。

五、训练目标和任务

1. 培养儿童队员对足球运动的兴趣。
2. 培养和发展队员的球感和控制球的基本能力，学习基本的运、传、接、射门等技术动作。
3. 通过比赛领会"进球与阻止进球"这一足球比赛的基本战术思想，培养抬头观察的能力和意识。
4. 培养正确的跑、跳技术，发展身体动作的柔韧性、协调性、灵敏性和平衡能力，注重抓好柔韧、协调和平衡素质敏感期的训练。

六、每周训练次数与时间

每周训练3~4次，每次训练时间为1~1.5小时。

七、训练内容

（一）技术训练

以熟悉球性和控制球练习为主，包括地滚球、反弹球和空中球。借助游戏形式，传授最简单的足球技术：运控球、传球、接球和射门。

（二）战术训练

借助1对1、2对2、3对3和4对4单球门和小球门的比赛，向队员介绍足球比赛的基本战术思想"攻与守、进球与阻止进球"，认识控球的重要性，鼓励队员去争夺控球权，培养队员抬头观察的能力和意识。

（三）身体训练

1. 各种体操和垫上滚翻运动。
2. 练习各种敏捷性的跑、跳跃、跨越，培养反应速度、柔韧性、平衡、协调和节奏感等能力。

（四）心理训练

培养队员的求胜欲望和自信心。在任何场合应以鼓励、表扬为主，让他们在训练和比赛中享受足球的快乐。

（五）理论学习

懂得简单的比赛规则，如进球、手球、界外球等。介绍球星的成长故事，观摩职业队训练和比赛。

（六）比赛

参加五人制、四人制为主的比赛。比赛时间为20分钟（上下半场各10分钟）。提倡周末在市内、区内举办比赛，比赛使用3号球。

第十三节　校园足球五人制比赛简易规则

一、替换队员

比赛中，无论活球还是死球，队员在任何时候都可以进行替补交换，而且不用通知裁判员。但替换队员时，必须遵守以下规定：

（1）除非特殊情况（如队员受伤）外，离场队员须由本方换人区离场。

（2）上场队员必须在离场队员完全越出边线后，从本方换人区进场。此刻，替补队员即成为场上队员，而被替换下场的队员则变成替补队员。

（3）替补队员无论上场与否，裁判员均有权对其行使职权。

（4）被替换的队员可以再次上场参加该场比赛。

1. 更换守门员

比赛中，任何替补队员都可以替换守门员。

替换守门员可以随时进行，不需要成死球，也不需要通知裁判组，替换守门员和其他队员的换人程序一致。

如果场上队员和守门员互换位置，则必须在死球时通知场上裁判员方可进行。

场上队员或替补队员替换场上守门员时，必须穿着另一件守门员的服装，且背后的比赛号码必须还是自己原来的号码。

2. 出示红牌后的队员补充

在比赛中，当场上有队员被红牌罚出场，那么，只有经过场外助理裁判的允许，替补队员才可以在其同伴被罚出场2分钟后，从本方换人区补充入场。但有下列条件：

（1）如果场上人数多的一方在2分钟时间内攻入对方一球，则人数少的一方即刻可以补充一名队员上场，而不必等到2分钟的时间到。

（2）但如果人数少的一方在2分钟时间内攻入对方一球，或者人数相等的情况下，某队攻入对方一球，则人数不变，比赛继续直至2分钟的时间到。

二、比赛时间

全场为40分钟自然时间，上下半场各20分钟，中间休息不超过5分钟。但是当有特殊情况发生时，裁判员可以令比赛时间停止记录，如裁判员出示红牌时，或者场上发生不得不停止比赛的非比赛因素出现时。无论停止比赛时间，还是恢复比赛时间的记录，裁判员都应该明确向全场表示。

暂停

每队在每半场有一次1分钟暂停的权利。如果有加时赛，则在加时赛期间没有暂停。

如果比赛过程中有球队申请暂停，那么半场比赛结束的时间则进行顺延，每一次暂停顺延1分钟。

三、中圈开球不能够直接得分

五人制比赛，中圈开球不能够直接得分。

四、无越位

五人制比赛没有越位。

五、铲球犯规

无论是场上队员还是守门员，在与对方争抢过程中，从正面或背后铲对方的脚下球，无论铲到与否；或者从对手的侧面进行铲球时，带有危险性或猛烈性的动作，无论铲到球与否，都应判罚直接任意球的犯规。

六、干扰守门员

比赛进行中队员在无球状态下，在对方守门员的身前阻碍其在本方罚球区内的移动，应判罚间接任意球的犯规。

七、守门员接回传球

守门员接回传球与十一人制足球比赛的规定一致。

八、4秒钟规定

守门员在本方半场，用手或脚触及球后或者倒地扑救控制球超过4秒钟，包括守门员发球门球；运动员在发角球、任意球（10米罚球点）、界外球的时间超过4秒钟，都应判罚犯规，由对方踢间接任意球。

九、发球门球

发球门球必须是守门员用手发球，直接发进球门不算得分。活球可以用脚踢，进门得分有效。

十、界外球

界外球用脚踢，直接踢进球门不算得分。

十一、踢球点球决定胜负

当需要踢球点球决定胜负时，所有符合资格的场上队员和替补队员都可以参与，其他要求和十一人制足球比赛的规定一致。

第三章　中级指导员培训基本理论

第一节　足球技术与技能

足球比赛包含技术、技能、战术、心理、体能、意志品质等各类因素，其中技术、技能是决定比赛胜负的最重要的因素。

一、足球技术

技术是运动员完成单个有球或无球动作的能力。例如传球、运球、射门、假动作等。

二、足球技能

技能是运动员在正确的时间和位置上根据需要选择使用正确技术的能力。技能要求运动员在比赛中根据对手和同伴的情况，做出使用何种技术的正确判断，所以技能更具有不可预见性。

三、足球技术的种类

足球技术可分为有球技术和无球技术两大类。

类型	分项技术	具体内容
无球技术	起动	原地起动、活动中起动
	跑	快跑、冲刺跑、曲线跑、折线跑、侧身跑、插肩跑、后退跑
	急停	正面急停、转身急停
	转身	前转身、后转身
	假动作	无球假动作
有球技术	踢球	正脚背、脚背内侧、脚背外侧、脚弓、脚尖、脚跟
	停球	脚弓、脚底、正脚背、外脚背、胸部、腹部、大腿、头部
	头顶球	前额正面、前额侧面
	运球	脚背内侧、脚背外侧、脚背正面、脚内侧
	抢截球	正面抢截球、合理冲撞抢截球、侧后铲球及断截球
	假动作	有球假动作
	掷界外球	原地掷球、助跑掷球
	守门员技术	准备姿势、移动、选位、接球、扑接球、击球、托球、掷球、踢球

四、足球技术的发展

足球技术的发展是由单一技术到组合技术、简单动作到复杂动作、由缓慢发展到快速完成的过程。未来技术发展的方向必将是越来越快速、简练、准确，并越来越个性化。

五、如何发展技术

必须按照足球运动未来发展趋势和未来技术发展方向来改变足球运动指导者头脑中固有的训练思维，用越来越快速、简练、准确，并越来越个性化的标准来指导运动员的技术练习，使他们能够尽早地接近未来发展的目标。

六、足球技能的分析

在比赛中，运动员的大部分时间都处于无球的状态，所以他们必须更好地协助进攻和防守。当本方控球时，他们要对进攻做出正确的判断。不论运动员有球还是无球，他们在作出判断时都要对如下三个方面进行分析。

1. 如何选择：运动员是否选择了合理的方法，是传球还是控球，传球给同伴是否正确，是否被吸引出自己的防守位置，而为对方留下危险的空当。
2. 如何去做：当运动员作出最佳选择时，他们就要确定如何达到目标。
3. 如何使用合理技术：在决定如何做后，运动员需要在恰当的时机运用正确的技术动作。

七、技能的发展

1. 教练员要为运动员提供无球对抗条件下单个技术动作练习的机会。
2. 运动员取得进步后，必须增加他们完成技术动作的难度。
3. 通过良好的演示来鼓励运动员大胆展示所掌握的技术动作。
4. 当运动员的技术动作趋于成熟时，教练员必须把他们置于同伴之中，让他们相互合作和对抗，使他们有机会正确使用技术动作。
5. 在实战中展示技术，使其不断发展、提高和完善。

八、发展技能的方法

1. 学习和提高足球技能的最佳方法就是重复练习。
2. 必须具有强烈的求知欲。

3. 练习要尽量贴近比赛。
4. 在比赛的情景下去完成技术动作。
5. 在实战中发展、提高足球技能。

当然，运动员的技术、技能的发挥，还受身体、心理等因素的制约，教练员必须了解运动员在技术动作学习过程中身体和心理的变化规律，在这方面出现的任何错误都会极大地妨碍运动员的进步和提高。教练员要选择有效的练习来刺激运动员，让他们自己解决场上的问题，使他们能不过分依赖教练员。

第二节 激励队员

一、定义

激励是人力资源的重要内容，是指激发人的行为的心理过程。激励这个概念用于管理，是指激发队员的动机，也就是说用各种有效的方法去调动队员的积极性和创造性，使球员努力去完成组织的任务，实现组织的目标。有效的激励会点燃队员的激情，促使他们的训练比赛欲望更加强烈，让他们产生超越自我和他人的欲望，并将潜在的巨大的内驱力释放出来，为球队以及自己的远景目标奉献自己的热情。

对于激励的方式在学术界有很多种理论，有著名的马斯洛需求层次理论、激励—保健双因素理论，其中激励因素为满意因素，有了它便会得到满意和激励。保健因素为不满意因素，没有它会产生意见和消极行为。其实诸多模式中都不外乎两个方式：正面激励与反面激励。

二、基本原则

（一）目标结合原则

在激励机制中，设置目标是一个关键环节。目标设置必须同时体现球队的目标和队员的需求。

（二）物质激励和精神激励相结合的原则

在物质激励与精神激励两者相结合的基础上，逐步过渡到以精神激励为主。

（三）引导性原则

激励措施只有转化为队员的自觉意愿，才能取得激励效果。因此，引导性原则是激励过程的内在要求。

（四）合理性原则

激励的合理性原则包括两层含义：其一，激励的措施要适度。要根据所实现目标本身的价值大小确定适当的激励量；其二，奖惩要公平。

（五）明确性原则

激励的明确性原则包括三层含义：其一，目的明确。明示需要做什么和必须怎么做；其二，内容公开。当奖罚内容被队员特别关注时，更为重要。其三，形式直观。实施物质奖励和精神奖励时都需要直观地表达授予奖励和惩罚的方式。直观性与激励影响的心理效应成正比。

（六）时效性原则

要把握激励的时机，"雪中送炭"和"雨后送伞"的效果是不一样的。激励越及时，越有利于将队员的激情推向高潮，使其创造力和训练比赛的热情连续有效地发挥出来。

（七）正激励与负激励相结合的原则

所谓正激励就是对队员的符合组织目标的期望行为进行奖励。所谓负激励就是对队员违背组织目标的非期望行为进行惩罚。正负激励都是必要而有效的，不仅作用于当事人，而且会间接地影响周围其他队员。

（八）按需激励原则

激励的起点是满足队员的需要，但队员的需要因人而异、因时而异，并且只有满足最迫切需要(主导需要)的措施，其效价才高，其激励强度才大。因此，教练员必须深入地进行调查研究，不断了解队员需要层次和需要结构的变化趋势，有针对性地采取激励措施，才能收到实效。

教练员对于队员的激励是十分重要的，但一定要严格把握好时机和尺度，不要适得其反。一个好的教练员要正确的激励队员，就要在平时对队员的需求有详尽的了解。激励队员是一个过程，也是教练员与球员之间联系建立的过程。不单单在于说话的激励，有时要加以行动，有时要一起同行。教练员要采取正确的态度面对队员所遇见的情况，才能鼓励队员，拥有正确态度的教练员知道该向什么方向走，知道如何改变劣境。

第三节　青少年体育教学训练要点

从体育教育的基本原理出发，针对青少年运动员的发展特点，实施科学和行之有效的体育教学手段和方法是搞好青少年运动员培养的关键。

一、神经系统的发育特点及教学中应注意的问题

青少年的神经系统处于发育阶段。在青少年的体育教学中，应多采用直观方式，多做示范和以活动性、多样化为主的游戏。每种活动持续时间不宜过长，否则会引起神经系统的疲劳。加之青少年中枢神经对行为的调节能力较差，所以动作不灵活，显得笨拙，而且容易头晕，尤其对于他们兴趣不大的运动常常不能持之以恒。所以要根据青少年喜欢显示自己体能的特点开展竞赛活动，这样既可以达到锻炼的效果，又能增强集体意识。

二、呼吸系统的发育特点及在体育教学中应注意的问题

青少年的呼吸肌发育弱及能力弱，肺泡小，鼻腔短直，呼吸频率快，呼吸表浅，肺活量小。但是在体育运动中需氧量大，这些所需的大量氧气主要是靠加快呼吸频率来输送，这就容易造成口干、舌燥、缺氧和产生疲劳，高原干燥区还会导致咽喉肿疼、咳嗽等。所以，在体育教学中应首先培养正确的呼吸方式，加强呼吸深度练习，力求呼吸和动作协调配合，尽量避免氧缺乏和呼吸疲劳。

三、青少年运动系统的发育特点及应注意的问题

运动系统的发育主要是骨骼和肌肉的发育。青少年骨骼含有的有机物多，无机盐少，因此骨的弹性和可塑性大，而硬度小，不易骨折，便易弯曲呈畸形。肌肉重量轻、质软；肌纤维细弱，肌肉含水分多，含蛋白质和无机盐少。因此，在体育锻炼过程中持续时间不易过长，运动量不易过大，要防止长时间的站立和负重，注意增强脊柱锻炼，增进脊椎的硬度，防止脊柱畸形。青少年由于肌肉发育不均衡，要注

意发展伸肌和小块肌肉，并锻炼肌体的协调性和柔韧性。还要注重培养正确的站、走、跑和跳的姿势，防止不正确的动作给身体发育造成不良影响。

四、青少年循环系统的发育特点和应注意的问题

循环系统是由心脏和血管所组成的闭锁管道系统。血液循环是指心脏通过收缩挤压使血液由动脉输送到身体各个部分最后由静脉回到心脏的过程。心脏每分钟搏动的次数为心率。青少年在运动时心率迅速加快，使每个心动周期的收缩期和舒张期相应缩短，至使每搏输出量减少，所以长时间大强度的运动，可使心脏缺氧而疲劳。因此，青少年体育运动应以发展有氧能力为主，不宜进行用力过大的憋气或长时间静止用力活动，并且运动强度要适当。

五、青少年体能发育特点及在教学中应注意的问题

身体的形态和机能与运动能力有密切的关系。运动能力又与身体素质有关。就速度素质而言，男生在17岁前，女生在14岁前，速度随年龄的增长有所提高。因此，青少年在13岁前可接受动作频率快和反应迅速快的运动项目。在力量素质方面，青少年肌肉的机能弱，发育快。所以在年龄较小时不易进行过大的力量训练，随年龄的增大可逐渐增大力量训练。柔韧素质随年龄的增长而逐渐下降。年龄越小，骨和肌肉的弹性越好，关节韧带的伸展度较大，女生比男生更好。柔韧与肌肉力量是相辅相成的。

第四节　足球运动中的心理学

一、心理学的定义

心理学是关于个体的行为及精神过程的科学。心理学的科学性要求心理学结论要建立在依据科学方法收集到的证据的基础上，而行为是有机体适应环境的方式，心理学分析的对象往往是一个个体——个人或动物，同时不理解精神过程是不能理解人的行为的。心理学既研究动物的心理（研究动物心理主要是为了深层次地了解、预测人的心理的发生、发展的规律）也研究人的心理，而以人的心理现象为主要研究对象。总而言之，心理学是研究心理现象和心理规律的一门科学。

心理学研究涉及知觉、认知、情绪、人格、行为和人际关系等许多领域，也与日常生活的许多领域——家庭、教育、健康等发生关联。

在足球世界里面有这样一句话："足球是心理层面的较量。"没错，要想赢得一

场比赛，并非就是队员上场比赛那么简单，教练员要做好身体和心理的双面准备，同时也要使本队队员从身心做好准备，这样才能够面对接下来紧张激烈的比赛。足球比赛是双方运动员综合实力的竞争和较量，随着场上对抗程度的日趋激烈，心理的较量也日趋激烈。没有良好的心理素质，就难以适应各种比赛环境和不同对手，直接影响临场技战术的发挥。

二、足球教练员为什么要学心理学

1. 赛前和赛中，正确认识自我。心理因素是现代竞技体育比赛中十分重要的一个环节，它是取得胜利的重要保证。在足球比赛的赛前和赛中，教练员要根据各种各样的实际情况对球队整体以及队员本人作出调整，让队员们对自己在赛前和比赛时的状态和行为有正确的认识。

2. 帮助运动员保持最佳心理状态。随着运动竞赛的发展和科学研究水平的提高，人们越来越重视心理因素对运动竞赛的影响。情绪能激励运动表现，也能抑制运动表现。积极活跃的情绪能点燃运动员勇攀高峰的烈火，但当激情转化为焦虑或者愤怒时，就可能出现偏差。紧张和焦虑属于情绪状态中的一种，是许多运动员在比赛前所表现出来的一种心理状态。所以教练员要在赛前帮助运动员调整心理状态，使得运动员有良好的心理准备去迎接比赛，发挥出正常水平。

3. 有助于了解运动员的个性，帮队员在比赛中获得最佳成绩。个性，尤其是气质，决定着一个人的处事态度和行为方式。巴甫洛夫指出："气质是每一个人的最一般的特征，是他的神经系统最基本的特征。而这种特征在每一个人的一切活动上都打上一定的烙印。"气质是指个人心理活动的稳定的动力特征。心理活动的动力特征主要指心理过程的强度（例如，情绪体验的强弱、意志努力的程度），心理过程的速度和稳定性（例如，知觉的速度、思维的灵活程度、注意集中时间的长短）以及心理活动的指向性（例如，有人倾向于外部事物，有人倾向于内心世界）等方面的特点。教练员只有了解到每一位运动员的个性，才能够帮助他们建立好的心理状态，把每个人的状态都调整好，在比赛中正常发挥，取得佳绩。

4. 制定有效的队规，以促进团队士气和合作精神。有效的队规可以团结队员，促进团队士气和合作精神，使球队成为一个整体。

5. 有效地制定心理训练方法，以最大限度地发挥运动员的潜力。心理训练方法的制定，可以帮助运动员调整状态，使紧张焦虑的心情得到缓解，在比赛中最大限度地发挥潜力。

6. 团队合作与足球成绩。团队合作是每位队员潜在个人能力的总和。如何将队员的价值取向统一到某一个目标上是十分重要的，这取决于教练员是否能够有效地引导队员的心理活动朝着某一个比赛目标调整。如果团队合作不协调将影响到团队的成绩。

所谓团队精神，简单来说就是大局意识、协作精神和服务精神的体现。团队精神的基础是尊重个人的兴趣和成就。核心是协同合作，最高境界是全体成员的向心力、凝聚力，反映的是个体利益和整体利益的统一，并进而保证组织的高效率运转。团队精神的形成并不要求团队成员牺牲自我，相反，挥洒个性、表现特长保证了成员共同完成任务目标，而明确的协作意愿和协作方式则产生了真正的内心动力。团队精神是组织文化的一部分，良好的管理可以通过合适的组织形态将每个人安排至合适的岗位，充分发挥集体的潜能。如果没有正确的管理文化，没有良好的从业心态和奉献精神，就不会有团队精神。

缺乏合作精神。对于一个团队而言，最危险的事情莫过于内部不和。内部团结，定能攻无不克，内部不和，必然要锐气受损，不战而败。

缺乏纪律性。现代足球运动是一项战术纪律性极强的运动项目，尤其是当今职业足坛，优良的足球战术将成为一支球队成功的关键因素，而球队的纪律性更是重中之重，只有良好的纪律性，才能更好地执行教练员的战术意图。

缺乏积极性。球员缺乏积极性会使得训练和比赛很被动，对个人及其球队的发展产生制约，更对团队产生不好的影响，导致球队缺乏战斗力。战斗力是一支球队执行战术的体现，只有良好的团队合作，加上教练员的战术，个人及球队的战斗力才能够充分发挥。

三、足球运动员失败时的心理特征分析

1. 兴奋性过高或过低。队员过分兴奋可能导致情绪的不稳定，无法正确认识自己的行为；队员不兴奋可能在比赛中失去应有的积极性，并且容易受伤，所以教练员应在赛前帮助队员调整好心理状态。

2. 缺乏专注。专注就是集中精力、全神贯注、专心致志。一个专注的队员，往往能够把自己的时间、精力和智慧凝聚到训练和比赛中，从而最大限度地发挥积极性、主动性和创造性，努力赢得比赛。

3. 无关紧要或消极的想法。无关紧要或消极的想法是指在训练和比赛期间，由外因或内因影响而产生的不利于队员继续训练和比赛或者正常思考的想法。例如，担心失败。失败是一个和胜利、成功相对的词语，每个人不可能永远成功，也不可能永远失败，所以队员本身不应该惧怕失败，应该勇于面对，接受挑战。又如，不依从正常准备程序。队员都有自己的个性，有些队员会不遵守纪律，不依从正常准备程序，导致队员和整支球队陷入被动。

4. 负面身体的感受。教练员应该对运动员的身体状态有详尽的掌握和了解，使运动员能够有良好的竞技状态去训练比赛。

四、运动员心理产生紧张情绪的原因

在面临大赛之时教练员和运动员都想比赛中取得好成绩，但有时候会适得其反，

使得教练员在赛前和比赛时出现一些不应该有的错误。例如，口头上和肢体上表现出心理紧张状态告诉队员这次比赛的重要性，由于某个原因骂队员，不知队员的心理特征，盲目给指令比赛，给指令或骂队员告诉队员输球后的后果。

（1）赛前开太多的会议制定出太多的赛前规定。

（2）告诉队员赢球后的奖励等。

（3）这些错误有可能导致运动员心理起伏过大，发挥失常，造成心理紧张状态，从而失去比赛。

（4）受内在刺激的影响（想法）、受外在刺激的影响（视觉和听觉）、自我分析、生理反应、肌肉的协调性受到影响，进而不能保证队员技战术水平和身体潜能的充分发挥，未能在体育比赛的各项赛事中取得好成绩。因此，对学生在体育比赛过程中的心理变化的分析研究变得至关重要。

五、学生运动员赛前心理状态的类型

（一）赛前过度兴奋状态

这种状态的表现大多为过早兴奋或过度兴奋。有的人是离比赛还有好几天就进入了竞赛状态，而这样过早地兴奋，必然过多地消耗心理能量，到了真正比赛反而筋疲力尽了。还有的参赛者是临赛前情绪过度兴奋，坐立不安，心率和呼吸加快，注意力不集中，听不进教练员的指导，记忆力减退等。学生运动员在过度兴奋的状态下去比赛，往往会造成动作失常。这些现象往往在临赛前出现，到比赛结束时就自动消失。

（二）赛前淡漠状态

这种状态表现为情绪低落，四肢无力，反应迟钝，动作怠慢，意志消沉，缺乏信心，以致不想参加比赛等。在这种状态下参加比赛，运动成绩必然下降。

（三）赛前盲目自信状态

这种状态表现为外表看起来很兴奋，有时好像也很沉着，但内心比较空虚，对比赛的困难和复杂性估计不足，过高地估计自己的力量。他们大都表现为浮躁，不愿冷静地思考问题，总相信能轻易取胜或侥幸成功，对面临的困难抱着消极或轻视的态度，不动员自己的全部力量去克服。这样的参赛者在比赛中一旦遇到挫折，情绪就会一落千丈，束手无策，场上出现急躁情绪，以致形成恶性循环，最后造成比赛的连锁性失败。

这种赛前盲目自信状态一般出现在一些连续取胜之后思想麻痹，过高地估计自己，赛前心理准备不足的人身上。

（四）战斗准备状态

这种状态，也称最佳竞技状态，是最适宜于比赛的情绪状态。能形成这种状态的学生运动员一般都有正确的比赛动机和良好的比赛态度，对比赛任务有清楚的理解，从而出现一种稳定的增力情绪。

最佳竞技状态的表现有如下一些特点：

比赛前和比赛中始终感到全身轻松，肌肉协调，不发紧，不颤抖，感觉有力；心情愉快，既兴奋又镇静，无论在任何复杂的情况下都能沉着冷静分析形势，遇到困难挫折不急躁不恼火。在比赛的关键时刻，能头脑清醒地去夺取最后的胜利，在风云变幻的比赛场上，心理上能做到乱中求静，行为上能做到动中求稳，总是以积极的内心想象占据自己的头脑，相信自己的能力一定能发挥出来。

最佳竞技状态是长期训练的结果。它是以坚强的意志，坚定的信心，对比赛的高度责任感及良好的心理素质为基础的。只有通过系统的心理训练和做好充分赛前心理准备，及时克服各种心理障碍，全面提高运动员的心理能力，才能更好地达到赛前最佳竞技状态。

六、消除赛前和赛中紧张心理状态

影响学生赛前心理状态的因素是多样的，而且赛前心理状态也是伴随着运动变化而变化，呈现不同的心理反应水平。因此，赛前心理状态的调整也必须全面考虑，抓住重点，综合调适。

首先要让学生了解赛前心理状态会出现哪些变化，比赛期间可能会出现何种心理状态，这样才能做到"有的放矢"。

引导和帮助学生从以下几个方面做好准备工作：

（一）明确比赛任务，激发良好的比赛动机

只有具有正确而强烈的比赛动机，渴望参加比赛，参赛者才能自觉地积极地动员机体最大的潜力投入到比赛中去，增强取胜的信心。教练员应帮助学生运动员充分认识自己的优势和平时训练的基础，通过激励、动员，或进行过去成功体验的意象演习，或用激励性的语言进行暗示等，形成最佳的情绪状态。适宜的情绪能更好地发挥大脑皮质神经系统的调节支配机能，以保证比赛的顺利进行，提高战斗意志，增强竞争心和进取心。赛前要使运动员逐渐处于一种跃跃欲试敢与对手比高低的竞争状态，形成高昂的士气和不怕任何困难的战斗意志。

（二）学会自我调整，保持良好的心理状态

教会运动员掌握一些简易的自我调节心理状态的方法，在比赛中一旦出现意外情况或受到干扰，就可使用这些方法来缓解紧张情绪，稳定心理状态。因此，我们必须加强身体的训练，保证运动系统的灵活而有韧性，使机能系统运转自如。在此基础上加上娴熟的技艺，才能在多变的赛场风云中保证动作自如，行为有序有条不紊。

七、大赛前教练员的正确行为指南

1. 保持日常工作正常化。
2. 教练员的自我行为正常化（肢体和口头语言）。
3. 清楚每位队员的心理特征并给予指导。
4. 给予队员鼓励性的话。
5. 不要提醒队员以前易犯的错误。
6. 赛前、赛时不要指责队员。
7. 指导队员按照赛前程序做准备活动。
8. 尽量提示队员个人所具有的优势。
9. 提醒队员将注意力集中在技术过程上。

总之，学生体育竞赛的赛前心理准备与调整的最终目的是为了促成最佳竞技状态的形成，是为比赛创造良好的身心条件，检测学生身心发展水平与控制能力，以及战胜困难创造优良比赛成绩而进行的一项必不可少的前期工作。

第四章　高级指导员培训基本理论

第一节　青少年在运动训练中产生心理疲劳的原因

一、心理疲劳

心理疲劳是指人体肌肉工作强度不大，但由于神经系统紧张程度过高或长时间从事单调、厌烦的工作而引起的疲劳。心理疲劳不仅会降低学习与工作效率，而且对心理健康也有一定的影响。长期的心理疲劳，使人心境抑郁、精疲力竭，进而引起心因性疾病。例如神经衰弱，表现为头痛、头晕、记忆力不好、失眠、怕光、怕声音等。心理疲劳是青少年运动员长期承受心理压力的自然反映。他们企图通过放弃体育来减轻压力，但教练员和父母为此感到失望时，他们的这种压力会增大。长此以往，他们所感受的压力确实会导致疾病。

二、青少年在运动训练中产生心理疲劳的原因分析

人们越希望获得尊重，随之而来的压力就越大。然而压力过大渐渐会影响青少年身心的发展，最终会导致青少年心理疲劳，继而放弃体育。对体育成绩过分担忧或信心不足，认为父母过于看重比赛，都会使青少年产生心理疲劳。年复一年的专业化训练，无休止的比赛和过于关注比赛成绩，都会使孩子认为参与体育活动不再是一件有趣的事。

三、消除青少年心理疲劳的对策

父母和教练员要善于倾听孩子的心声。对于青少年来说，可以通过不同的方式去调整心理状态，使之达到最佳状态。比如父母和教练员可以通过对孩子们的情感、想法、行为、身体状况四个方面熟知、体会，不断发现他们的异常状况并和他们进行良好的沟通，通过语言疏导使他们不会具有过大的心理疲劳症状，最好在他们刚发生心理疲劳时便采取措施。

四、父母易犯错误

父母常犯如下错误，导致孩子心理疲劳继而可能放弃参加体育活动
1. 替孩子选择所喜爱的运动，而不是让孩子自己去做决定。
2. 当孩子想休息时，坚持让孩子参加一个赛季接一个赛季的训练或比赛。
3. 过分注重比赛结果。
4. 迫使孩子去参加比赛并且做出高难度动作，从而产生受伤的危险。
5. 家长过度参与比赛或运动队中。
6. 与官员、对方运动员的父母或者教练员争执。
7. 没有强化孩子们希望得到体育活动的积极作用。
8. 当孩子不愿意参加下一个级别比赛时，强迫孩子参加。

五、足球指导员常见错误

1. 过分注重取胜，而忽略技能的培养和水平的提高。
2. 不顾及中下等水平的运动员，而是在高水平运动员身上投入更多时间并给他们更多的上场时间。
3. 期待运动员掌握超出他们自身理解力或技能发展阶段的规则和战术。
4. 使用体罚或模仿职业教练员执教风格。
5. 不合时宜地与官员或者孩子父母争论。
6. 忽视创造训练和比赛的愉悦氛围。
7. 希望孩子的家里能牺牲时间、金钱，并把运动队放在第一位。
8. 鼓励孩子从小就专门从事一项体育运动，而把其他项目和学校活动排除。

六、足球管理机构应注意的方面

1. 没有建立健全合理的足球培训政策。
2. 没有通过训练、简报和网站向家长、教练员、运动员传达培训机构的理念和政策。
3. 过于重视取胜而忽视制定孩子健康发展的体育计划。
4. 对家庭财政承担额提出不切实际的要求，尤其是那些贫困的家庭。
5. 缺乏适当的安全措施、教练员的培训和医护人员的帮助，无法及时处理运动损伤。
6. 突发状况和慢性健康问题缺乏防范措施。
7. 不能为训练和比赛提供安全、卫生和完善的设施。

8. 对培训机构的教练员、官员的聘任和培训持随便态度。
9. 不能平衡运动队间的比赛级别来增加比赛兴奋点。

七、早期专业化会导致的后果

1. 由于过度训练比赛，孩子们失去参加体育运动的兴趣。
2. 当孩子遇到运动成绩瓶颈时，他们没有从事其他运动的基础。
3. 孩子的交友范围狭小。
4. 忽视了与不同运动交叉训练会增加体育技能的互补。
5. 孩子没有接受多种的教练方式和训练方法。
6. 由于某种运动要求重复使用身体的某一部位而导致运动损伤。

第二节　补充营养的时间选择

大量的运动实践表明，肌肉在 24 小时生长周期分成三个时期或阶段：能量期（训练期）、合成期（训练后45分钟内）和生长期（一天余下的时间）。为了在每一个时期尽可能地发挥肌肉的代谢机能，在适当的时间必须摄入适当数量和类型的营养素。合理的营养可以显著提高和改善运动员的机能状态，相反，如果营养安排不合理，就很难得到有效的恢复，甚至可能引起机体的机能紊乱，最终导致运动损伤和运动疾病的发生。大量的运动实践表明肌肉在24小时生长周期包含有能量生成期、恢复期和生长期。

对于一个从事运动的人而言，首先要根据自己的体能消耗，了解自己一天摄入多少热量和食物中是否含有足够的各种营养素。因为热量摄入过量或不足，会使你的体重增加或减少，营养素的缺乏将影响你的运动能力和运动健身的效果。

营养对运动员具有重要的意义。它不仅仅关系到运动员的健康，并且对运动成绩的提高也有很大作用。特别是少儿运动员，如果营养不充足，不仅不能提高运动成绩，而且还会影响到他们的健康成长。所以必须努力掌握营养的科学知识，不仅要知道运动员机体缺什么，更重要的是要在正确的时间给予补给，让其充分发挥能量作用。如果在正确的时间将正确的营养复合物输送到肌肉，就能迅速促进肌肉生长、增强肌肉力量和动力。

运动员在运动训练过程中，也就是能量期，营养物质会随之流失进而造成缺乏。这时及时补充相关的运动营养物质尤为重要。专业的运动营养品不仅能够促进运动员的生长发育，且对其提高运动成绩有重要作用。在运动训练过程中，由于身体大量出汗，机体不仅会流失水分，许多矿物质也会随着汗液一同被排出体外，让人觉得疲劳、精神不振。这时喝运动饮料是最佳的选择。含低聚糖和微量元素的

不同时期选择营养时间及相应的目标

时　期	时　间	目　标
能量期	运动前10分钟和运动中	增加向肌肉组织转运营养；节约使用肌糖原和蛋白质；减轻对免疫系统的抑制作用；尽量减轻肌肉损伤；为运动后快速恢复营造一个良好的营养环境。
合成期	运动后45分钟	将代谢系统从分解代谢状态转化到合成代谢状态；增加血流，加速代谢物的清除；补充肌糖原；启动组织修复，为肌肉生长做好准备；减少肌肉损伤和维护免疫系统功能。
生长期	快速期（运动后的前4小时） 维持期（快速期后的16～18小时）	维持较强的胰岛素敏感性；维持合成代谢状态。 维持正氮平衡，刺激蛋白合成；促进蛋白更新和肌肉生长发育。

饮料能及时补充水分和电解质，以弥补身体消耗。而碳酸饮料除了口感较好，并不含微量元素，对出汗后虚弱的身体并无帮助；碳酸水、柠檬酸这类酸性物质还会引发食管胃酸返流，容易反酸的人饮用后甚至会导致反酸症状更加严重。运动饮料要具备四个特点：一是补充水分；二是含有营养素，如复合糖、多种维生素和矿物质等；三是低渗透压；四是无碳酸、无咖啡因、无酒精。运动饮料能够有针对性地补充在运动训练过程中流失的营养，起到保持、提高运动能力，加速运动后疲劳消除的作用，并兼顾补糖、补液。运动中每隔15～20分钟，要补充运动饮料100～150ml，以防止机体脱水、疲劳状出现。建议选择专业运动饮料，如康比特加速饮料等进行补充。

第三节 体育道德行为

一、道德

道德一般是指社会生活中处理人与人之间，个人同集体，以及各种社会关系的规范和准则。它用善、恶、美、丑、荣、辱等观念来评价人的行为，调整人与人之间的关系。道德的涵义是很广泛的，根据其具体内容和作用，一般可以分为政治道德、职业道德、社会道德和家庭婚姻道德。

二、体育道德

体育道德属于职业道德范畴，是运动员、教练员、裁判员、其他体育工作者以及一切体育爱好者，在从事体育竞赛和参与体育活动时所应遵守的行为规范和准则。比如，夺得比赛胜利，依靠的是自己的实力，精湛的技艺，但是不择手段、弄虚作假，冒名顶替，就不道德；比赛中应该表现出敢打敢拼，勇猛顽强的风格，但如果借勇猛而故意伤人，就不道德；取得胜利是要讲战略战术的，但如果搞小动作，搞"秘密交易"，就是不道德；裁判员应该执法公正，但如果存有私心，凭借自己的哨子，有意偏袒一方，压制另一方，执法违法，就不道德……违反规则和有关规定，不讲道德的运动员、裁判员是要受到处分和制裁的。

（一）体育道德行为的界定标准

部分社会学和心理学专家将体育道德行为界定为以下5个标准：（1）运动员在训练和比赛中能够全力以赴，不断提升自己的能力和水平；（2）尊重体育比赛中的社会规范，表现出良好的体育精神风貌；（3）尊重比赛规则，服从裁判员判罚；（4）尊重对手和关注对手，公平竞赛；（5）培养良好的体育道德行为及行为方式。

（二）体育道德修养

体育道德修养是指体育活动中体育工作者在道德品质方面的自我教育和自我改造的过程以及达到的效果。体育道德修养的目的，是更好地实现体育工作者的自身价值。体育道德品质的修养和升华，是对体育工作者的智力、体力的开发，对实现体育工作者价值的高度重视，是实现人生价值的客观要求，是保证体育运动正常进行和健康发展的需要，使自己在处理问题时作出符合体育道德的选择。体育工作者的体育道德修养，已对人类和社会产生极为重要的影响。

（三）体育规则与体育道德

体育项目是用来健身使人拥有健康的身体，是用来竞技使人展现人体美和身体素质的运动。所以在体育运动中既要让人们自由地展现自己的技能，又要让体育培养人的道德行为，如果一个体育项目自身原则不明确，组织不到位，判罚不严谨，就会出现截然相反的情况。

人们的健身和竞技需要规则和道德的约束，这两项就好比是天平的两个托盘。在体育活动中不仅让人们充分发挥自身的运动技能，而且还要制定一系列的规则来限制他们的道德行为，这样才能让体育运动井然有序地进行。

（四）不同层次体育中的体育道德问题

在竞技体育中，竞争和获胜至关重要。职业运动员是青少年的偶像，他们的体育道德行为对体育运动的健康发展和青少年道德发展具有重要的影响效应。体育竞赛在吸引观众、教育观众方面，有它特殊的作用。一场球赛，观众可以多达万人、数万人。若是通过电视、多媒体，观众就更多了。1982年6月13日至7月11日，在西班牙14个城市举行的第十二届世界杯足球赛的决赛时，头两天就有69个国家和地区约十亿以上的电视观众收看比赛。现场观众多达二三百万人。可见，体育运动的观众是非常多的，因此，运动员在场上的表现，运动员的一举一动，都会引起广泛的影响。从这个意义上讲运动员就是社会大众的榜样，是观众的关注对象，特别是优秀职业运动员往往都是青少年崇拜的偶像，他们的行为对青少年的道德观的形成作用很大。

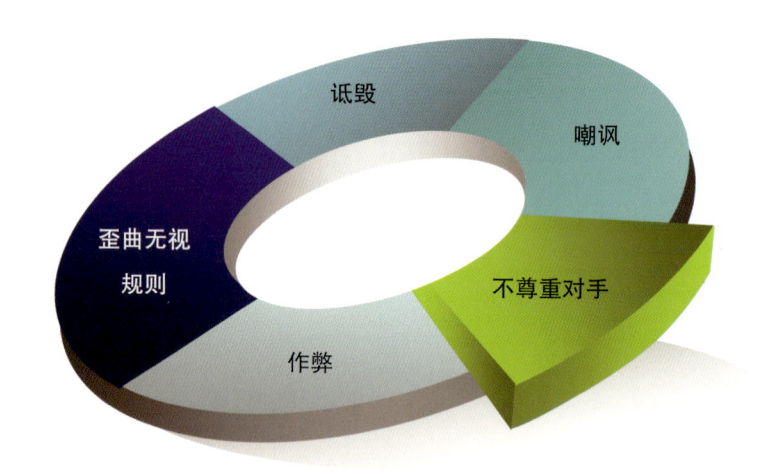

（五）青少年在体育运动中应遵守竞赛准则

（1）遵守比赛规则，尽力避免争执。
（2）一直公平比赛，遵从教练员的指导。
（3）尊重对手的付出，鼓励自己的队友。
（4）分担全队责任，让所有人都按规则比赛。

（六）良好体育道德的培养

我国体育健儿的道德风貌主要表现在以下四个方面：（1）热爱体育事业，为人民，为祖国争光；（2）勤学苦练，顽强拼搏，胜不骄败不馁；（3）讲文明，有礼貌，互相尊重，团结友爱；（4）光明正大，遵守纪律，执行规则，公正无私。

良好的体育道德，不是天上掉下来的，而是经过反复教育，在长期体育实践过程中养成的。对于体育道德培养，国家体育总局和各地体育局制定了各种规定和守则，在具体工作上也采取了不少措施，这些都是十分必要的。但是良好的体育道德的养成，实际上是运动员和一切体育工作者自我完善的过程。组织上的教育是外因，最关键还是要靠运动员本身的内在力量，自我努力，自我修养，在艰苦训练、紧张激烈的比赛和日常生活中，确立和培养远大的理想抱负，高尚的思想情操，健康的生活方式和正确的审美观念以及守纪律、讲卫生、有礼貌、遵守社会公德等好习惯，自觉抵制不良生活方式的侵蚀，对自己高标准严要求，从小事做起，一点一滴积累。

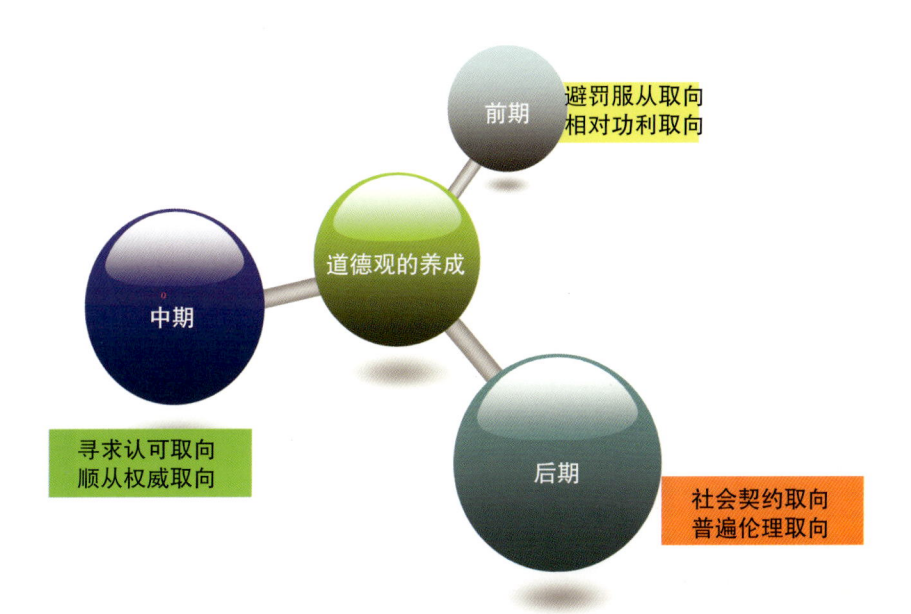

青少年的道德观的养成大致可分为三个阶段：前期，是避罚服从取向和相对功利取向；中期，是寻求认可取向和顺从权威取向；后期，是社会契约取向和普遍伦理取向。

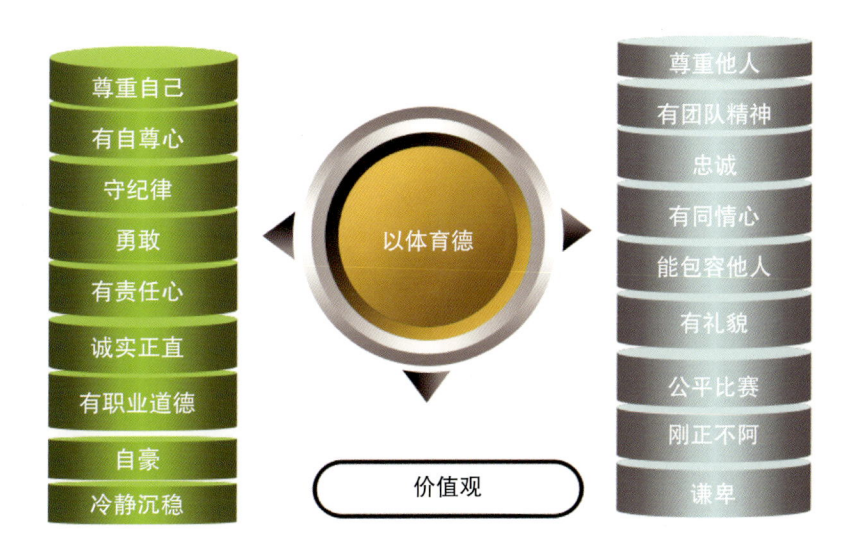

体育与德育是有机的结合体。它们之间是相互联系、相互促进的，对学生进行道德和意志品质的教育，既是德育的任务，也是体育的任务，在整个教育过程中相互联系，彼此渗透。"寓德于体，以体育德"是现代体育和德育的方向和目标。参加体育运动可以培养正确的价值观，对自己可以养成尊重自己、有自尊心、守纪律、勇敢、有责任心、诚实正直、有职业道德、自豪、冷静沉稳等良好品质，也可以培养个人的忠诚、尊重他人、有团队精神、有同情心、能包容他人、有礼貌、比赛公平、刚正不阿、谦卑等良好的道德修养。

体育道德是社会公德的组成部分，体育道德的好坏，不仅是体育战线的问题，也是一个社会性的问题。比如一场比赛，赛场上发生问题，便会立即在观众席上有所反应，甚至很快传播到社会上，从比赛场地上的运动员、教练员、裁判员，进而扩展到数以千计、万计的观众，这就不是体育队伍自己可以解决得了的问题了。由于运动员来自"五湖四海"，比赛、集训的时间毕竟很短，更多的时间生活在基层单位和部门，所以运动员的体育道德培养，大量的还是要在各有关部门和单位来进行。相信体育队伍的思想作风和道德风貌，一定会愈来愈好，体育健儿们也一定会在建设道德精神文明中做出新的贡献。

第四节　建立信息收集体系

一、信息收集

信息收集是指通过各种方式获取所需要的信息。信息收集是信息得以利用的第一步，也是关键的一步。信息收集工作的好坏，直接关系到整个信息管理工作的质量。信息可以分为原始信息和加工信息两大类。原始信息是指在足球活动中直接产生或获取的数据及其总结，是未经加工的信息。加工信息则是对原始信息经过加工、分析、改编和重组而形成的具有新形式、新内容的信息。两类信息都对球队训练比赛管理活动发挥着不可替代的作用。

二、信息收集原则

（一）准确性原则

该原则要求所收集到的信息要真实可靠。当然，这个原则是信息收集工作的最基本的要求。为达到这样的要求，信息收集者就必须对收集到的信息反复核实，不断检验，力求把误差减少到最低。

（二）全面性原则

该原则要求所搜集到的信息要广泛，全面完整。只有广泛、全面地搜集信息，才能完整地反映管理活动和决策对象发展的全貌，为决策的科学性提供保障。当然，实际所收集到的信息不可能做到绝对的全面完整，因此，如何根据不完整、不完备的信息做出科学的决策就是一个非常值得探讨的问题。

（三）时效性原则

信息的利用价值取决于该信息是否能及时地提供，即它的时效性。信息只有及时、迅速地提供给它的使用者才能有效地发挥作用。特别是决策对信息的要求是"事前"的消息和情报，而不是"马后炮"。所以，只有信息是"事前"的，对决策才是有效的。

三、信息收集方式

（一）社会调查

社会调查是指运用观察、询问等方法直接从社会中了解情况，收集资料和数据的活动。利用社会调查收集到的信息是第一手资料，因而比较接近社会，接近生活，容易做到真实、可靠。如学生的家庭状况、学区间的升学去向、家族的健康状况及社会关系等。

（二）建立信息网

为了达到准确、全面及时收集信息的要求，靠单一渠道收集信息是远远不够的。因此必须靠多种途径收集信息，即建立信息收集的情报网。严格来讲，情报网络是指负责信息收集、筛选、加工、传递和反馈的整个工作体系，而不仅仅指收集本身。

四、信息来源

信息来源一般分为实物型信息源、文献型信息源、电子型信息源和网络信息源。

（一）实物型信息源

实物型信息源又称现场信息源，是指具体的观察对象在运动过程中直接产生的有关信息，包括事物运动现场、学术讨论会、展览会等。

（二）文献型信息源

文献型信息源主要是指承载着系统知识信息的各种载体信息源，包括图书、报纸、期刊等。

（三）网络信息源

这是一种比较特殊的信息源，是指蕴藏在计算机网络，特别是因特网中的有关信息而形成的信息源。

（四）观察记录比赛

首先确定观察内容，然后深入训练和比赛现场进行观察并准确记录。主要包括两个方面：一是对个人战术行为的观察；二是对全队和局部战术打法和人员配制的观察。

有效地收集各类与球队发展有关的信息，制定出适合本队长远发展的规划，是球队更好发展必不可少的组织和建设措施。在比赛前通过对获取的相关信息进行分析研究，在此基础上制定比赛方案，是为获取最大比赛利益的重要手段。

第三篇

中国校园足球指导员培训教程实践部分

第一章　初级指导员实践内容

第一节　准备活动和整理活动游戏

练习一

练习的组织	练习内容和方法
（图示：15米、10米、5米为半径的三个同心圆，队员在圆上分布）	1. ●✕队员在半径为10米的圆上慢跑 2. 看到指导员举红旗时●队员跑向外圈；举黄旗则✕队员向内圈跑动） 3. 返回做各种动态拉伸 变化 A. 举红旗●队员跑向内圈；举黄旗则●队员向外圈跑动 B. 可每人一球结合球完成练习
练习场地 15米、10米、5米为半径的3个圆	
练习人数 20名队员	
练习器材 20个球、对抗服各10件、标志物、红黄旗子各一面	
练习要点 1. 每名队员都要顺时针和逆时针移动 2. 通过视频信号给队员发出指令 3. 注意力集中，学会观察 4. 反应迅速	**练习目的** 1. 准备活动的基础上大力发展队员思维为先的足球理念 2. 发展协调性、速度、柔韧、平衡等身体素质和运球技术 3. 培养队员的专注力 4. 培养队员的足球兴趣

练习二

练习的组织	练习内容和方法
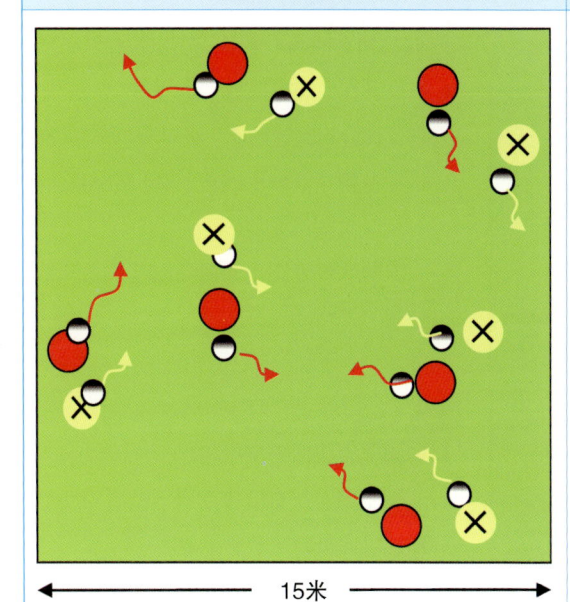 （15米×15米场地示意图）	1. 队员—🔴—❌2人一组，前后距离2~3米运球。 2. 前面队员做各种运球动作（拖、拉、扣、拨、挑、踢、踩等），后面队员模仿 3. 30秒后两队员角色互换继续练习 变化 A. 听口令或看信号改变双方队员角色 B. 1对1（❌队员抢球去抢🔴队员用脚控制的球）
练习场地 15米×15米的场地	
练习人数 12名队员	
练习器材 12个球、对抗服各6件	
练习要点 1. 脚多接触球 2. 用脚的不同的部位触球 3. 强调动作的规范性（在1对1练习中强调用远离对手的脚触球、利用身体和手隔开对手） 4. 注意力高度集中	**练习目的** 1. 在准备活动的基础上大力发展队员观察能力和思维为先的足球理念 2. 发展协调性、速度、球感和运球技术 3. 培养队员运球技能 4. 培养队员的专注力 5. 培养队员的足球兴趣

练习三

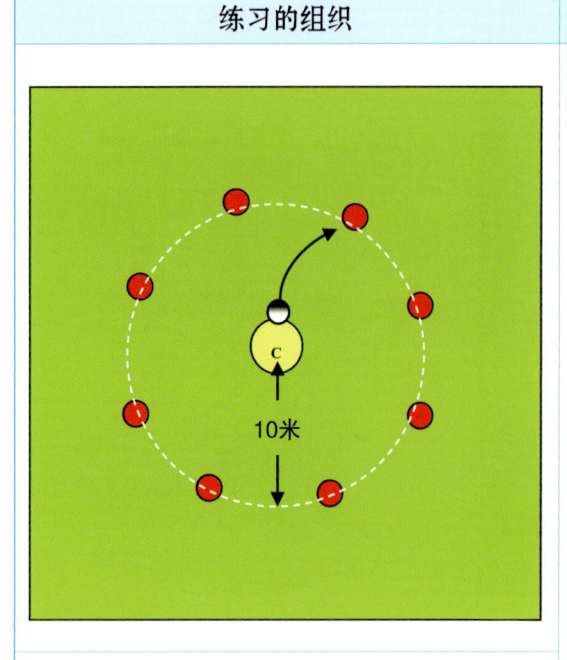

练习的组织	练习内容和方法
（10米为半径的圆，指导员C在中心，队员站在圆圈上）	1. 队员站在圆圈上做静或动态拉伸 2. 指导员在中间手持球 3. 指导员分别抛球给圈上的队员 4. 指导员抛球后喊手或头，队员以相反的方式应对并将球传回 5. 失误的队员慢跑一圈回到原地重新开始游戏 **变化** A. 用脚或大腿回击空中球 B. 队员听到左、右的口令后，做出相反动作，以此提高队员思维能力
练习场地 10米为半径的圆	
练习人数 数名队员	
练习器材 1个球	
练习要点 1. 注意力集中 2. 反应迅速 3. 触球准确，回球到指导员手上	**练习目的** 1. 可作为准备活动或整理活动进行（在要求上做一些改动） 　如做准备活动，要求所有队员准备姿势必须遵循移动性原则 　如做整理活动，则要求所有队员准备姿势必须遵循强度渐减性原则 2. 发展队员的反应速度、柔韧性、灵敏性和协调性以及空中球球感和头球技术 3. 培养队员的专注力 4. 培养队员的足球兴趣

第二节　少年儿童足球游戏——运球

练习四

练习的组织	练习内容和方法
（5米×5米场地，2米宽区域示意图）	1. 队员——●——✕2人一组看指导员手势运球 2. 两队员在2米的区间里直线运球结合运球转身 3. 左右脚交替运球 4. 每次运球转身用不同方法 变化 A. 可先用手滚动球完成练习 B. 可采用接力的形式进行 C. 接力过程中采取一人左脚一人右脚的规则（观察运球同伴运球使用脚，然后自己用另一只脚运球）
练习场地 5米×5米的场地设置一个2米宽的区域	
练习人数 数名队员	
练习器材 数个球、对抗服若干件	
练习要点 1. 控制触球力度 2. 左右脚的均衡发展 3. 右脚运球转身举起左手（反之亦然） 4. 注意观察指导员发令信号	**练习目的** 1. 提高队员直线运球和运球转身能力 2. 发展队员的速度、柔韧性、灵敏性和协调性 3. 培养队员勇于争胜的心理品质 4. 培养队员的思维能力 5. 培养队员的足球兴趣

练习五

练习的组织	练习内容和方法
练习场地 20米×5米 **练习人数** 数名队员 **练习器材** 数个球、对抗服若干件	1. 队员 ● ✕ 看指导员手势开始运球 2. ● 队员运球，✕ 队员在身后追逐 3. ● 队员运球20米后将球交给对面的 ✕ 队员，并绕到该队员身后，然后 ✕ 队员运球，● 队员追逐，循环练习 **变化** A. 可先用手抱球跑、滚动球完成练习 B. 运球过程中采取一人左脚一人右脚的规则（观察运球同伴运球使用脚，然后自己用另一只脚运球） C. 交接球的时候可采用等待传球或主动截球的方式
练习要点 1. 控制触球力度 2. 第一次触球质量连停带走 3. 运用远离防守队员的脚运球 4. 注意观察指导员发令信号 5. 接球队员接球前有反向移动	**练习目的** 1. 提高队员直线快速运球技术 2. 提高队员摆脱和第一次触球能力 3. 发展队员的速度、柔韧性、灵敏性和协调性，思维转换（攻守转换）的速率，追赶队员的移动速度，运球队员的动作速度（运和控） 4. 培养队员勇于争胜的心理品质 5. 培养队员的足球兴趣

练习六

练习的组织	练习内容和方法
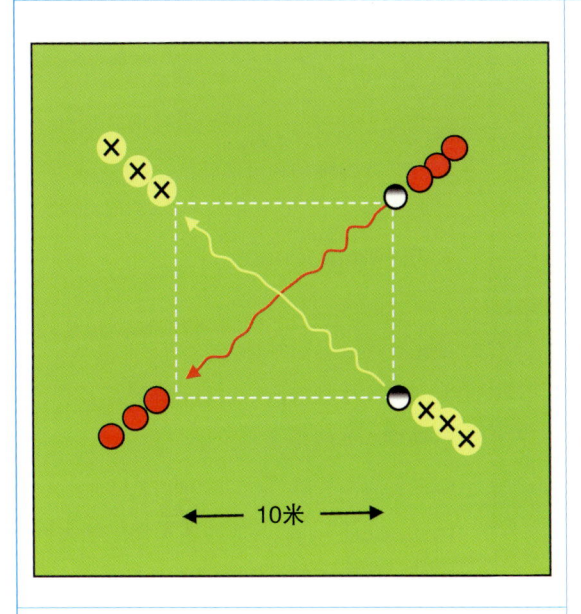 （场地示意图：10米 × 10米）	1. 队员 ● × 各两队看指导员手势开始运球 2. 两队持球队员同时运球到同伴接应点 3. 接力比赛看哪组最先完成6人运球 变化 A. 可先用手抱球跑、滚动球完成练习 B. 可在场地中央设置一中央区，两队队员必须都要通过此区域 C. 运球过程中采取一人左脚一人右脚的规则（观察运球同伴运球使用脚，然后自己用另一只脚运球） D. 交接球的时候可采用等待传球或主动截球的方式

练习场地
10米 × 10米

练习人数
数名队员

练习器材
2个球、红黄对抗服各6件

练习要点	练习目的
1. 控制触球力度 2. 左右脚不同部位的均衡发展 3. 观察对手的行动及距离，做出自己的选择（加速、减速、向左还是向右等） 4. 注意观察指导员发令信号	1. 提高队员直线快速运球技术 2. 提高队员在高速运球中的变化能力 3. 发展队员速度、柔韧性、灵敏性和协调性及运球队员的动作速度（运和接） 4. 培养队员勇于争胜的心理品质 5. 培养队员的足球兴趣

练习七

练习的组织	练习内容和方法
（场地图示：12米×12米）	1. 队员分成4队站在场地4个边的中点上 2. 其中两队第一名队员相向运球至场地中央标志物时分别传球给其他两队队员 3. 传完球后跑动到对面站队 4. 循环进行 5. 为同伴加油 **变化** A. 可先用手抱球跑、滚动球完成练习 B. 用脚背外侧传球 C. 左右脚均要练习 D. 在练习的同时增加网球（小黑球为网球，用手完成），手脚并用
练习场地 12米×12米	
练习人数 数名队员	
练习器材 数个球、标志物	
练习要点 1. 控制触球力度 2. 从运球到传球衔接时支撑脚的位置在球的侧方两拳左右距离，且支撑脚膝部面对接球人 3. 传完球跑动要有加速 4. 呼应	**练习目的** 1. 提高队员直线快速运球技术 2. 提高队员运球和活动中传球的衔接能力 3. 发展队员速度、柔韧性、灵敏性和协调性，运球队员的动作速度（运、传、接），传和手接、抛的协调能力 4. 培养队员勇于争胜的心理品质 5. 培养队员的足球兴趣

练习八

练习的组织	练习内容和方法
(场地示意图：12米 × 12米，上方5个×队员，下方4个红队员)	1. 队员分成5 × 4 ● 两队站在场地两端 2. 做各种球感运球动作（拖、拉、拨、踩等） 3. 接到信号后快速将球留在原地然后跑到对方场地用手将球举过头顶（队员将会出现5名队员抢4个球的局面） 4. 练习3次后，变成5 ● 4 × 变化 A. 可先用手抱球举过头顶、后用脚踩住球 B. 双方运球至中线后看谁先运球回到本方场地端线并用脚踩住球 C. 双方相向运球至对方场地端线后看谁先运球回到本方场地端线并用脚踩住球 D. 在各自场地自由运球，听到信号后做出不同反应（1为运球至本方端线踩住，2为运球至对方端线踩住）
练习场地 12米×12米	
练习人数 9名	
练习器材 9个球、标志物、红黄对抗服各5件	
练习要点 1. 控制触球力度 2. 注意力集中，动作迅速 3. 左右脚不同部位的均衡发展 4. 观察（避免和其他学生碰撞） 5. 触球时重心要降低（支撑腿膝关节弯曲、手臂抬起保持平衡）	**练习目的** 1. 提高队员球感和运球能力 2. 发展队员的速度、灵敏性、柔韧性和协调性 3. 培养队员勇于争胜的心理品质 4. 培养队员的足球兴趣

练习九

练习的组织	练习内容和方法
（场地示意图：20米 × 12米，折返距离分别为3米、6米、4米、7米）	1. 队员分成两队站在场地端线 2. 看到信号后开始折返运球 3. 看谁折返运球先通过端线 变化 A. 可先用手抱住球折返跑比赛 B. 可同时用手抱住球和用脚运球折返跑比赛 C. 也可在对面安排2队相向折返运球
练习场地 12米 × 20米	
练习人数 数名队员	
练习器材 2个球、标志物、红黄对抗服若干件	
练习要点 1. 控制触球力度 2. 转身时，向右转举左手，反之亦然，保持平衡 3. 观察（接近折返标志线时注意减速） 4. 转身时重心要降低（膝关节弯曲） 5. 转动髋部	**练习目的** 1. 提高队员直线运球和转身变向能力 2. 发展队员的速度、柔韧性、灵敏性和协调性、加速和减速 3. 培养队员勇于争胜的心理品质 4. 培养队员的足球兴趣

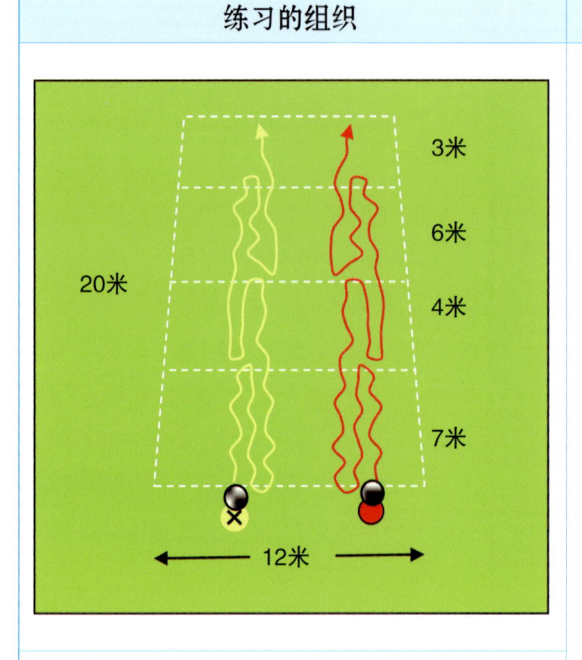

练习十

练习的组织	练习内容和方法
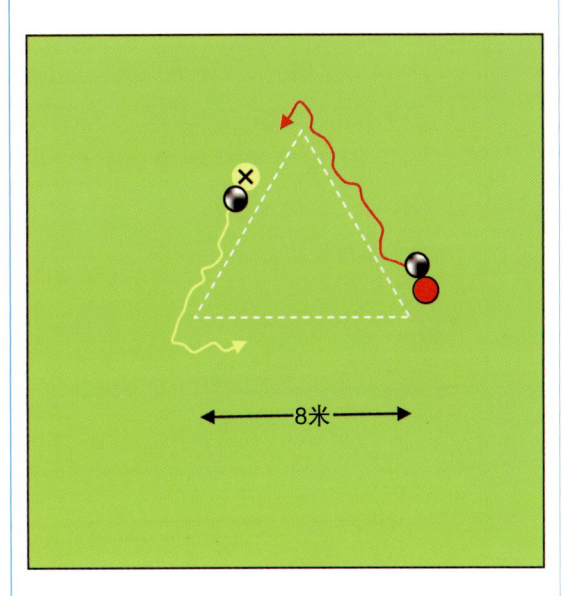 （8米的等边三角形示意图）	1. 两队员站在三角形场地不同边线上 2. 看到信号后开始追逐运球 3. 从起点到终点运球两圈结束 4. 顺时针逆时针都要练习 **变化** A. 可先用手抱住球追逐跑比赛 B. 可在三角形一条边上设置障碍 C. 也可安排3队员追逐运球 D. 在追逐运球的过程中听信号变向（顺时针和逆时针之间改变）
练习场地 8米的等边三角形	
练习人数 数名队员	
练习器材 2个球、标志物、对抗服	
练习要点 1. 控制触球力度 2. 重心降低 3. 速度 4. 平衡（右转举左手，左转举右手） 5. 支撑脚尽量离开球，并以此脚为轴，通过髋关节转动	**练习目的** 1. 提高队员直线运球和运球变向的能力 2. 发展队员的速度、柔韧性、灵敏性和协调性、加速和减速 3. 培养队员勇于争胜的心理品质 4. 培养队员的足球兴趣

练习十一

练习的组织	练习内容和方法
	1. ● 运球，✗ 做螃蟹状爬行抢球 2. ✗ 队员将 ● 队员的球踢出场地，该队员就离开场地站在场地外围 3. 看用多长时间 ✗ 队将 ● 队全部"俘获" 4. 互换角色练习 变化 A. 规定动作的运球（如只允许左脚运球） B. 也可用4个人3个球来练习 C. 也可设置突破区域
练习场地 10米×10米	
练习人数 8名队员	
练习器材 4个球、标志物、红黄对抗服各4件	
练习要点 1. 控制触球力度 2. 观察对手 3. 掌握时机（距离对手约2米开始做动作） 4. 速度和方向的变化	**练习目的** 1. 提高运球变向的能力 2. 发展队员的速度、灵敏性、协调以及柔韧性 3. 培养队员勇于争胜的心理品质 4. 培养队员的足球兴趣

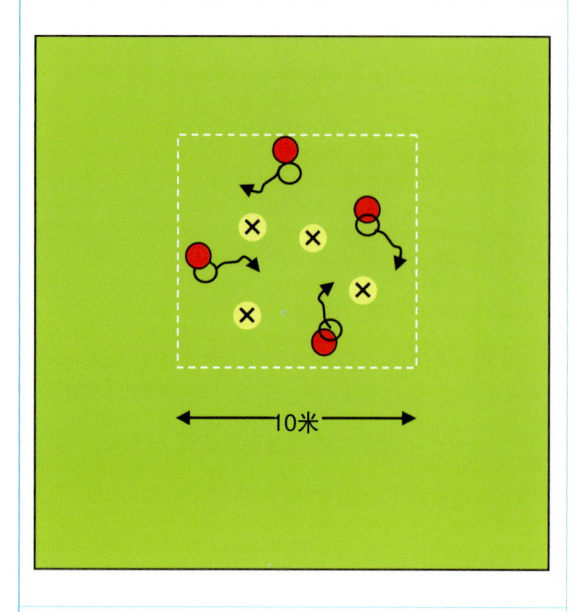

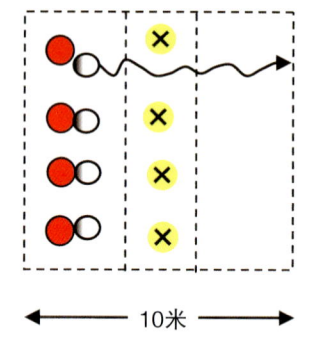

练习十二

练习的组织	练习内容和方法
![场地图：8米×8米正方形分成2块三角形]	1. 🔴 ❌ 两队员站在正方形一个角上 2. 看到信号后开始追逐运球，🔴 队员运球绕三角形，❌ 队员徒手跑绕正方形 3. 看哪个队员最先回到起点处算获胜 4. 顺时针逆时针都要练习 变化 A. 可先用手抱住球追逐跑 B. 可设置一些障碍 C. 追逐运球和跑动的距离及角度可适当调整（更具竞争性）
练习场地 将8米×8米正方形分成2块三角形	
练习人数 数名队员	
练习器材 1球、标志物、红黄对抗服	
练习要点 1. 控制触球力度 2. 当前面有空间时球要离开身体 3. 速度（重心低、头部静止、抬膝、摆臂） 4. 平衡（右转举左手，左转举右手）	**练习目的** 1. 提高队员直线运球和运球变向的能力 2. 发展队员的速度、柔韧性、灵敏性和协调性、加速和减速、动作速度 3. 培养队员勇于争胜的心理品质 4. 培养队员的足球兴趣

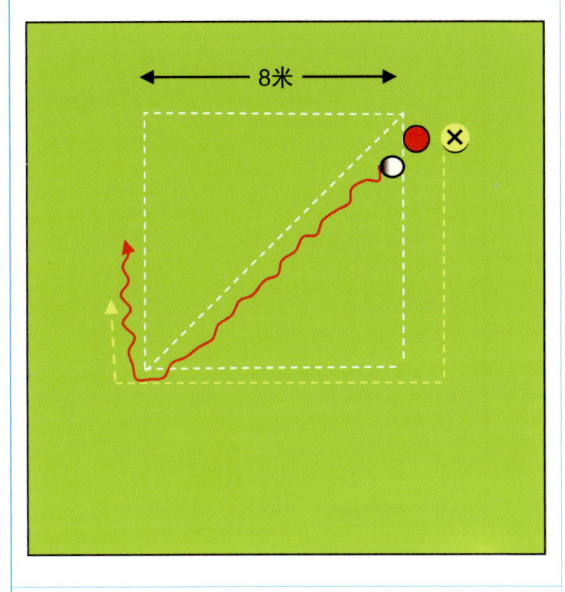

练习十三

练习的组织	练习内容和方法
（场地示意图） 3米 5米	1. 场地由内外圆形组成 2. 内圈由6个标志物组成，间距不等 3. 两队员分别站在内外圆起点处，🔴队员持球 4. 比赛开始 🔴 方队员带球绕内圈标志物回到起点，❌ 队员徒手跑绕外圈回到起点，看哪方队员先回到起点 5. 练习一段时间后，双方互换角色。 变化 A. 可先用手抱住球追逐跑比赛 B. 可在外圈上也设置一些障碍 C. 对规则进行调整（如只允许左脚带球等）
练习场地 外圆半径5米，内圆半径3米（标志物间距不等）	
练习人数 数名队员	
练习器材 1个球、标志物、红黄对抗服	
练习要点 1. 控制触球力度 2. 用脚的不同部位不断改变球的方向绕过标志 3. 灵敏性（在变化中保持高速） 4. 平衡（弧形跑外侧摆臂加大幅度） 5. 速度（重心低、头部静止、抬膝、摆臂）	**练习目的** 1. 提高队员的运球技术 2. 发展队员的速度、柔韧性、灵敏性和协调性 3. 培养队员勇于争胜的心理品质 4. 培养队员的足球兴趣

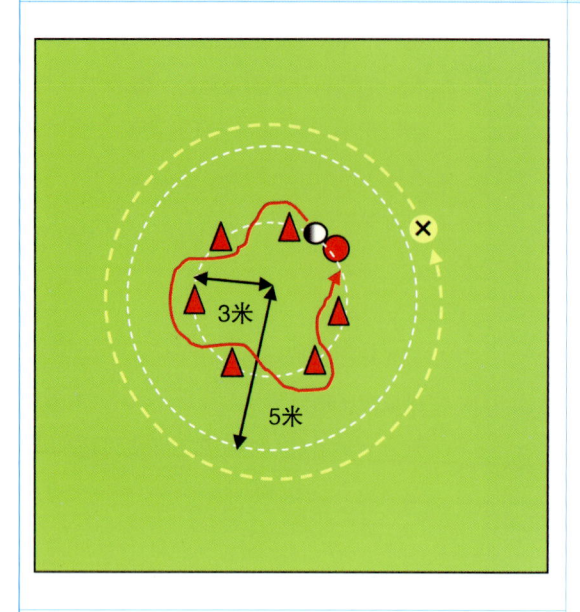

练习十四

练习的组织	练习内容和方法
（场地示意图：4块5米×5米的方形区域，红黄队员各若干）	1. 每个5米×5米方块内红黄队各2人 2. 各队员自由运球 3. 看到红旗信号 ● 队顺时针运球进入另一方块，看到黄旗信号 × 队顺时针运球进入下一方块 4. 看哪个队员最先将球运入目标区并用脚踩住球 5. 练习一段时间后，方向改为逆时针 **变化** A. 可先用手抱住球进行追逐跑比赛 B. 可在方块外设置一些障碍 C. 对规则进行调整（只允许左脚带球等）
练习场地 4块5米×5米的方形场地（相邻距离大于4米）	
练习人数 16名队员	
练习器材 16个球、标志物、红黄旗子各一面、红黄对抗服各8件	
练习要点 1. 注意观察、反应迅速 2. 控制触球力度 3. 速度的变化（离开原来方块时将球推出距离加大） 4. 踩球（身体放松，髋关节、膝盖、踝关节弯曲）	**练习目的** 1. 提高队员的运球技术 2. 发展队员的速度、柔韧性、灵敏性和协调性 3. 培养队员勇于争胜的心理品质 4. 培养队员的足球兴趣

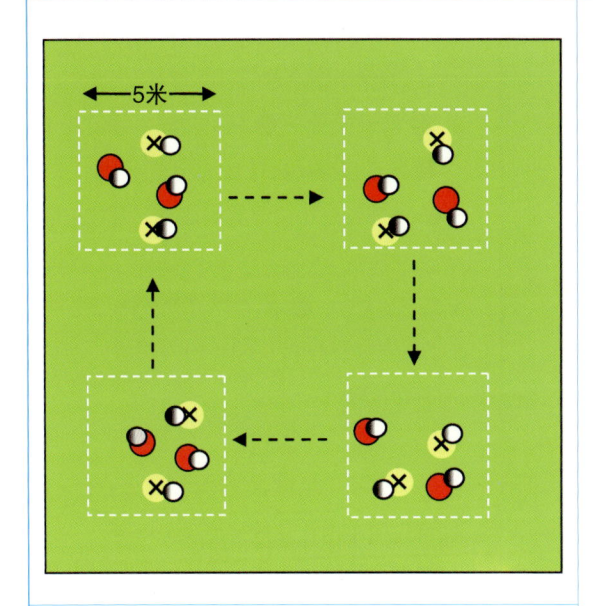

练习十五

练习的组织	练习内容和方法
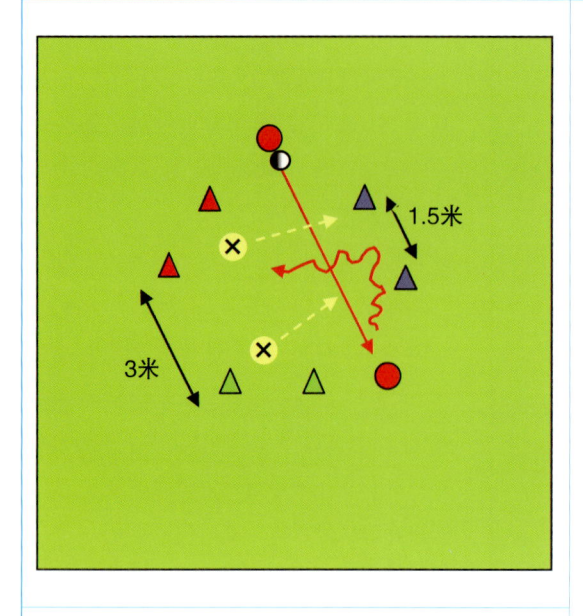 （图示：3米、1.5米标注的小球门练习场地）	1. 2个 ✗ 队员防守3个不同颜色标识物摆设的1.5米宽小球门 2. ● 队员向另一 ● 队员传球，练习开始 ● 队员接球后运球攻击3小门任意一个 3. ● 运球越过小门算突围成功，两红色队员互换 4. 练习3次后，● ✗ 两队互换攻防 5. 防守队员只可以在3小门内拦截，不可主动抢断 **变化** A. 可先用手抱住球进行追逐跑比赛 B. 可3人守4门 C. 对规则进行调整（只允许左脚带球等）
练习场地 3个1.5米的小门，小球门之间距离3米	
练习人数 4名队员	
练习器材 1个球、标志物、红黄对抗服各2件	
练习要点 1. 假动作 2. 观察（防守队员出现的空当） 3. 根据防守队员的位置不断改变方向 4. 速度	**练习目的** 1. 提高队员的运球技术 2. 发展队员的速度、柔韧性、灵敏性和协调性 3. 培养队员勇于争胜的心理品质 4. 培养队员的足球兴趣

练习十六

练习的组织	练习内容和方法
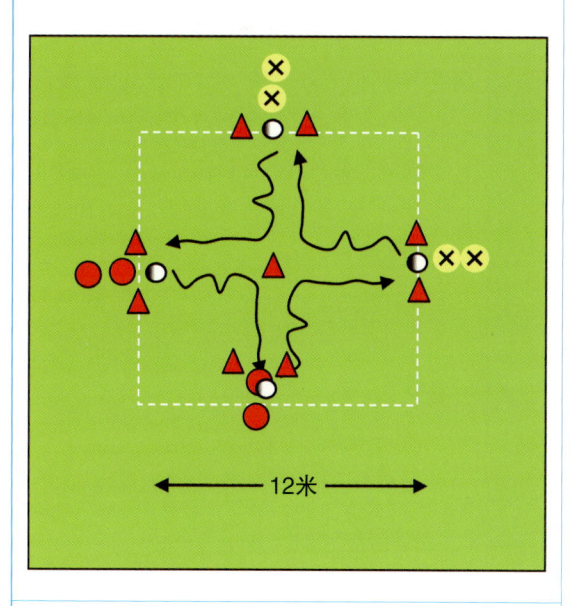 （场地示意图：12米×12米场地）	1. 按图所示每队第一名队员持球 2. 朝着中间标志物运球，距离标志物2米左右时突然变向到相邻的一组，运球交给下一个队员 3. 循环练习 4. 练习不同的运球动作 5. 向左和向右两个方向都要练习 **变化** A. 可先用手抱住球完成练习 B. 可在接近中间标志物时停下球来，原地捯步，听口令完成向左还是向右变向运球 C. 对规则进行调整（只允许左脚带球等）
练习场地 12米×12米的场地内4个2米的小门，小球门距离3米	
练习人数 8名队员	
练习器材 4个球、标志物、红黄对抗服各4件	
练习要点 1. 触球力度（变向时触球的力度适度增大） 2. 观察与标志物的距离 3. 改变方向和速度要突然	**练习目的** 1. 提高队员的运球技术 2. 发展队员的速度、柔韧性、灵敏性和协调性 3. 培养队员勇于争胜的心理品质 4. 培养队员的足球兴趣

练习十七

练习的组织	练习内容和方法
	1. 按图所示 ✗ 队第一名队员持球
2. ✗ 队员推射到对面的红色标识物 ● 队员拦截断球后，运球绕场地中央的标识物后推射对方的端线的标识物；推射的那名 ✗ 队员则快速跑到场地对面绕标识物跑后回追
3. 循环练习

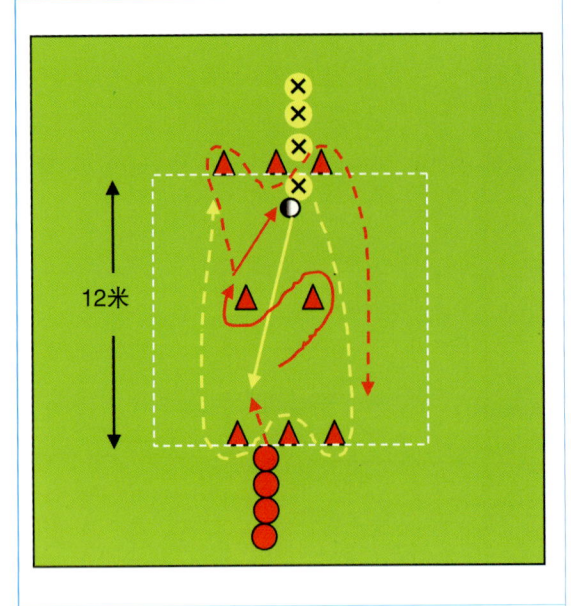

变化
A. 可先用手抱住球完成
B. 根据队员的能力调整中间和端线标识物的数量及距离
C. 对规则进行调整（只允许左脚带球等） |
| **练习场地**
12米×12米的场地 | |
| **练习人数**
8～12名队员 | |
| **练习器材**
1个球、标志物、红黄对抗服 | |
| **练习要点**
1. 第一次触球（连停带走）
2. 控制触球力度
3. 远离对手的脚带球
4. 回追的队员要全速（重心低、头部静止、抬膝、摆臂） | **练习目的**
1. 提高队员的运球技术
2. 发展队员的速度、柔韧性、灵敏性和协调性
3. 培养队员勇于争胜的心理品质
4. 培养队员的足球兴趣 |

练习十八

练习的组织	练习内容和方法
(场地示意图：20米×10米的场地内4个2米的小门，标注A、B、C、D位置)	1. 按图所示指导员持球 2. 红黄两队队员站在场地两侧 3. 练习开始，两队第一名队员绕过B、C球门 ✗ 第一名队员接指导员传球进攻，● 第一名队员绕过C门开始防守 ✗ 进攻C、D两小门，防守方断到球攻守转换 4. 运球越过小门算得分 5. 两队互换角色 **变化** A. 可先用手抱住球完成练习 B. 在场地外围起点处增加步伐练习 C. 对规则进行调整（只允许左脚运球等）
练习场地 20米×10米的场地内4个2米的小门	
练习人数 数名队员	
练习器材 数个球、标志物、红黄对抗服各数件	
练习要点 1. 观察对手的位置（对手的防守意图及双脚的站立位置） 2. 第一次触球（是将球控制在原地，还是空当） 3. 创造运球空间（使对手移动到一侧） 4. 改变速度要突然 5. 摆脱对手时球要推远（2~4米）	**练习目的** 1. 提高队员的运球技能，促进技术向技能转化，根据对手做出决策 2. 发展队员的速度、柔韧性、灵敏性和协调性 3. 培养队员勇于争胜的心理品质 4. 培养队员的足球兴趣

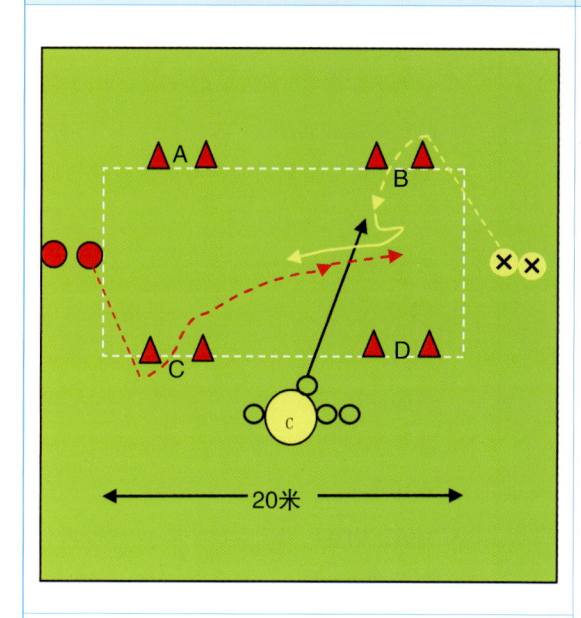

练习十九

练习的组织	练习内容和方法
	1. 在15米×15米方块内有4个小球门，分别有4名 ✕ 防守队员把守一个小门 ● 队在场地外面站队
2. ● 队队员必须通过指导员放行信号后才可以经过黑色小门进入方块内开始突破练习
3. ● 队员进入方块内必须突破 ✕ 队员镇守的小球门才可以离开方块；✕ 队员只能守门不得上抢
4. ● 突破成功离开方块后，沿方块外围回到黑色小球门处，准备开始第二次突破
5. 突破一次算一分，看哪个队员先得5分
6. 进入方块的进攻队员数量由教练员控制
7. 练习2~3分钟后更换防守队员。

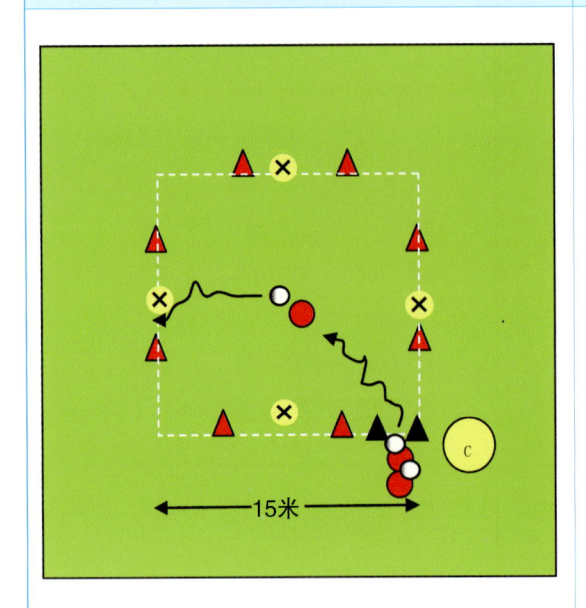

练习场地
15米×15米的场地内4个3~5米的小门

练习人数
数名队员

练习器材
数个球、标志物、黄对抗服各4件、红色数件

练习要点
1. 观察。防守队员站位及重心的变化
2. 距离。对手两臂之外做动作
3. 假动作。如果对手做出反应考虑选择变向，对手没有反应考虑选择变速
4. 时机。在防守队员失去重心的瞬间，即对手一只脚着地，另一只脚移动时，即为突破时机

变化
A. 可先用手抱住球完成
B. 方块内小球门根据情况改变其大小
C. 防守队员多于门或少于门的数量

练习目的
1. 提高队员1对1运球突破技能
2. 发展队员的速度、柔韧性、灵敏性和协调性
3. 培养队员勇于争胜的心理品质
4. 培养队员的足球兴趣

练习二十

练习的组织	练习内容和方法
（10米×10米的场地示意图）	1. 在10米×10米方块内，两队如图站位 2. ❌ 开始练习，🔴 一名队员进入方块内进行防守 3. 进攻队员快速越过防守队员身后的端线算成功，一名 ❌ 队员突破成功，对面的 ❌ 队员立即带球进入场地开始突破 4. 如果 🔴 队员防守成功（断球或破坏球）则该 ❌ 进攻队员马上转为防守留在方块内，由 🔴 方开始进攻 5. 依次循环练习 **变化** A. 用不同动作或规定脚完成 B. 根据队员情况，改变场地大小尺寸
练习场地 10米×10米的场地	
练习人数 8名队员	
练习器材 数个球、标志物、红黄对抗服各4件	
练习要点 1. 观察。防守队员站位及重心的变化 2. 距离。对手两臂之外做动作 3. 假动作。对手做出反应考虑选择变向，对手没有反应考虑选择变速 4. 时机。在防守队员失去重心的瞬间，即对手一只脚着地，另一只脚移动时，即为突破时机	**练习目的** 1. 提高队员1对1运球突破技能 2. 发展队员的速度、柔韧性、灵敏性和协调性 3. 培养队员勇于争胜的心理品质 4. 培养队员的足球兴趣

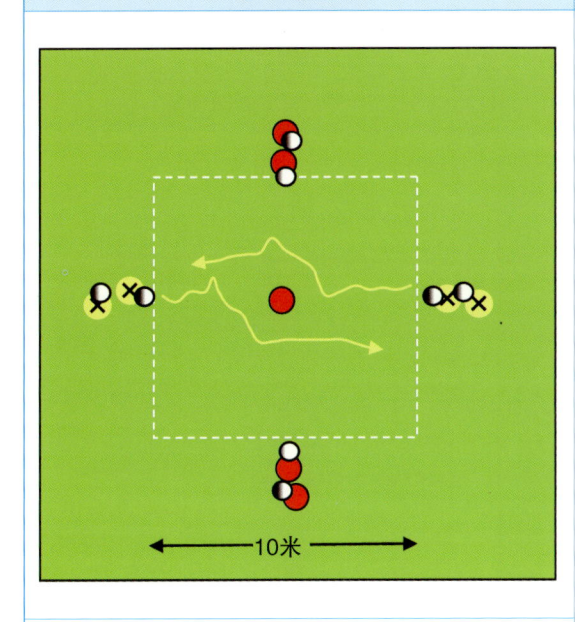

第三节　少年儿童足球游戏——颠球

练习二十一（正脚面）

练习的组织	练习内容和方法
（场地示意图） 15米	1. 在15米×15米方块场地内 2. 每名队员一个球 3. 用手抛球开始一只脚正脚背颠球 4. 颠一个就用手接住 变化 A. 球落地一次颠一下 B. 用脚挑起球开始练习 C. 左右脚各颠一次用手接住 D. 颠2次用手接住，逐步增加次数 E. 球的气压先小点或用排球 F. 双脚轮流练习（左脚颠2次右脚颠3次） G. 颠不同的高度（膝盖以下、腰以下等） H. 触球不同的部位使其向不同方向旋转 I. 脚颠球双手随球的节奏在身体躯干前后拍掌
练习场地 15米×15米的场地	
练习人数 8名队员	
练习器材 8个球、红黄对抗服各4件、标志物	
练习要点 1. 触球的部位（下中部） 2. 脚踝紧张、膝关节放松 3. 不断调整步伐 4. 注意力集中 5. 要有(预达)目标	练习目的 1. 培养队员的球感 2. 发展队员的柔韧性、平衡性和协调性 3. 培养队员勇于争胜的心理品质 4. 培养队员的足球兴趣

练习二十二（大腿）

练习的组织	练习内容和方法
（场地示意图） 15米 × 15米	1. 在15米×15米方块场地内 2. 每名队员一个球 3. 手抛球开始，用大腿的中前部位颠球 4. 颠一个就用手接住 变化 A. 用脚挑起球开始练习 B. 用两条大腿面颠球各一次，用手接住 C. 颠2次用手接住，逐步增加次数 D. 球的气压先小点或用排球 E. 左右大腿部各颠一次后，用头触一次球 F. 颠不同高度（不过头顶、过头顶等）
练习场地 15米×15米的场地	
练习人数 8名队员	
练习器材 8个球、红黄对抗服各4件、标志物	
练习要点 1. 触球的部位（球的下中部、大腿面中部） 2. 大腿抬平，大腿面肌肉紧张 3. 不断调整步伐 4. 力度适中 5. 预设目标	**练习目的** 1. 培养队员的球感 2. 发展队员的柔韧性、平衡性和协调性 3. 培养队员勇于争胜的心理品质 4. 培养队员的足球兴趣

练习二十三（头部）

练习的组织	练习内容和方法
（15米×15米场地示意图）	1. 在15米×15米方块场地内 2. 每名队员一个球 3. 用手抛球开始头颠球 4. 颠一个就用手接住球 变化 A. 颠2次用手接住球，逐步增加次数 B. 先用脚颠起球再到头上练习 C. 球的气压先小点或用排球 D. 颠球的高度不断改变 E. 触球不同的部位使其向不同方向旋转
练习场地 15米×15米的场地	
练习人数 8名队员	
练习器材 8个球、红黄对抗服各4件、标志物	
练习要点 1. 触球的部位（下中部） 2. 前额触球，颈部肌肉紧张 3. 眼睛睁开、看天不看地 4. 双脚分开、头后仰、双臂向后张开 5. 髋关节、膝关节、踝关节振动	**练习目的** 1. 培养队员的球感 2. 发展队员的柔韧性、平衡性和协调性 3. 培养队员勇于争胜的心理品质 4. 培养队员的足球兴趣

练习二十四

练习的组织	练习内容和方法
（15米×15米场地示意图）	1. 在5米×7.5米长方块场地内，每组队员一个球 2. 球落地一次每人用脚背正面颠球一次，依次颠球 3. 4个人都颠到球后（最后一名队员用手接住球放在颠球场区后）快速跑向对面端线，看哪组先到对面的端线 **变化** A. 球不落地，每人颠1~3次 B. 用不同部位颠球接力 C. 球的气压先小点或用排球 D. 颠球的高度不断改变（一个颠高一个低）
练习场地 15米×15米的场地	
练习人数 8名队员	
练习器材 8个球、红黄对抗服各4件、标志物	
练习要点 1. 触球的部位（下中部） 2. 颠球的力度 3. 要考虑同伴的位置 4. 不断调整步伐 5. 互相协助，反应迅速	**练习目的** 1. 培养队员的球感 2. 发展队员的柔韧性、平衡性和协调性 3. 培养队员勇于争胜的心理品质和集体荣誉感 4. 培养队员的足球兴趣

练习二十五

练习的组织	练习内容和方法
（3米×6米、4米×8米场地图示）	1. 在方块内用一条中线将场地分为两个区域 2. 每名队员留在自己的区域 3. 球可以在各自区域落地一次后必须将球颠到对方区域 4. 颠球落地弹跳2次算对方得分 5. 球出界算对方得分 变化 A. 1对1变成2对2 B. 先用脚再逐步用其他部位 C. 球的气压先小点或用排球 D. 球不落地 E. 中线增加高度
练习场地 3米×6米、4米×8米的场地	
练习人数 数名队员	
练习器材 数个球、红黄对抗服、标志物	
练习要点 1. 触球的部位 2. 触球力度 3. 观察对手位置 4. 不断调整步伐	**练习目的** 1. 培养队员的球感 2. 发展队员的柔韧性、平衡性和协调性 3. 培养队员勇于争胜的心理品质和集体荣誉感 4. 培养队员的足球兴趣

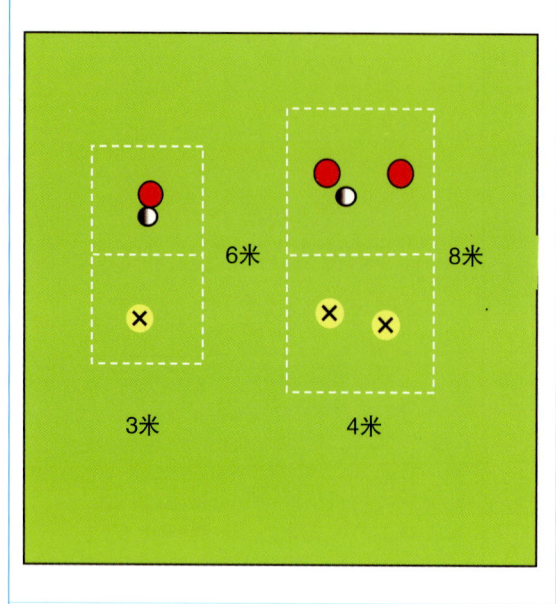

练习二十六

练习的组织	练习内容和方法
10米 × 10米的场地图示 10米	1. 在10米×10米方块场地内每4名队员一个球 2. 队员1~4号提前编号 3. 球不落地相互依次颠球 4. 指导员喊号，此时颠球队员将球颠高3~5米，由被喊号码的队员用身体（手除外）任何部位接空中球继续颠球，其余队员做前滚翻等动作 5. 球不落地，再次还原练习，重新开始 变化 A. 其余队员做后滚翻 B. 其余队员快速冲刺到边线折回 C. 颠球5次后由队员自己喊号 D. 比赛看哪组球不落地时间长
练习场地 10米×10米的场地	
练习人数 4名队员	
练习器材 数个球、红对抗服、标志物	
练习要点 1. 触球的部位（下中部） 2. 互相协助 3. 注意力集中 4. 动作迅速	**练习目的** 1. 培养队员的球感 2. 发展队员的柔韧性、灵敏性、平衡性和协调性 3. 培养队员勇于争胜的心理品质和集体荣誉感 4. 培养队员的足球兴趣

第四节　少年儿童足球游戏——接控球

练习二十七（接应）

练习的组织	练习内容和方法
 10米 × 10米的场地 **练习场地** 10米×10米的场地 **练习人数** 4名队员 **练习器材** 数个球、红黄对抗服、标志物 **练习要点** 1. 位置（到防守队员左、右去接应） 2. 姿势（面向场地、更开阔的视野） 3. 节奏（突然改变速度） 4. 角度（在防守队员防守范围以外） 5. 交流（语言和肢体的交流）	1. 在10米×10米方块场地内1抢3 2. ● 用手抛地面球开始（✗ 防守队员可以用任意部位防守） 3. ✗ 队员抢断2次成功和第二次失误进攻队员互换 **变化** A. 进攻队员用脚完成练习 B. 限制触球次数 C. 改变场地大小 **练习目的** 1. 培养队员到两侧去接应的能力 2. 发展队员的速度、灵敏性和协调性 3. 培养队员传控球中相互支持协助的能力 4. 培养队员的足球兴趣

练习二十八（接应）

练习的组织	练习内容和方法
（图示：10米×10米方块场地）	1. 在10米×10米方块内2抢4 2. 用手抛地面球开始（防守队员可以用任意部位防守） 3. ● 队员4人分成2小组、✖ 队抢断2次成功后就和失误的 ● 队小组队员互换 **变化** A. 进攻队员用脚完成练习 B. 限制触球次数 C. 改变场地大小
练习场地 10米×10米的场地	
练习人数 6名队员	
练习器材 数个球、红黄对抗服、标志物	
练习要点 1. 位置（到防守队员左右和中间去接应） 2. 姿势（面向场地、更开阔的视野） 3. 节奏（突然改变速度） 4. 角度（在防守队员防守范围以外） 5. 交流	**练习目的** 1. 培养队员到中间去接应的能力 2. 发展队员的速度、灵敏性和协调性 3. 培养队员传控球中相互支持协助的能力 4. 培养队员的足球兴趣

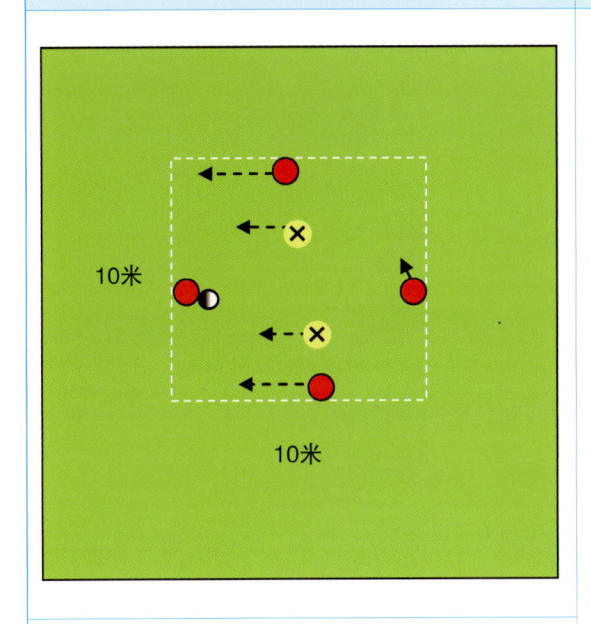

练习二十九（接应）

练习的组织	练习内容和方法
（场地示意图：15米×15米方块场地，3名防守队员抢5名进攻队员）	1. 在15米×15米方块场地内3抢5 2. 用手抛地面球开始（防守队员可以用任意部位防守） 3. 进攻队员谁失误就和防守抢断成功队员互换 变化 A. 进攻队员用脚完成练习 B. 限制触球次数 C. 改变场地大小
练习场地 15米×15米的场地	
练习人数 8名队员	
练习器材 数个球、红黄对抗服、标志物	
练习要点 1. 位置（到防守队员左右和中间，远近端去接应） 2. 姿势（面向场地、更开阔的视野） 3. 节奏（突然改变速度） 4. 角度（在防守队员防守范围以外） 5. 交流	**练习目的** 1. 让队员理解何谓接应（在持球的学生未传出球前其余同队队员的所有移动行为称为接应） 2. 培养队员远、近接应的能力 3. 发展队员的速度、灵敏性和协调性 4. 培养队员传控球中相互支持协助的能力 5. 培养队员的足球兴趣

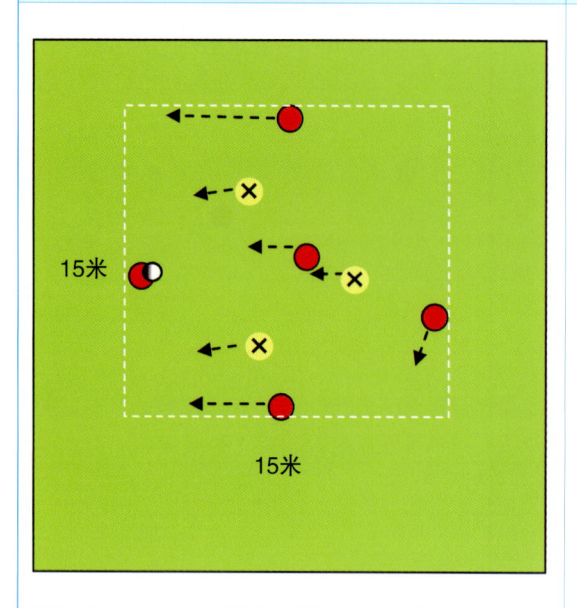

练习三十（接地面、空中球）

练习的组织	练习内容和方法
（场地示意图：10米×20米场地，3米×10米区域，红队用脚内侧推射，黄队防守拦截）	1. 在10米×20米方块场地内，1对1（3米×10米） 2. 🔴 用脚内侧推射穿越对方守卫的端线 3. ❌ 防守队员根据球的线路拦截球 4. 循环练习。 变化 A. 2对2 B. 限制触球次数 C. 改变场地大小，用空中球的方式将球踢到对方控制的区域，如对方未进行有效的拦截，导致球离开其所控制的区域，算踢球方获胜
练习场地 10米×20米的场地	
练习人数 2名队员	
练习器材 数个球、红黄对抗服、标志物	
练习要点 1. 摆脱（改变接应线路，为接球创造空间） 2. 线路（身体突然加速移动到来球的线路上去） 3. 部位（根据来球的情况选择合理的部位接球、地滚球时是用脚背内侧还是外侧或脚底等；接高空球时是用头、用胸还是大腿等） 4. 姿势（侧身，便于转身、观察防守队员和保持身体稳定） 5. 头部稳定	**练习目的** 1. 让队员理解何谓接球（在传球的队员传出球后和球还未触及到接应队员之前这一过程称为接球） 2. 发展队员的速度、灵敏性和协调性 3. 培养队员短、长传球的能力 4. 培养队员的足球兴趣

练习三十一（控球）

练习的组织	练习内容和方法
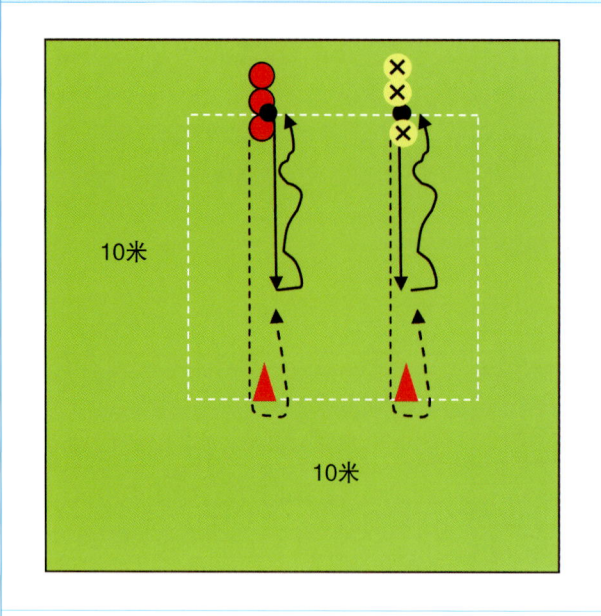 （10米×10米场地示意图）	1. 在10米×10米方块场地内进行控球练习 2. 队员分两组、每组第一名队员全速跑到场地端线标识物处绕回接同组第二名队员的地面传球 3. 用脚底、脚内侧、脚背外侧等部位控球 **变化** A. 传球队员用手抛空中球或反弹球 B. 限制触球次数 C. 改变场地大小 D. 采取接力比赛形式
练习场地 10米×10米的场地	
练习人数 数名队员	
练习器材 数个球、红黄对抗服、标志物	
练习要点 1. 第一次触球质量 如何控球（是选择后撤延缓式、下切式还是迎上去停或是连停带推等） 准（落点判断、步点、动作方法和接球部位准确） 柔（用脚和身体其他部位去主动适应球、轻松、卸力） 顺（地面球顺势变向、空中球顺势下撤、平急球顺势后撤） 压（脚和身体接球瞬间下压形成一定角度，将球尽快接到地面容易控制的地方） 控在哪、控多远（是将球控在原地还是身前、身侧或直接越过对手，控球和身体的距离多远要根据情况而定） 2. 跟随动作 控球要为下一行动做准备，而不是为了控球而控球	**练习目的** 1. 让队员理解何谓控球（球已经触及到接球队员的脚或身体称为控球） 2. 培养队员接地面和空中球的能力 3. 发展队员的速度、灵敏性和协调性 4. 培养队员短、长传球的能力 5. 培养队员的足球兴趣

第五节　少年儿童足球游戏——短传球

练习三十二

练习的组织	练习内容和方法
（场地示意图：10米×10米场地）	1. 在10米×10米场地内进行短传球练习 2. 3~6名队员相距5~8米相互传地滚球 3. 球穿过两标志物，两标志物相距2~5米 4. 传球队员跑到对面 5. 用脚内侧，脚背正面，脚背外侧等部位触球，两只脚都要练习 变化 A. 增加距离 B. 限制触球次数 C. 改变标志物间距
练习场地 10米×10米的场地	
练习人数 3~6名队员	
练习器材 数个球、标志物	
练习要点 1. 准确 2. 助跑方向与出球方向一致 3. 触球时脚内侧要对准目标，踝关节紧张，头部稳定，触球的中部 4. 触球后踢球腿跟随传球的方向一致	**练习目的** 1. 提高队员短传球技术的准确性 2. 发展队员的速度、灵敏性和协调性 3. 培养队员的足球兴趣

练习三十三

练习的组织	练习内容和方法
（10米×10米场地示意图，两名队员相距10米，中间放置标志物）	1. 在10米×10米方块场地内进行短传球练习 2. 2名队员相距10米通过传球击打中间标志物 3. 球击中标志物得1分 4. 看谁先得到5分 5. 用脚内侧、正脚背、脚背外侧等部位触球，两只脚都要练习 **变化** A. 改变距离 B. 原地变为活动状态 C. 颠停球后踢球击打标志物
练习场地 10米×10米的场地	
练习人数 3~6名队员	
练习器材 数个球、标志物	
练习要点 1. 准确 2. 球要击中标志物 3. 触球时脚要对准目标 4. 踝关节紧张 5. 触球的中部	**练习目的** 1. 提高队员短传球技术的准确性 2. 发展队员的柔韧性、灵敏性和协调性 3. 培养队员的足球兴趣

练习三十四

练习的组织	练习内容和方法
(场地示意图：15米 × 10米场地，标有数字3、1、2、0的标志物)	1. 在10米×10米方块场地内进行短传球的练习 2. 球穿越两标志物组成的小门算得3分，击中标志物得2分，球从两个球门中间穿越得1分；出界0分 3. 看谁先得到5分 4. 用脚内侧、正脚背、脚背外侧等部位触球，两只脚都要练习 **变化** A. 改变距离 B. 原地变为活动状态 C. 颠停球后踢球击打标志物
练习场地 10米×15米的场地	
练习人数 数名队员	
练习器材 数个球、标志物	
练习要点 1. 准确 2. 球要穿越小球门 3. 触球时脚要对准目标 4. 踝关节紧张 5. 触球的中部	**练习目的** 1. 提高队员短传球技术的准确性 2. 发展队员的柔韧性、灵敏性和协调性 3. 培养队员的足球兴趣

练习三十五

练习的组织	练习内容和方法
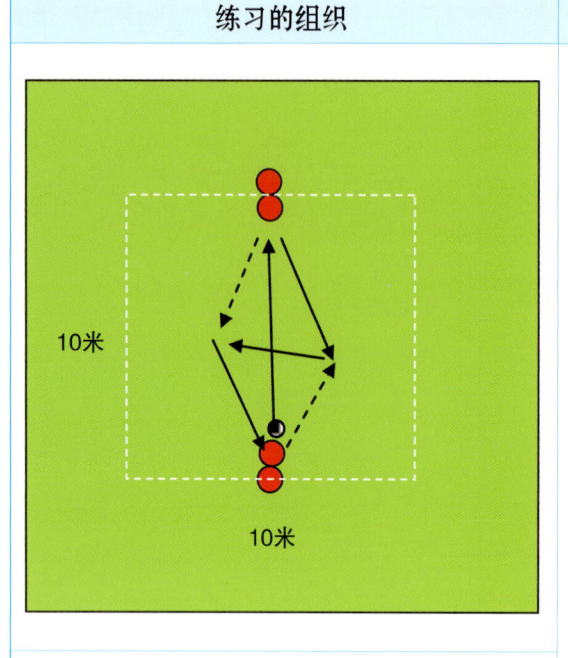 （10米×10米的场地示意图）	1. 在10米×10米方块内，4名队员传球 2. 一次传球到脚下，另一次到空当 3. 可两次触球，两只脚都要练习 4. 用脚内侧、脚背正面、脚背外侧等部位触球 **变化** A. 改变距离 B. 一次触球
练习场地 10米×10米的场地	
练习人数 数名队员	
练习器材 数个球、标志物	
练习要点 1. 准确 2. 球要分别传到同伴脚下和空当 3. 触球时，触球脚的部位要对准目标 4. 踝关节紧张 5. 触球的中部 6. 做墙队员的用远离防守队员的脚传球	**练习目的** 1. 提高队员短传球技术的准确性 2. 发展队员的柔韧性、灵敏性和协调性 3. 培养队员的足球兴趣

练习三十六

练习的组织	练习内容和方法
（20米×20米场地图示）	1. 在20米×20米方块场地内，4名队员踢球 2. 看哪个踢出的球离对面的端线距离最近（不可越过端线） 3. 两只脚都要练习 4. 用脚内侧、脚背正面、脚背外侧等部位触球 **变化** A. 改变距离 B. 用手完成 C. 从原地到活动中完成
练习场地 20米×20米的场地	
练习人数 4~8名队员	
练习器材 数个球、标志物	
练习要点 1. 力度 2. 小腿摆动速度 3. 考虑球的质量 4. 场地的摩擦	**练习目的** 1. 增加队员短传球技术的力度 2. 发展队员的柔韧性、灵敏性和协调性 3. 培养队员的足球兴趣

练习三十七

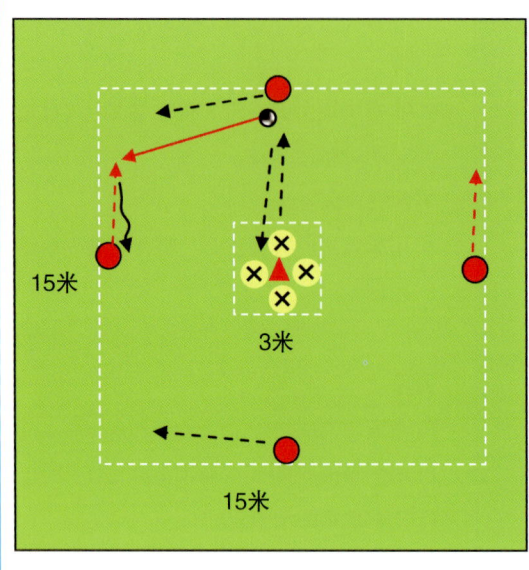

练习的组织	练习内容和方法
（15米×15米的场地示意图，中间3米小方块）	1. 在15米×15米方块场地内传抢 2. 4名 ● 队员分别站在方块每一条线上；✕ 队员4人站在3米的小方块内，每名队员面对一个 ● 队员 3. ● 队员拿球时，正面对的 ✕ 队员开始压迫；● 队员相邻的两同伴接应，持球队员可以给任何一个接应队员，✕ 队员抢断失败后回到中间小方块，另一 ✕ 队员即对持球队员实施压迫 4. 循环进行 **变化** A. 增减防守队员和传球队员之间的距离 B. 用手完成练习
练习场地 15米×15米的场地	
练习人数 8名队员	
练习器材 数个球、标志物、红黄对抗服	
练习要点 1. 时机。防守队员不抢不传；同伴没有接应信号不传 2. 隐蔽。有两个以上选择部位（脚背外侧、脚尖的使用）、方向（明左实右） 3. 接应。到防守队员两侧去接应	**练习目的** 1. 掌握短传球的时机，提高隐蔽性 2. 发展队员的速度、柔韧性、灵敏性和协调性 3. 培养队员的足球兴趣

练习三十八

练习的组织	练习内容和方法
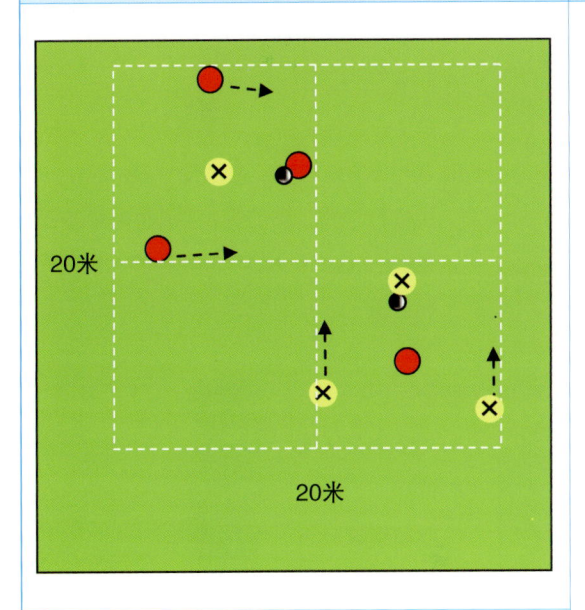 （场地示意图：20米×20米）	1. 在10米×10米两个方块场地内分两组1抢3 2. 抢断3次或30秒后队员换人（✗ 防守队员回到自己所在颜色队伍，替换一名刚才传球 ✗ 的同伴；红队一样） 变化 A. 增减练习区域 B. 用手完成练习

练习场地
20米×20米的场地

练习人数
8名队员

练习器材
数个球、标志物、红黄对抗服

练习要点	练习目的
1. 准确（传球到接应队员的脚，还是空当） 2. 力度（既要穿越防守队员又要便于同伴接球） 3. 时机（对手不抢不传，同伴不接不传） 4. 隐蔽（要有两种以上选择，不要暴露传球意图） 5. 接应（到防守队员两侧去接应）	1. 提高队员短传球技能 2. 发展队员的速度、柔韧性、灵敏性和协调性 3. 培养队员的足球兴趣

练习三十九

练习的组织	练习内容和方法
（场地示意图：10米 × 25米，分为A区、M区、B区，A区和B区各10米，中间M区5米）	1. 将场地分为10米×10米的两个方块，中间相距5米 2. 每个区域传5次后，可转移到另一区域 3. 其中A场地1抢3，M区设一 ✗ 防守队员进行拦截，球传到B区则在该区进行1抢3，A区的 ✗ 防守队员进入M去进行拦截 **变化** A. 增减练习区域 B. 2抢4 C. 限制脚数

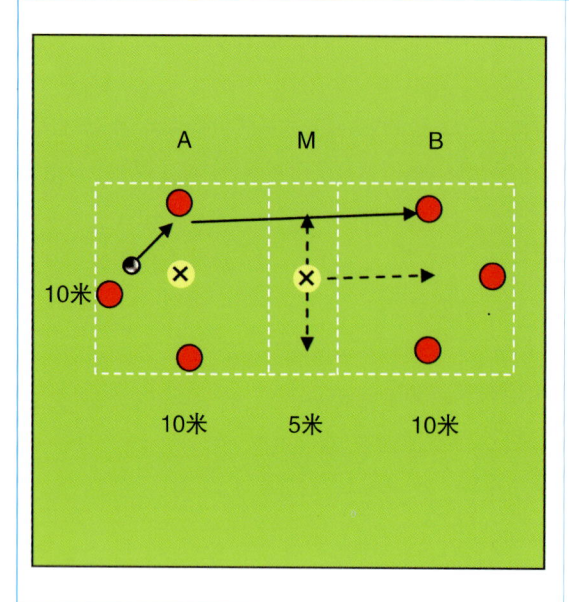

练习场地

10米×25米的场地

练习人数

8名队员

练习器材

数个球、标志物、红黄对抗服

练习要点

1. 准确（传球到接应队员的脚，还是空当）
2. 力度（既要穿越防守队员又要便于同伴接球）
3. 时机（对手不抢不传，同伴不接不传）
4. 隐蔽（要有两种以上选择，不要暴露传球意图）
5. 接应（到防守队员两侧去接应）

练习目的

1. 提高队员的短传球技能
2. 发展队员的速度、柔韧性、灵敏性和协调性
3. 培养队员的足球兴趣

第六节　少年儿童足球游戏——长传球

练习四十

练习的组织	练习内容和方法
练习场地：20米×30米的场地	1. 在20米×30米场地内用一块1米高的挡板将场地分为两半 2. 一 🔴 一 ❌ 组合成一对长传球 3. 球要从挡板上面越过 4. 比赛看谁的球每次都越过挡板又落到对方场区 5. 左右脚都要练习、踢不同形式滚动的球 　向前滚动 　向侧滚动 　向回滚动 变化 A. 增减练习区域 B. 原地或活动中，也可以踢到挡板接回滚的球再长传；或设置回传球队员 C. 没有挡板就用绳子隔开
练习场地 20米×30米的场地	
练习人数 8名队员	
练习器材 4个球、标志物、红黄对抗服、1米高的挡板	
练习要点 1. 角度（斜线助跑，身体同球保持一定角度） 2. 脚的部位（趾骨触球，脚尖外指、脚踝用力） 3. 球的部位（踢球的中下部） 4. 支撑脚（处于球侧后方） 5. 摆腿（大腿带动小腿，触球后随前摆动）	**练习目的** 1. 提高队员的长传球技术 2. 发展队员的速度、柔韧性、灵敏性、协调性和力量等素质 3. 培养队员的足球兴趣

练习四十一

练习的组织	练习内容和方法
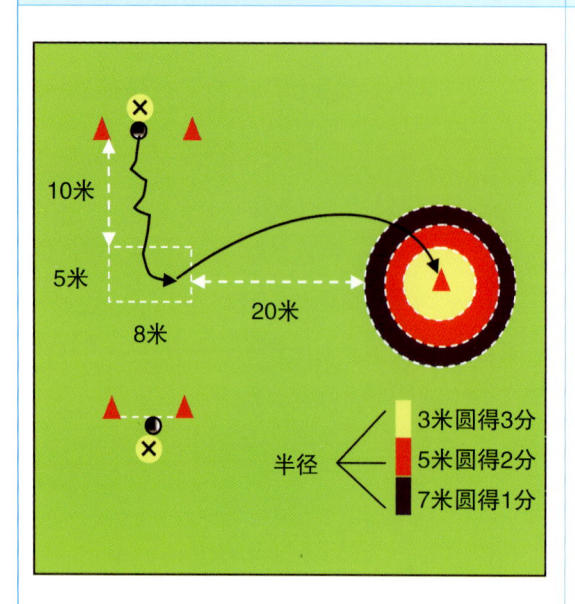 10米 5米 8米 20米 半径 ← 3米圆得3分 / 5米圆得2分 / 7米圆得1分	1. 队员距离圆圈20米处长传 2. 看球落在哪个圆圈之中 3. 落在不同的颜色圆圈中获得不同的分值 4. 左右脚都要练习、踢不同形式滚动的球 　　向前滚动 　　向侧滚动 　　向回滚动 **变化** A. 增减练习的距离 B. 原地或活动中，可设置挡板踢向回滚动的球 C. 一人连续踢多球
练习场地 30米×30米的场地，设置3个半径为3、5、7米的同心圆	
练习人数 数名队员	
练习器材 数个球、标志物	
练习要点 1. 角度（斜线助跑，身体同球保持一定角度） 2. 脚的部位（趾骨触球，脚尖外指、脚踝用力） 3. 球的部位（踢球的中下部） 4. 支撑脚（处于球侧后方） 5. 摆腿（大腿带动小腿，触球后随前摆动）	**练习目的** 1. 提高队员的长传球技术 2. 发展队员的速度、柔韧性、灵敏性、协调性和力量等素质 3. 培养队员的足球兴趣

练习四十二

练习的组织	练习内容和方法
(场地示意图：40米 × 20米)	1. 1对1。队员 ● 传球给指导员，接教练员回传球后吊射，✕ 回追防守球门 2. 球必须越过对手的头进球门才有效 3. 看谁先进3个球 4. 左右脚都要练习，踢不同形式滚动的球 　　向前滚动 　　向侧滚动 　　向回滚动 5. 轮换练习 **变化** A. 增减练习的距离 B. 将中间回传球的指导员换成进攻队员 C. 改变练习角度
练习场地 20米×40米的场地	
练习人数 数名队员	
练习器材 数个球、标志物	
练习要点 1. 角度（斜线助跑，身体同球保持一定角度） 2. 脚的部位（趾骨触球，脚尖外指、脚踝用力） 3. 球的部位（踢球的中下部） 4. 支撑脚（处于球侧后方） 5. 摆腿（大腿带动小腿，触球后随前摆动）	**练习目的** 1. 提高队员的长传球技术 2. 发展队员的速度、柔韧性、灵敏性、协调性和力量等素质 3. 培养队员的足球兴趣

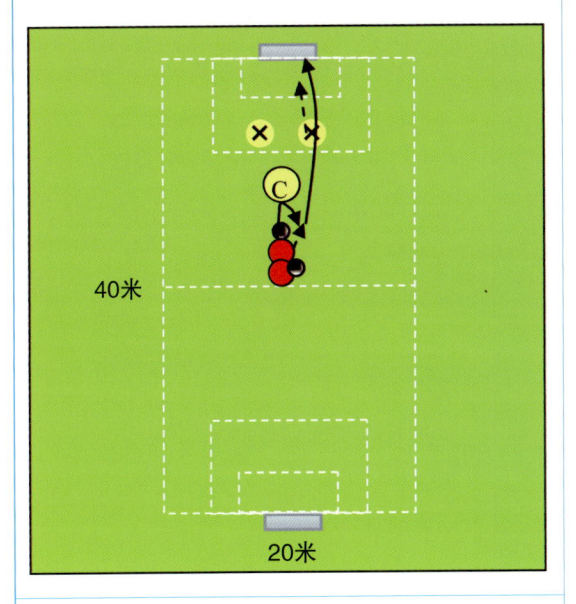

练习四十三

练习的组织	练习内容和方法
（场地示意图：15米×15米×15米的分区场地，红、黄、蓝三队分布于不同区域）	1. 队员分成红、黄、蓝3队，每队3人 2. 在一块场地进行1抢3练习，传球3次后长传到另外场区，中间队员拦截 3. 在另外场区，重新形成1抢3局面 4. 抢到3次后，防守方和其中一颜色队伍互换角色 5. 循环练习 **变化** A. 增减练习的区域 B. 增加攻防人数 C. 限制触球次数
练习场地 15米×35米的场地	
练习人数 9名队员	
练习器材 1个球、标志物	
练习要点 1. 创造长传条件 　• 创造和利用空间（跑到选好的传球位置） 　• 第一次触球质量（将球传、控到空当） 　• 观察（抬头看准目标） 2. 长传球的所有技术要点	**练习目的** 1. 培养队员的长传球技能 2. 发展队员的速度、柔韧性、灵敏性、协调性和力量等素质 3. 培养队员的足球兴趣

第七节　少年儿童足球游戏——射门

练习四十四

练习的组织	练习内容和方法
（图示：20米×30米场地，两队队员在中线站队，推球后向四个球门射门）	1. ●✖ 队员分成两队 2. 每人一球，在中线站队 3. 推出球后射门 4. 左右脚都要练习 变化 A. 增减练习的距离 B. 做假动作后射门 C. 接同伴传球后射门
练习场地 20米×30米的场地	
练习人数 数名队员加守门员	
练习器材 数个球、3米球门4个（或用标志物做门，部分队员在门后捡球）、红黄两色对抗服数件	
练习要点 1. 观察（保持抬头姿势，射门前观察好球门和守门员位置） 2. 准确（可先用脚内侧推射，逐步过渡到用脚背正面射门） 3. 射低球（踢球的中部、用脚背击球、低头、上身屈体） 4. 力度（大腿带动小腿，小腿摆动快，触球后随前摆动） 5. 补射（射门队员跟进补射） 6. 重复性（每人练习不少于50次）	**练习目的** 1. 提高队员的射门技术 2. 发展队员的速度、柔韧性、灵敏性、协调性和力量等素质 3. 培养队员的足球兴趣

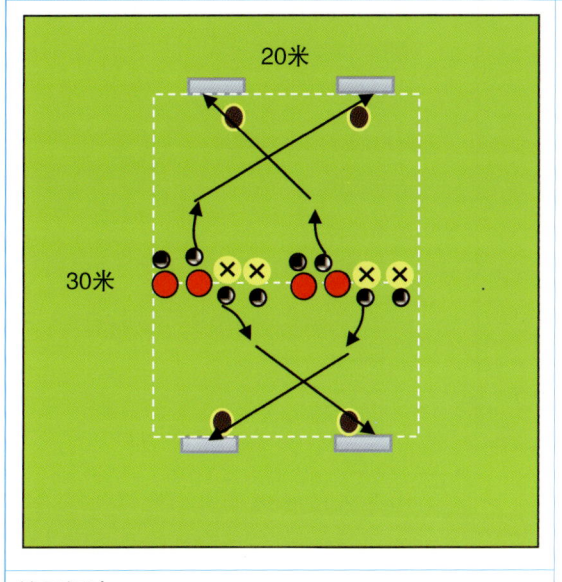

练习四十五

练习的组织	练习内容和方法
![场地图 30米×20米]	1. ● ✕ 队员分成两队，分别站在球门两侧 2. ● 为绕过标志物后射门、✕ 为绕过标志物后传球到端线队员并接该队员回传球射门 3. 踢不同方向滚动的球 　　向前滚动 　　向侧滚动 　　向回滚动 4. 左边练习后换到右边 5. 两块场地可同时进行 **变化** A. 增减练习的距离 B. 做不同带球的动作后射门 C. 接同伴回传球后射门
练习场地 30米×20米的场地	
练习人数 数名队员加守门员	
练习器材 数个球、3米球门2个（或用标志物做门，部分队员在门后捡球）	
练习要点 1. 观察（保持抬头姿势，射门前观察好球门和守门员位置） 2. 准确（可先用脚内侧推射，逐步过渡到脚背正面射门） 3. 射低球（踢球的中部、用脚背击球、低头、上身屈体） 4. 力度（大腿带动小腿、小腿摆动快，触球后随前摆动） 5. 补射（射门队员跟进补射） 6. 重复性（每人练习不少于50次）	**练习目的** 1. 提高队员不同滚动方向来球的射门技术 2. 发展队员的速度、柔韧性、灵敏性、协调性和力量等素质 3. 培养队员的足球兴趣

练习四十六

练习的组织	练习内容和方法
（30米×20米场地示意图，标注20米、30米）	1. 队员分成两队，一红一黄(黄队在另外半场) 2. 每人一球，在中线站队 3. 一队员运球接近标志物后传向标志物前，人则从标志物后跑过去，追上球射门，射门后再跟另一同伴做墙式配合，另一队员射门 4. 踢不同方向滚动的球 　向前滚动 　向侧滚动 　向回滚动 5. 左边练习后换到右边，两块场地可同时进行
练习场地 30米×20米的场地	**变化** A. 增减练习的距离 B. 做不同运球的动作接传球后射门 C. 射反弹球或凌空球
练习人数 数名队员加守门员	
练习器材 数个球、3米球门2个（或用标志物做门，部分队员在门后捡球）	
练习要点 1. 观察（保持抬头姿势，射门前观察好球门和守门员位置） 2. 准确（可先用脚弓推射，逐步用脚背内侧和脚背正面射门） 3. 射低球（踢球的中部、用脚背击球、低头、上身屈体） 4. 力度（大腿带动小腿，小腿摆动快，触球后随前摆动） 5. 补射（射门队员跟进补射） 6. 重复性（每人练习不少于50次）	**练习目的** 1. 提高队员运球射门和接传球后射门的技术 2. 发展队员的速度、柔韧性、灵敏性、协调性和力量等素质 3. 培养队员的足球兴趣

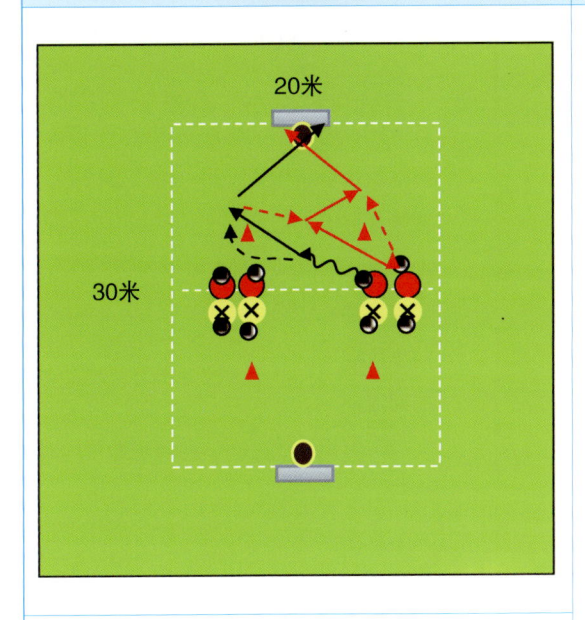

练习四十七

练习的组织	练习内容和方法
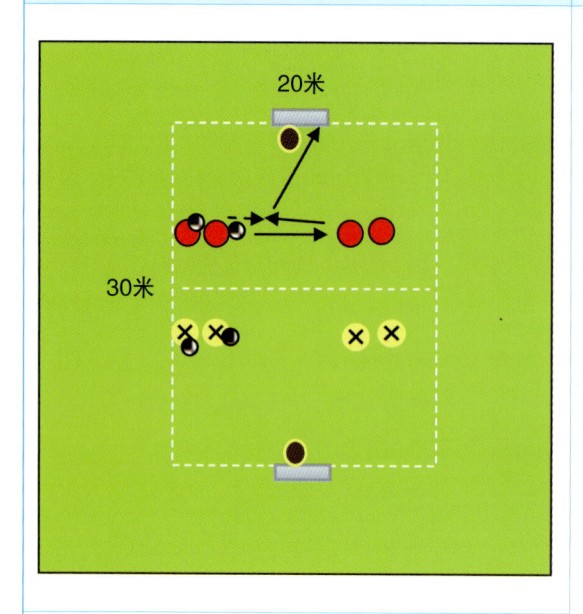 （30米×20米场地示意图）	1. 队员分成两队，一红一黄(黄队在另外半场) 2. 红队队员距离5～8米面向站立，一队员传球给另一组同伴，另一组队员回传，该队员迎上去射门 3. 踢不同方向滚动的球 　向前滚动 　向侧滚动 　向回滚动 4. 左边练习后换到右边，两块场地可同时进行 **变化** A. 增减练习的距离 B. 迎上去不直接射门而是引球转身后射门
练习场地 30米×20米的场地 **练习人数** 数名队员加守门员 **练习器材** 数个球、3米球门2个（或用标志物做门，部分队员在门后捡球）	
练习要点 1. 观察（保持抬头姿势，射门前观察好球门和守门员位置） 2. 准确（可先用脚弓推射，逐步用内脚背和脚背正面射门，触球前最后一步支撑脚稍微在球前） 3. 射远角（踢球的中外部，用脚背内侧击球） 4. 力度（大腿带动小腿，小腿摆动快，触球后随前摆动） 5. 补射（射门队员跟进补射） 6. 重复性（每人练习不少于50次）	**练习目的** 1. 提高队员面对横向来球的射门技术 2. 发展队员的速度、柔韧性、灵敏性、协调性和力量等素质 3. 培养队员的足球兴趣

练习四十八

练习的组织	练习内容和方法
（见图）	1. 队员分成两队 4 ● 8 ✗ 2. ✗ 队在10米方块内4人每人一球，面对各自的 ● 队员把守的球门站队 3. ✗ 队员射门，● 队员守门 4. 如果球进门则由30米处的 ✗ 队员继续射门，● 队员转过身来守门 5. 练习3分钟后里面的4 ✗ 同4 ● 换位 **变化** A. 增减练习的距离 B. 外围的队员不要调整直接射门 C. 射门从静止到活动中完成

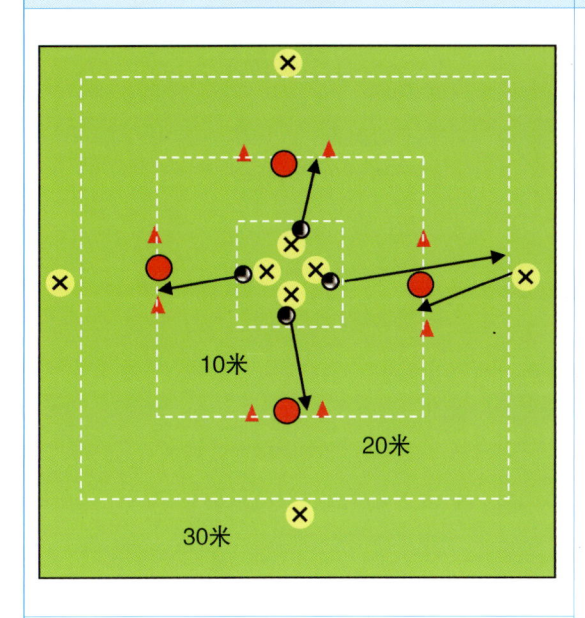

练习场地
边长为30米、20米、10米的方块场地3个

练习人数
12名队员

练习器材
数个球、3米球门4个（或用标志物做门，4队员在门后捡球）

练习要点
1. 准确（射准门框）
2. 角度（远角）
3. 力度（球要有穿透力）
4. 守门员转身要快
5. 重复性（每人练习不少于50次）

练习目的
1. 在缺少球门等设备的情况下采取的射门练习方法
2. 发展队员的速度、柔韧性、灵敏性、协调性和力量等素质
3. 培养队员的足球兴趣

练习四十九

练习的组织	练习内容和方法
（场地示意图：30米×20米场地，标注20米宽度，红黄队员位置及传球路线）	1. 队员分成两队，一红一黄（黄队在另外半场） 2. 左右边路各一人运球3~5米后倒三角传球，中间两人包抄射门 3. 射近门柱 4. 左边练习后换到右边 5. 两块场地同时进行 **变化** A. 边路队员接中路同伴传球后下底传中 B. 迎上去不直接射门而是引球转身后射门 C. 也可练习后点射门
练习场地 30米×20米的场地	
练习人数 数名队员	
练习器材 数个球、3米球门2个（或用标志物做门，部分队员在门后捡球）、红黄对抗服	
练习要点 1. 准确（接左边的球用左脚推射，反之亦然） 2. 角度（近角） 3. 时机（当传中队员抬头观察时，包抄队员开始抢点） 4. 力度（身体冲球去，触球前有个加速） 5. 补射（进攻队员射门后补射） 6. 重复性（每人练习不少于50次）	**练习目的** 1. 发展队员接边路传球后包抄射门技术 2. 发展队员的速度、柔韧性、灵敏性、协调性和力量等素质 3. 培养队员的足球兴趣

练习五十

练习的组织	练习内容和方法
（场地图示：30米×12米场地，分为A区12米、B区6米、C区12米三部分）	1. 将场地分成A、B、C3个区域。在A、C区域里形成3对1；B区将A、C区域隔开 2. A区先开始。●队传到3次后创造射门的条件将球穿越B区打到C区 3. 球如果穿越C区端线就算得分，球不可以超过C区队员腰部高度，A区红方射门C区红色队员要补射（反之亦然） 4. C区 ✖ 方队的队员拦截A区射过来的球后重新开始在C区形成3对1，传控到3次后将球射到A区并穿越其端线，循环练习 **变化** A. 增减练习的距离 B. 2对4 C. 队员不断轮转 D. 在B区设置一个守门员
练习场地 30米×12米的场地	
练习人数 8名队员	
练习器材 数个球、标志物数个，红黄对抗服各4件	
练习要点 1. 创造射门机会 　创造空间 　运用远离防守队员的脚射门 2. 准、力度、低、补射 　穿越对手镇守的12米端线 　击球的中上部 　攻方队员要随时准备补射 3. 重复性（每人练习不少于50次）	**练习目的** 1. 发展队员的远射技能 2. 发展队员的控球技术 3. 发展队员的速度、灵敏性、协调性和力量等素质 4. 培养队员的足球兴趣

练习五十一

练习的组织	练习内容和方法
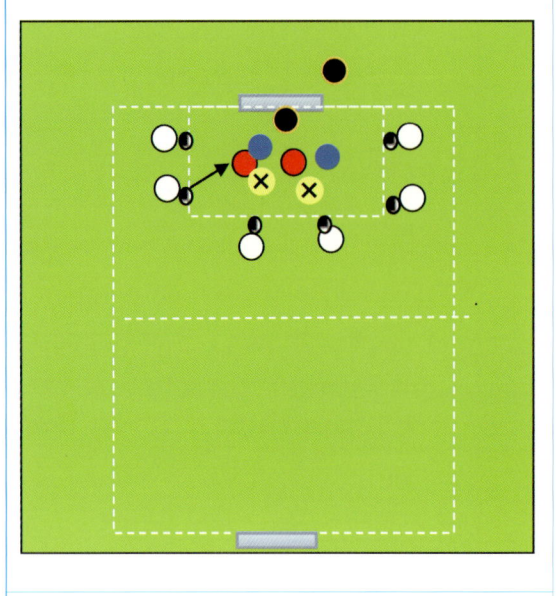 （场地示意图）	1. 队员分成4队(6名队员在罚球区线上) 2. 白队队员分成1、2、3、4、5、6号，每人持一球 3. 听口令白队向场内供球 4. 里面三队任何一方进一球算得一分，看哪队先得3分 5. 2分钟一节，白队6队员重新组成三队开始比赛，并更换守门员 **变化** A. 限制触球次数 B. 增减练习场地
练习场地 标准足球场罚球区范围	
练习人数 12名队员，1~2名守门员	
练习器材 数个球、11人制标准球门1个、红黄蓝白4色对抗服	

练习要点
1. 巧妙
   在准确的基础上要体现巧妙
2. 隐蔽
   用各种部位出其不意
3. 快速
   不加调整，快速完成射门或补射
4. 练习强度
   时间短，强度大，注意间歇
	练习目的
	1. 发展队员在狭小空间里快速射门技能
	2. 发展队员的速度、灵敏性和协调性等素质
	3. 培养队员的足球兴趣

第八节　协调性、灵活性、移动技术

练习五十二

练习的组织	练习内容和方法
（图示：15米 × 12米场地，队员分三组绕标志物进行）	1. 如图所示，队员分别站在标志物两边 2. 各种方式绕障碍接力比赛 3. 看哪组先完成 变化 A. 不结合球的练习 B. 人数可以增加 C. 规定动作 D. 可先用手完成（抱球、滚球、拍球等） E. 也可手上抱一球，同时脚下运一球绕杆
练习场地　12米×15米的场地	
练习人数　数名队员	
练习器材　数个球、标志物数个、红黄对抗服	
练习要点 1. 控制身体（不得碰标志物） 2. 力度（触球控制好力度） 3. 多样的练习形式（改变练习形式，不断刺激大脑） 4. 练习时间（课的前部分不超过15分钟）	**练习目的** 1. 发展队员无球和有球的技术 2. 发展队员的协调性、速度、柔韧性、灵敏性等素质 3. 培养队员的基础协调和专项协调能力 4. 培养队员的足球兴趣

练习五十三

练习的组织	练习内容和方法
![场地示意图：3米×12米的场地] 12米，3米	1. 队员分成两队（一红一黄） 2. 每人一球，2人一对，面对站立 3. 一个用手抛球给同伴，另一个队员用脚弓传球给同伴，同时进行 变化 A. 增减练习的距离 B. 用不同部位（头、脚背外侧等） C. 反弹球
练习场地 3米×12米的场地	
练习人数 8名队员	
练习器材 数个球、标志物数个，红黄对抗服各4件	

练习要点
1. 控制身体
  • 手脚并用
  • 左右侧并用
  • 高低球并用
2. 不断改变练习形式
  改变运动形式，不断刺激大脑
	练习目的
	1. 发展队员结合球时一心多用的思维和行为能力
	2. 发展队员的协调性、速度、柔韧性、灵敏性等素质
	3. 培养队员结合球的专项协调能力
	4. 培养队员的足球兴趣

练习五十四

练习的组织	练习内容和方法
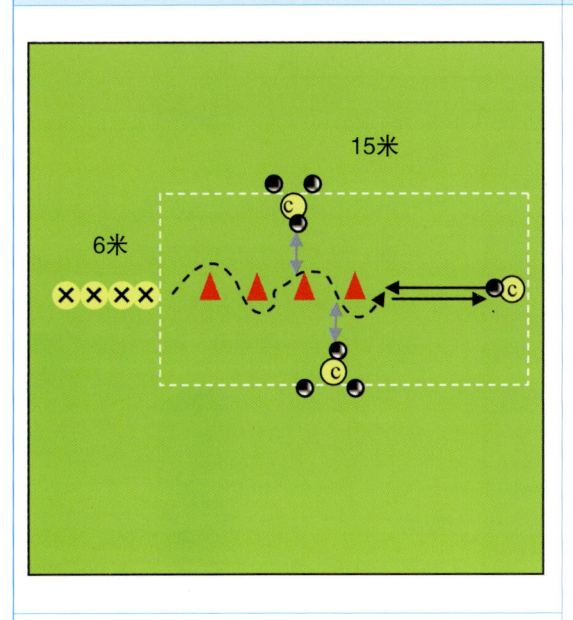 （6米×15米场地示意图）	1. 队员站成一队 2. 场地有4个相距1米左右的标志物 3. 标志物左右前各有一供球人 4. 队员依次绕过标志物用手接左右抛过的球，并回传给供球人。绕完杆后用脚回传前方传过的球 **变化** A. 增减练习的距离 B. 用不同部位（头、脚背外侧等）回传 C. 应对反弹球和空中球 D. 边路供球队员不断移动改变供球点

练习场地	
6米×15米的场地	

练习人数	
数名队员加3名指导员	

练习器材	
数个球、标志物4个，红黄对抗服数件	

练习要点	练习目的
1. 控制身体 　• 无球和有球并用 　• 手脚并用 　• 左右侧并用 　• 高低球并用 2. 不断改变练习形式 　改变移动形式，和用不同部位应对不同的来球，以此来不断刺激大脑支配人体肢体行为的能力	1. 发展队员不结合和结合球交替练习时一脑多用的思维和行为能力 2. 发展队员的协调性、速度、柔韧性、灵敏性等素质 3. 培养队员的不结合球和结合球的基础和专项协调能力 4. 培养队员的足球兴趣

第九节　绳梯使用方法

练习五十五

练习的组织	练习内容和方法
	**滑步前行** 1. 开始状态为双腿开立站在第一个格子的一侧，双手打开成防守姿势 2. 左脚跳入第一个格子内 3. 左脚滑出第一格到另一侧，右脚滑入第一格 4. 动作同1，但在绳梯另一侧 **变化** 指导员给出一定的节奏变换信号，运动员做出相应的步频调整。可以锻炼灵敏、神经肌肉的控制、协调能力 **具体练习方法建议看视频教学**
练习场地 5米×12米的场地	
练习人数 数名队员	
练习器材 绳梯	
练习要点 1. 照规格练习，否则训练效果大打折扣 2. 每个练习动作视为一组，每组练习次数依训练实际而定。一般安排5~8次 3. 组与组之间休息不能少于2分钟，除非训练时间很短。如果休息时间很短，会影响接下来的训练效果 4. 练习安排在精力充沛时（课的前部分） 5. 绳梯格子数量少利于发展速度；反之则利于发展协调性	**练习目的** 1. 主要训练部位。大腿内、外侧肌群 2. 训练功效。训练腿部的力量和控制能力变化 3. 绳梯灵敏练习的主要作用就是发展脚步位移速度和身体感知能力。运动员可以通过变换运动的节奏、频率和方向来改变动作难度，从而针对性地提高速度、灵敏、协调素质。另外绳梯也可应用于力量以及无氧耐力素质的训练中。在进行专项训练前，可用绳梯训练的形式进行热身练习

第十节 守门员技术

练习五十六

练习的组织	练习内容和方法
（场地示意图：10米×20米场地，球门5米）	1. 准备姿势（重心和手的位置） 2. 接地滚球（勺、铲子状） 3. 接下手球（杯状） 4. 接上手球（W状） **变化** A. 原地或移动接球 B. 用不同部位射门（手或脚等） C. 反弹球
练习场地 10米×20米的场地（球门为5米）	
练习人数 3名队员、2名守门员、1名供球人	
练习器材 数个球、标志物	
练习要点 1. 准备姿势 • 双脚分开，与肩同宽 • 脚前掌着地，角跟略微抬起 • 膝关节微屈、身体略微前倾、双手自然下垂 2. 手型 • 十指打开 • 十指同时触球 3. 随前（接球后身体向前蹬出半步） 4. 移动（身体到来球的落点和线路上去）	**练习目的** 1. 培养守门员应对不同来球的能力 2. 发展守门员的协调性、速度、柔韧性、灵敏性等素质 3. 培养队员的足球兴趣

练习五十七

练习的组织	练习内容和方法
（10米×20米场地示意图，标注5米、20米、10米）	1. 抛地滚球：两脚前后开立，两膝弯曲，单手持球，重心在后脚上，出球在身前，贴地，手随球滚动的方向送出
	2. 单手肩上掷球：两脚前后开立，两膝弯曲，单手持球，屈臂于肩上。持球手臂后引，同时身体随之侧转，重心移到后脚上。后脚向后蹬地，用转体和挥臂、甩腕的力量将球掷向预定的目标
	3. 侧身勾手掷球：两脚前后开立，身体侧对出球方向，单手持球后引，臂微屈，同时重心移到后脚上。后脚用力向后蹬地，同时转体，重心由后脚移向前脚。当持球手臂由后经体侧沿弧线摆至肩上时，手指和手腕用力将球掷向预定的目标
练习场地	**变化**
10米×20米的场地	A. 保龄球练习
练习人数	B. 用不同部位射门（手或脚等）
3名队员、2名守门员、1名供球人	C. 反弹球
练习器材	
数个球、标志物	
练习要点	**练习目的**
1. 方向 • 对着目标 2. 手的摆动 • 上臂带动前臂 3. 出球时间 • 持球跟身体重心水平的时候 4. 准确 • 抛脚下 • 抛空当	1. 提高守门员手发球的技术 2. 发展守门员的协调性、速度、柔韧性、灵敏性等素质 3. 培养队员的足球兴趣

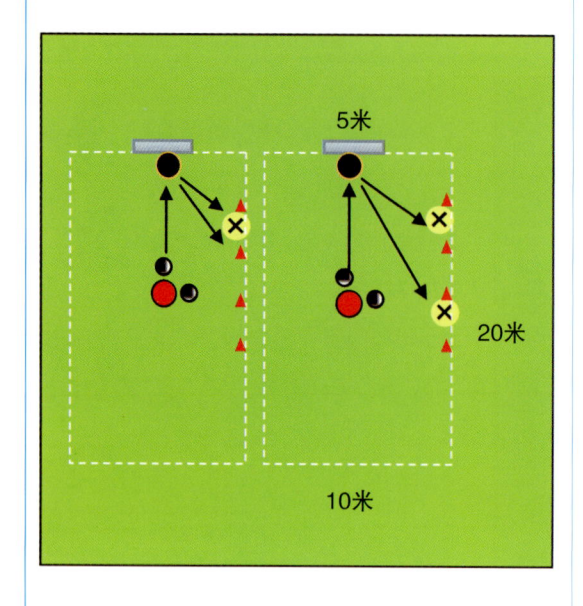

第十一节　4对4、5对5比赛

练习五十八·一

练习的组织	练习内容和方法
（场地示意图：20米×40米）	1. 无守门员 　4对4（男孩和女孩）踢两门比赛允许4名替补。他们可以随时参与到比赛当中。被替换的队员可以再次参与到比赛当中。 2. 规则 　• 所有任意球都是直接任意球 　• 没有越位 　• 罚球区内防守方有严重的犯规行为，判罚进攻方球点球。球点球：可设一守门员；任意球、角球对方队员要离开3米；场地大小与比赛队员数量及能力相匹配
练习场地 20米×40米的场地	
练习人数 8名队员	**变化** A. 有守门员；场上队员3对3 B. 听到哨声后改变攻门的方向
练习器材 数个球、标志物、2个活动小门（门距3米）、红黄对抗服	
练习要点 1. 技战术 　• 敢于运球 　• 寻求协助 　• 丢球防守 　• 进攻拉开、防守靠拢 2. 体能 　• 时间以人数为标准，4分钟一节，间歇3～4分钟 3. 心理 　• 勇敢争胜，相互鼓励，尊重对手 4. 参与 　在足球节活动中，所有男、女队员都应该得到同等的活动时间	**练习目的** 1. 培养队员的综合运用足球基本技术的能力 2. 发展队员的协调性、速度、柔韧性、灵敏性等素质 3. 培养队员的团队协作、平等竞争、遵守规则、勇于争胜等优良品质 4. 培养队员掌握基本的足球攻守战术 5. 培养队员的足球兴趣

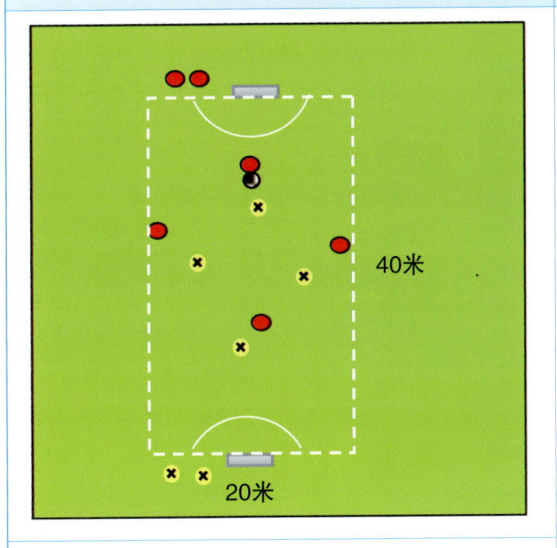

练习五十八·二

练习的组织	练习内容和方法
（场地示意图：20米×40米场地，两端各设3米宽小门，场上红黄队员对抗）	1. 无守门员 4对4（男孩和女孩）踢两球门比赛，允许4名替补队员。他们可以随时参与到比赛当中。被替换的队员可以再次参与到比赛当中 2. 规则 • 所有任意球都是直接任意球 • 没有越位 • 罚球区内防守方有严重的犯规行为，判罚进攻方球点球。球点球：可设一守门员；任意球、角球对方队员要离开3米；场地大小与比赛队员数量及能力相匹配
练习场地 20米×40米的场地	**变化**
练习人数 8名队员	A. 有守门员；场上队员3对3 B. 听到哨声后改变攻门的方向
练习器材 数个球、标志物、2个活动小门（门距3米）、红黄对抗服	
练习要点 1. 阵型（进攻1-2-1、防守2-1-1） 2. 技战术（敢于运球、寻求协助、位置轮转、丢球即抢、快速对球施压） 3. 体能（时间以人数为标准，4分钟一节，间歇3～4分钟） 4. 心理（勇敢争胜、相互鼓励、尊重对手） 5. 参与（在足球节活动中，所有男、女队员都应该得到同等的活动时间）	**练习目的** 1. 培养队员综合运用足球基本技术的能力 2. 发展队员的协调性、速度、柔韧性、灵敏性等素质 3. 培养队员的团队协作、平等竞争、遵守规则、勇于争胜等优良品质 4. 培养队员掌握基本的足球战术、阵型和简单的配合 5. 培养队员的足球兴趣

练习五十八·三

练习的组织	练习内容和方法
（场地示意图：3米、40米、20米）	1. 从20米×40米到25米×35米；2个活动球门中间距离3米 2. 规则 • 所有任意球都是直接任意球 • 没有越位 • 罚球区内防守方有严重的犯规行为，判罚进攻方球点球。球点球：可设一守门员；任意球、角球对方队员要离开3米；场地大小与比赛队员数量及能力相匹配 变化 A. 没有守门员：场上队员5对5 B. 听到哨声后改变攻门的方向
练习场地 20米×40米的场地	
练习人数 8名队员加2名守门员	
练习器材 数个球、标志物、2个活动小门（门距3米）、红黄对抗服	
练习要点 1. 阵型（进攻1-1-2-1，防守1-2-1-1）守门员参与防守和进攻组织 2. 技战术（敢于运球、寻求协助、位置轮转、丢球即抢、快速对球施压） 3. 体能（时间以人数为标准，4分钟一节，间歇3～4分钟） 4. 心理（勇敢争胜，相互鼓励，尊重对手） 5. 参与（在足球节活动中，所有男、女队员都应该得到同等的活动时间）	**练习目的** 1. 培养队员综合运用足球基本技术的能力 2. 发展队员的协调性、速度、柔韧性、灵敏性等素质 3. 培养队员的团队协作、平等竞争、遵守规则、勇于争胜等优良品质 4. 培养队员掌握基本的足球战术、阵型和简单的配合 5. 培养队员的足球兴趣

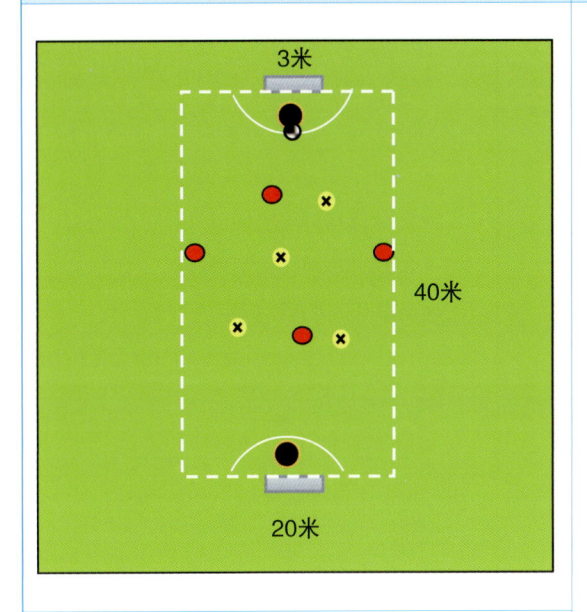

练习五十九

练习的组织	练习内容和方法
（场地示意图：20米×30米场地，4个小门，门距3米）	1. 场地从20米×30米到25米×35米；4个球门，球门中间距离3米 2. 规则 • 双方守本方两球门，攻对方两球门 • 传球过小门算得1分 • 控球方传递10次算得1分 • 哪队先得5分算获胜 **变化** A. 每个门安排1名守门员 B. 如果脚无法完成可以用手抛球的方式完成
练习场地 20米×30米的场地	
练习人数 8名队员	
练习器材 数个球、标志物、4个活动小门（门距3米）、红黄对抗服	
练习要点 1. 拉开（有一名攻方队员拉到远端准备接转移球） 2. 方向（坚决打局部攻击对手一侧球门，待到对手重点防守该侧球门，而攻方进攻受阻时，准备转移到异侧实施攻击） 3. 参与（在足球节活动中，所有男、女队员都应该得到同等的活动时间）	**练习目的** 1. 培养队员踢长传球的能力 2. 发展队员的协调性、速度、柔韧性、灵敏性等素质 3. 培养队员团队协作、平等竞争、遵守规则、勇于争胜等优良品质 4. 培养队员掌握基本的足球战术——转移战术 5. 培养队员的足球兴趣

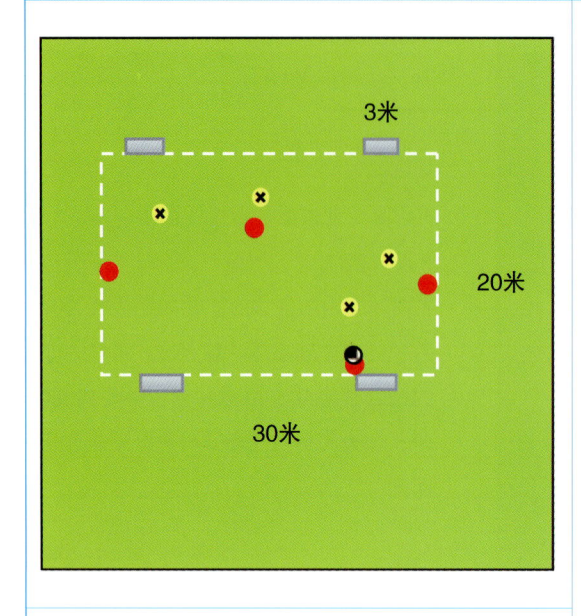

练习六十·一

练习的组织	练习内容和方法
（场地图：20米×40米场地，3米球门设置） **练习场地** 20米×40米的场地 **练习人数** 8名队员 **练习器材** 数个球、标志物、4个活动小门（门距3米）、红黄对抗服 **练习要点** 1. 控球（🔴方运用各种方式控球进攻创造射门机会得分） 2. 反击（❌方断到球快速完成反击进攻） 3. 参与（在足球节活动中，所有男、女队员都应该得到同等的活动时间）	1. 在20米×40米场地里如图设置3个球门，球门中间距离3米 2. 无守门员4对4比赛 3. 规则 · 一球门对两球门比赛 · ❌方必须在本方半场进行防守，且断球后10秒之内完成进攻（射门） 4. 练习4分钟后间歇3~4分钟，攻防双方互换方向 **变化** A. 每个球门安排一名守门员 B. 正常比赛，不附加规则限制 **练习目的** 1. 培养队员由守转攻的能力 2. 发展队员的协调性、速度、柔韧性、灵敏性等素质 3. 培养队员团队协作、平等竞争、遵守规则、勇于争胜等优良品质 4. 培养队员掌握基本的足球战术。反击战术 5. 培养队员的足球兴趣

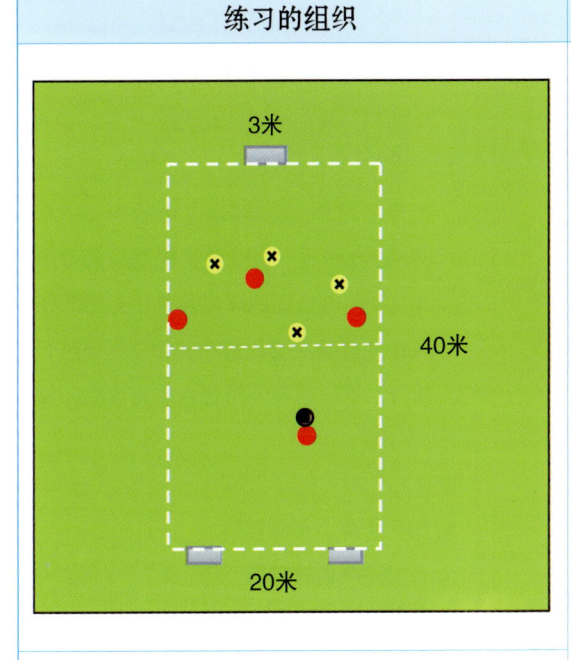

练习六十·二

练习的组织	练习内容和方法
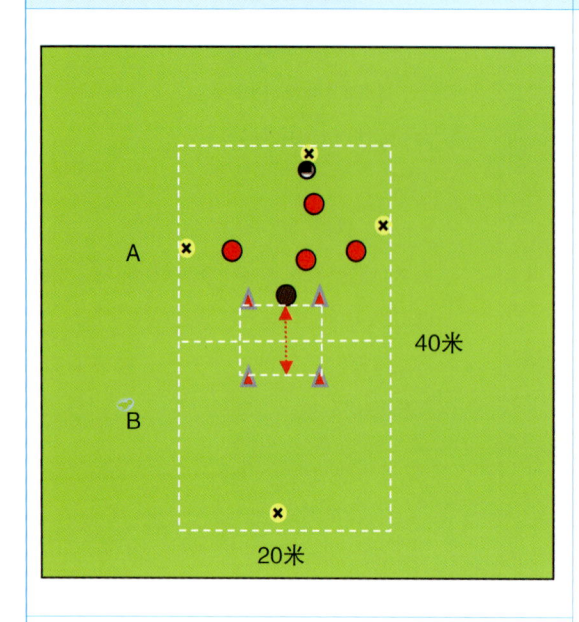 (场地示意图：20米×40米场地，中央设置相背对的两个球门，标注A区和B区，40米为长边，20米为短边)	1. 在20米×40米场地中央用标志物设置2个球门，球门中间距离3米 2. 规则 　控球方可在A或B区攻击场地中央的相背对的球门，1名守门员根据球的变化决定是守护A区的球门还是B区的球门，队员根据球的变化移动到相应区域进行攻守；防守队员不得进入中间黄色区域 **变化** A. 用手传球，头球攻门 B. 可安排两名守门员
练习场地 20米×40米的场地	
练习人数 9名队员	
练习器材 数个球、标志物、2个活动小门（门距3米）、红黄对抗服	
练习要点 1. 控球。控球方运用各种方式控球创造射门机会 2. 转移。从A区转移到B区完成射门 3. 移动。所有队员根据球的变化，移动到相应区域攻防的位置上去 4. 延缓。守方要对攻方转移后的持球队员在第一时间进行封堵、延缓	**练习目的** 1. 培养队员整体移动防守和转移进攻的能力 2. 发展队员的协调性、速度、柔韧性、灵敏性等素质 3. 培养队员团队协作、平等竞争、遵守规则、勇于争胜等优良品质 4. 培养队员的足球兴趣

练习六十·三

练习的组织	练习内容和方法
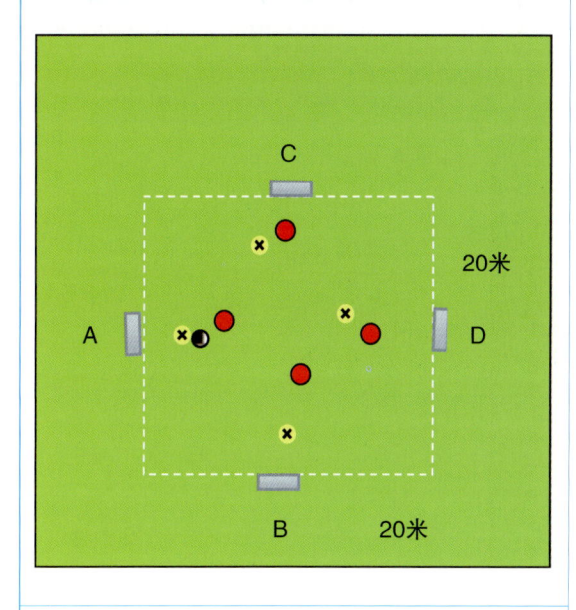 (场地图示：20米×20米场地，A、B、C、D 四个球门)	1. 在20米×20米场地里进行4对4，每队攻击2球门守2球门，用标志物或旗杆设置，球门中间距离3米 2. 规则 一队守A、B球门攻C、D球门；另一队攻A、B球门守C、D球门 **变化** A. 用手传球，头球攻门 B. 可安排4名守门员
练习场地 20米×20米的场地	
练习人数 8名队员	
练习器材 数个球、标志物、2个活动小门（门距3米）、红黄对抗服	
练习要点 1. 方向。利用运球改变进攻方向 2. 速度。改变速度，突破对手防守 3. 拉开。无球队员拉开，破坏对手防守保护	**练习目的** 1. 培养队员运球的能力 2. 发展队员的协调性、速度、柔韧性、灵敏性等素质 3. 培养队员团队协作、平等竞争、遵守规则、勇于争胜等优良品质 4. 培养队员的足球兴趣

第十二节　足球训练授课方法实例

练习六十一

练习的组织	练习内容和方法
（10米×10米场地示意图）	**全面教学法** ● 指导员做示范学生模仿运球、踢球、防守站位等待 ● 所有学生按指导员要求同时练习相同的内容
练习场地 10米×10米的场地	
练习人数 数名队员	
练习器材 数个球、标志物	
练习要点 1. 全面性。全面练习各种技术 2. 重复性。强调练习的次数 3. 统一性。所有队员练习相同的内容	**练习目的** 1. 提高队员的基本技术及身体素质 2. 设备充足、练习时间短、人数多、用于重复练习时多采用此教学法 3. 说明：优点为可以兼顾所有队员同时进行练习，不足为不能区别对待指导单个队员的训练

练习六十二

练习的组织	练习内容和方法
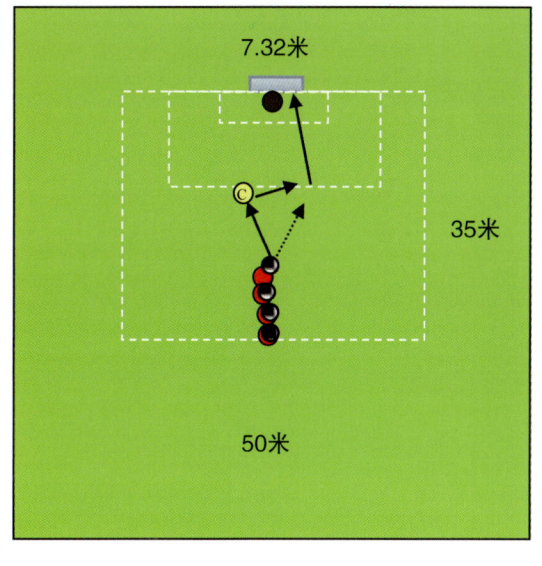 （图示：50米×35米场地，球门宽7.32米，队员站队练习射门/头球）	**流水线教学法** • 用于必须保证掌握每名队员练习的情况，让他们轮流练习 • 指导员做墙 • 学生站队逐一射门练习 • 学生站队逐一头球练习 • 多用于基本部分
练习场地 50米×35米的场地	
练习人数 4～6名队员	
练习器材 数个球、标志物、活动小门（门距7.32米）	
练习要点 1. 必须观察掌握每名队员练习的情况 2. 轮换练习 3. 指导员协助练习 4. 特别要关注动作质量及规范性	**练习目的** 1. 作为队员技术及身体素质攻关练习 2. 练习时间长、人数少、学习新技术动作 3. 说明：队员一个一个地完成动作，参与人数不可多，但每名队员都要掌握正确要领

练习六十三

练习的组织	练习内容和方法
（场地示意图：35米 × 50米）	**轮换教学法** • 将队伍分成3组，每组队员都有明确任务 • ✗ 绕杆练习 • 🔴 观察纠正黄色队员不足之处 • 🟠 做好练习准备（动态拉伸） • 多用于基本部分
练习场地 50米×35米的场地	
练习人数 数名队员	
练习器材 数个球、标志物、红黄橙色对抗服	
练习要点 1. 几个组的学生轮流进行练习 2. 间歇时间固定 3. 指导员观察，学生注意力集中	**练习目的** 1. 作为队员技术及身体素质攻关练习，每个队员都要获得均等的练习机会 2. 当器材不够或场地有限时采用的教学法 3. 说明：所有队员都有明确任务，练习需要较多时间和组数

练习六十四

练习的组织	练习内容和方法
（35米×50米场地示意图，内含A、B、C、D四个方块区域）	**小组教学法** • 将学生分成若干组，组长带领完成具体的训练任务，指导员负责最复杂的一组，同时也要注意其他组的情况（如足球节） • 教师主要负责B、D方块的技术指导，A、C方块则由组长协助完成 • 练习一段时间后进行轮转，确保每一组都有机会学习主干部分内容 • 多用于基本部分
练习场地 35米×50米的场地（场区根据练习内容而定）	
练习人数 数名队员	
练习器材 数个球、标志物、红黄对抗服	
练习要点 1. 将队员分在几个区域，并拿出1~2个区域作为核心内容教学区域 2. A、C区域主要是比赛。重点在于组织，由组长或志愿者完成 3. B、D区域为课程主干部分，指导员在该区域进行观察指导 4. 根据队员的能力安排练习和休息时间，注意补水 5. 有序轮转，确保均等的练习	**练习目的** 1. 作为队员技术及身体素质部分的教学 2. 当缺少必要条件，无法让全体队员完成课程主干部分训练任务时（或无必要进行个人训练时）采用的教学法 3. 说明：所有队员都有分组安全有序的练习—轮转—间隙。主干部分小组进行教学，非主干部分不需要中断练习给予指导

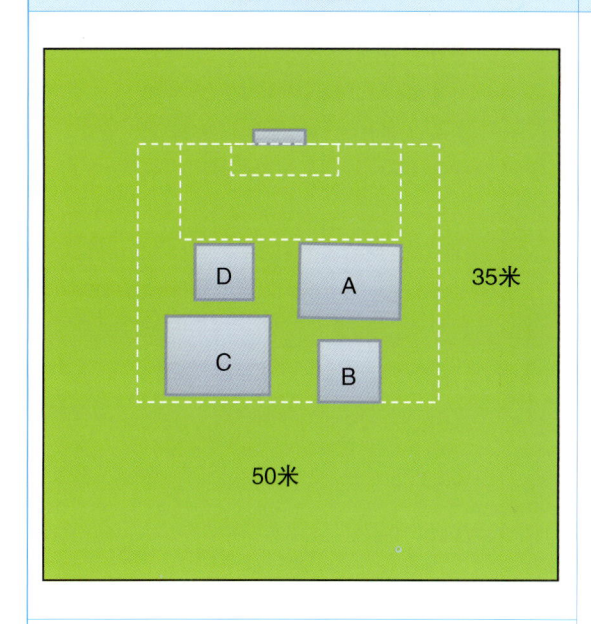

练习六十五

练习的组织	练习内容和方法
（50米×35米场地示意图）	**开小灶教学法** • 如守门员单独练习 • 队员加练任意球或体能练习 • 多用于课后
练习场地 50米×35米的场地	
练习人数 2名队员	
练习器材 数个球、标志物、活动小门	
练习要点 1. 质量第一 2. 高度的纪律性，对课程饶有兴趣 3. 注意伤病	**练习目的** 1. 作为队员技术及身体素质部分的补充练习 2. 足够的设备和场地。针对队员的个体差异安排练习所采用的教学法 3. 说明：练习人数少，次数多，强度大

练习六十六

练习的组织	练习内容和方法
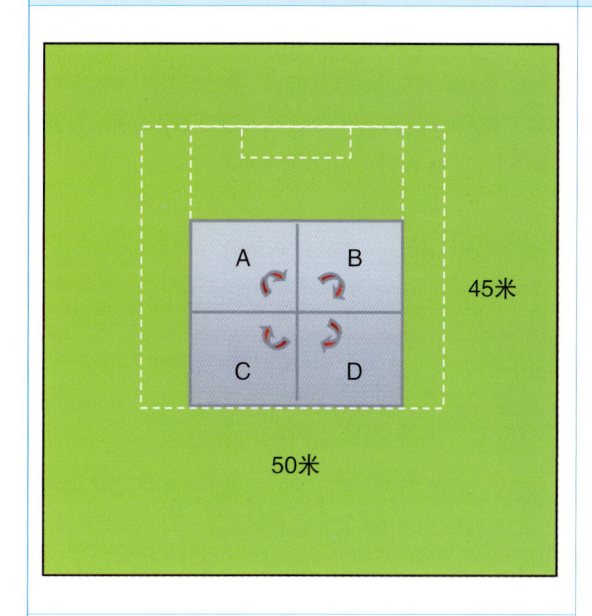 （场地示意图：50米×45米场地，中间分为A、B、C、D四个区域）	**循环教学法** • 最有效组织队员的方法之一，可以很好地保证课堂密度和运动密度 • 将场地分成若干站，每一站有不同的练习内容，每次练习时间和间歇时间都是固定的。如练习1分钟，间歇1分钟。然后按照顺序到另外场区进行其他内容的练习 • 运球绕杆 • 射门 • 两人配合 • 头球技术等
练习场地 50米×45米的场地	
练习人数 数名队员	
练习器材 数个球、标志物、对抗服	
练习要点 1. 练习内容要具多样性，简单易操作 2. 练习时间和间歇时间每组相同 3. 所有小组都不可中断练习，并进行指导	**练习目的** 1. 作为队员基本部分练习 2. 多用于重复课程温习阶段，而不是新课程教学阶段 3. 说明：练习人数多，内容多，有趣味，强度大

第十三节　组织一个足球节

练习六十七

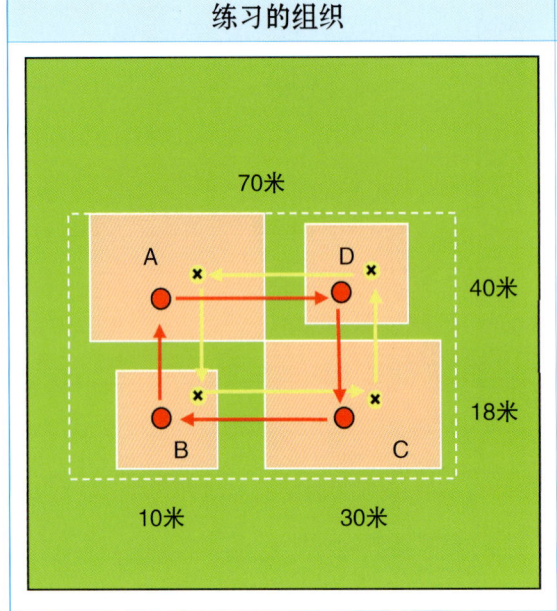

练习的组织	练习内容和方法
70米 / 40米 / 10米 / 30米 / 18米（A、B、C、D 四个区域）	• 6~8岁40人分成8队 • 每队5人 • 分成4站进行练习 • 第1站A：过底线小比赛（5对5） • 第2站B：时钟练习 • 第3站C：4球门比赛 • 第4站D：运球 • 每站练习3分钟，间歇3分钟，🔴 顺时针、❌ 逆时针轮转
练习场地 40米×70米的场地	
练习人数 16~56名队员分成8队，每队2~7人	
练习器材 数个球、标志物	
练习要点 1. 服装、饮水摆放整齐，同对手握手，敬礼 2. 每队1名指导员，每块场地1名固定的指导员（4名） 3. 队员轮转携带饮水 4. 鼓励家长作为指导员协助参与 5. 每队统一听从总指挥调令 6. 足球节结束后每站队员清空场地收拾器材到足球节开始点站队	**练习目的** 1. 全面发展队员的基本技术和身体素质 2. 比赛与练习交替进行 3. 培养队员对足球运动的热爱

第十四节　8对8比赛

练习六十八

练习的组织	练习内容和方法
 60米 40米	1. 在40米×60米的场地里进行8对8比赛 2. 双方阵型都是1-3-3-1 3. 30分钟一节。2~3节 4. 参照11人制比赛规则 　● 谁发球 　● 怎样发球 　● 何时发球
练习场地 40米×60米的场地	
练习人数 16名队员	
练习器材 数个球、标志物、红黄两色对抗服	
练习要点 1. 8人比赛的原则和战术意识 2. 队员的位置 3. 重复某个比赛内容 4. 教育过程：战术意识的建立基础 　● 纵深 　● 宽度 　● 中路 　● 边路 5. 指导员指挥的位置 6. 队伍的布置或阵型	**练习目的** 1. 根据指导员要求进行自由比赛或攻防练习的比赛 2. 个人技术改善。改进接控球、运球及短传球技术 3. 培养队员的足球意识 4. 培养队员对于足球运动的热爱

第十五节　包容性训练

练习六十九

练习的组织	练习内容和方法
20米×20米的场地图示 20米	1. 在20米×20米场地的4个角上，设置4个3米×3米相同的安全区域 2. 双方各一名队员对角站立在该区域内 3. 绿色区域进行4对4手球传递游戏（持球队员2秒内必须传球） 4. 安全区域内队员同最后传球队员互换位置只限同队之间 5. 循环练习至对角区域 6. 限制用右手（脚）或左手（脚）练习 7. 球可以落地一次或不允许落地 **变化** 接应主题课变为传球主题 ● 场地中间用标志物设置小岛，队员可在岛内休息受到保护，防守队员不得抢断，降低难度
练习场地 20米×20米的场地	
练习人数 红黄队各6名队员	
练习器材 标志物16个、对抗服红黄各6件、5号球	
练习要点 1. 角度。到防守队员两侧接应、中间接应、靠近接应、远端拉开接应、成三角形接应 2. 姿势。面对场地扩大视野 3. 交流。有球和无球队员之间用语言、肢体的交流 4. 摆脱。利用速度和方向的变化，创造空间接球 5. 可进行场地大小改变、球的质量改变、人数分组改变、队员组合改变、规则改变，使得所有队员都能融入到练习之中	**练习目的** 1. 使能力不同的队员都有机会一起参与同一练习 2. 个人技术改善。改进接控球、短传球 3. 培养队员的足球意识 4. 培养队员对于足球运动的热爱

第十六节　11人制比赛规则实践

练习七十

练习的组织	练习内容和方法
(场地示意图)	1. 在68米×105米场地进行11对11比赛 2. 按照国际足联相关比赛规则执行 3. 让队员了解不同的比赛阵型
练习场地 长度90～120米；宽度45～90米	
练习人数 红黄队各11人，双方队员都不得少于7人	
练习器材 标志物、5号球	
练习要点 采用11人制足球比赛规则进行判罚	**练习目的** 1. 让队员学习认识了解不同阵型的打法 2. 学习11人制足球比赛规则 3. 培养队员对足球运动的热爱

第二章　中级指导员培训实践内容

第一节　运球基本技术

练习七十一

练习的组织	练习内容和方法
（场地示意图：12米 × 12米）	1. 将8名队员分成4队每队2名队员 2. 每队第一名队员持球同时向中央标志物运球 3. 接近标志物时扣球转身回到起点 4. 接近标志物时变向运球到右侧队伍或左侧队伍 **变化** 运球至中央标志物停顿捣步，听口令后变左或右，用不同动作转身，采取比赛的方式，看谁运球快
练习场地 12米×12米	
练习人数 8名队员	
练习器材 数个球、标志物、对抗服	
练习要点 1. 触球力度（运球变向时，球离身体推远一些） 2. 观察与标志物的距离 3. 运球时，改变速度要突然	**练习目的** 1. 提高队员运球技术 2. 发展队员的速度、灵敏性、协调性和柔韧性等素质 3. 培养队员的专注力 4. 培养队员对足球运动的热爱

练习七十二

练习的组织	练习内容和方法
(场地示意图：12米×12米场地，A、B、C、D四个小球门)	1. 按图所示每队第一名队员持球 2. 一 ● 队员持球脚内侧射向对面小球门，对方的 × 队第一名队员防守断球后开始进攻 3. × 队员进攻C、D球门 ● 队员防守A、B两小球门 4. 接下来B球门黄色队员进攻、A球门红队队员防守C、D两小球门 5. 练习一段时间后，红黄角色互换 **变化** A. 可先用手抱住球完成 B. 2对2攻3个小球门 C. 对规则进行调整（只允许左脚运球等）
练习场地 12米×12米的场地内	
练习人数 8名队员	
练习器材 数个球、标志物、对抗服、4个2米间距的小球门	
练习要点 1. 第一次触球（停脚下，还是空当） 2. 诱使对手朝一侧移动 3. 观察对手的站位 4. 突然改变方向和速度	**练习目的** 1. 发展队员在有防守压力下的运球技能 2. 发展队员的速度、灵敏性、协调性和柔韧性等素质 3. 培养队员的决策能力 4. 培养队员对足球运动的热爱

练习七十三（运球小组对抗）

练习的组织	练习内容和方法
（场地示意图：12米×12米场地，A、B、C、D 四个位置）	1. 在场地内进行2对2守2球门攻2球门比赛 2. 运用前面练习的运球方法，运球通过对方守护的球门算得分 3. 练习一段时间后，场地里面同场外面的队员互换 **变化** A. 可先用手抱住球完成练习 B. 2对2攻3球门守3球门 C. 对规则进行调整（只允许左脚运球等） D. 2对2、3对3、4对4，场地适当扩大在20米×40米场地进行4对4两球门比赛（有守门员或无守门员）
练习场地 12米×12米的场地	
练习人数 8~12名队员	
练习器材 数个球、标志物、对抗服	
练习要点 1. 保持控球、传或者运球 2. 佯攻一球门，突然变向攻击另一球门 3. 观察对手的站位	**练习目的** 1. 通过小组对抗，在接近比赛场景下练习，发展队员运球的能力 2. 发展队员的速度、灵敏性、协调性和柔韧性等素质 3. 培养队员的决策能力 4. 培养队员对足球运动的热爱

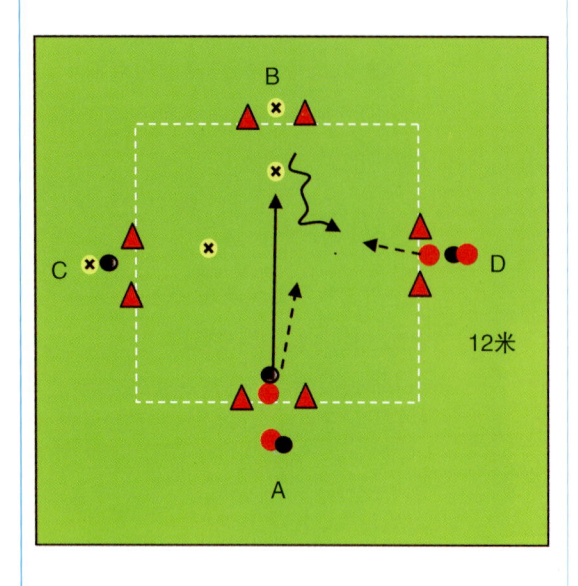

第二节　短传球基本技术

练习七十四

练习的组织	练习内容和方法
(场地示意图：20米×20米的正方形区域，内有队员和球的分布)	1. 8名队员传2球 2. 传球后跑动离开原来位置去接另外一个球 变化 A. 可先用手抱住球完成练习 B. 练习熟练后可用3个球进行 C. 对规则进行调整（只允许左脚传球等）
练习场地 20米×20米的场地	
练习人数 8名队员	
练习器材 2个球、标志物	
练习要点 1. 准确（是传脚下还是传空当） 2. 力度（传出去的球要有穿透性，且便于同伴接控）	练习目的 1. 提高队员短传球的准确性和力度 2. 发展队员的速度、灵敏性、协调性和柔韧性等素质 3. 培养队员的决策能力 4. 培养队员对足球运动的热爱

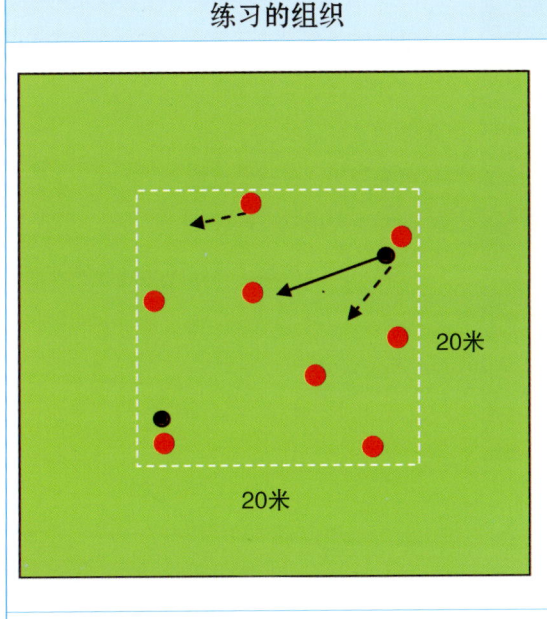

练习七十五

练习的组织	练习内容和方法
（场地示意图：20米×20米的场地）	1. 如图所示，8名队员6对2，传2球练习 2. 2人一组，抢到2次后即和失误队员的小组变换角色 **变化** A. 可先用手抱住球完成练习 B. 熟练后可用3个球进行练习 C. 对规则进行调整（只允许左脚传球等）

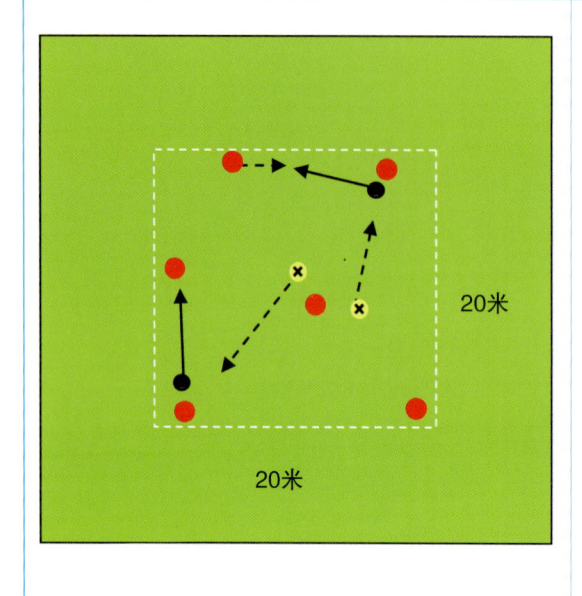

练习场地
20米×20米的场地

练习人数
8名队员

练习器材
2个球、标志物、对抗服

练习要点	练习目的
1. 准确。不论是传脚下，还是传空当都要准确 2. 力度。传出去的球要有穿透性，且便于同伴接球 3. 时机 · 对手不抢不传 · 同伴不接不传 · 同伴非常好的位置传 4. 隐蔽。在有多个选择时，不要暴露传球的意图 5. 观察。持球队员两侧的接应队员始终处于无球状态	1. 提高队员的短传球技术（时机、隐蔽） 2. 发展队员的速度、灵敏性、协调性和柔韧性等素质 3. 培养队员的决策能力 4. 培养队员对足球运动的热爱

练习七十六（传控球小组对抗）

练习的组织	练习内容和方法
（图示：20米×20米场地，红蓝黄队员分布）	1. 如图所示，8名队员3红对3蓝+2中间人 2. 哪边控球就形成5对3局面（2中间人协助攻方） **变化** A. 可先用手抱住球完成练习 B. 熟练后可压缩场区练习 C. 对规则进行调整（只允许左脚传球等）在20米×40米场地进行4对4两球门比赛（有守门员或无守门员）
练习场地 20米×20米的场地	
练习人数 8名队员，3红对3蓝+2黄中间人	
练习器材 1个球、标志物、对抗服	
练习要点 1. 准确（是传脚下还是传空当） 2. 力度（传出去的球要有穿透性，而且便于同伴接球） 3. 时机（对手不抢不传，同伴不接不传，同伴非常好的位置传，在对方三区敢于做冒险性传球） 4. 隐蔽（不要暴露传球的意图和方向以及脚法） 5. 观察（持球队员两侧的接应队员始终处于无球状态）	**练习目的** 1. 在小组对抗中综合发展队员的短传球技能 2. 发展队员的速度、灵敏性、协调性和柔韧性等素质 3. 培养队员的决策能力 4. 培养队员对足球运动的热爱

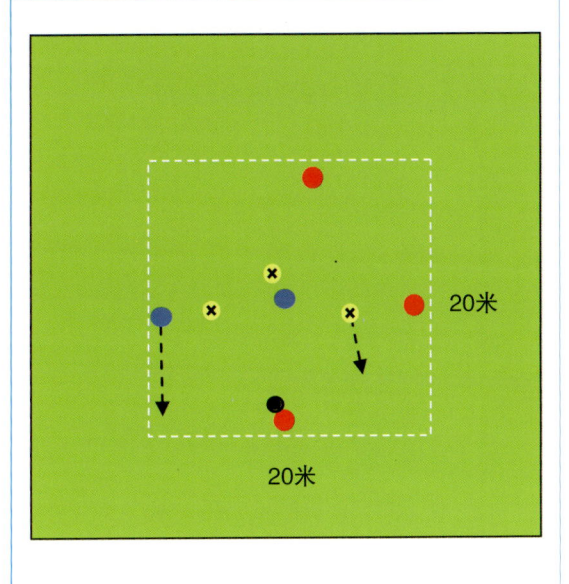

第三节　创造射门机会和得分

练习七十七

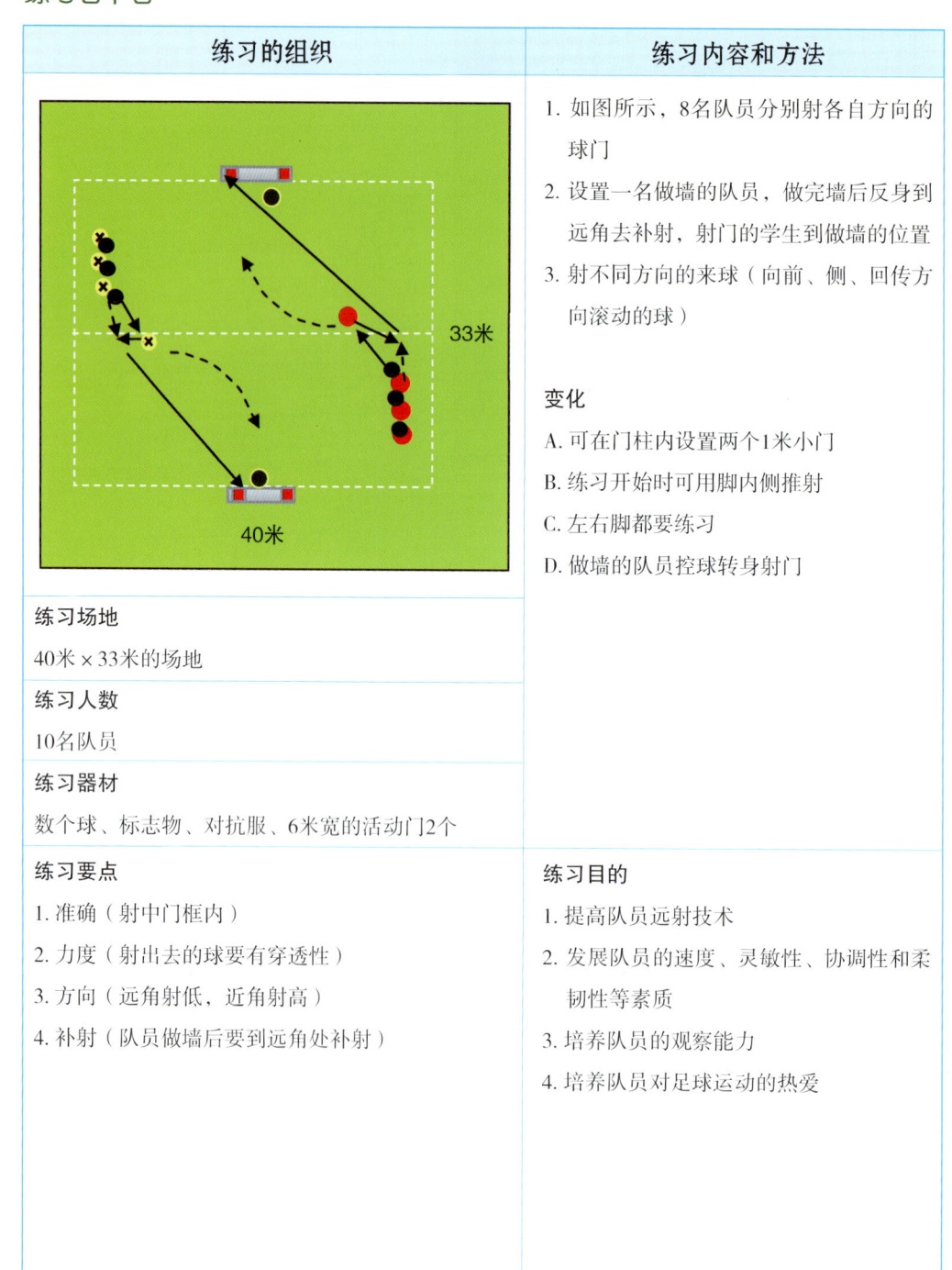

练习的组织	练习内容和方法
（40米 × 33米 的场地图示）	1. 如图所示，8名队员分别射各自方向的球门 2. 设置一名做墙的队员，做完墙后反身到远角去补射，射门的学生到做墙的位置 3. 射不同方向的来球（向前、侧、回传方向滚动的球） **变化** A. 可在门柱内设置两个1米小门 B. 练习开始时可用脚内侧推射 C. 左右脚都要练习 D. 做墙的队员控球转身射门
练习场地 40米×33米的场地	
练习人数 10名队员	
练习器材 数个球、标志物、对抗服、6米宽的活动门2个	
练习要点 1. 准确（射中门框内） 2. 力度（射出去的球要有穿透性） 3. 方向（远角射低，近角射高） 4. 补射（队员做墙后要到远角处补射）	**练习目的** 1. 提高队员远射技术 2. 发展队员的速度、灵敏性、协调性和柔韧性等素质 3. 培养队员的观察能力 4. 培养队员对足球运动的热爱

练习七十八

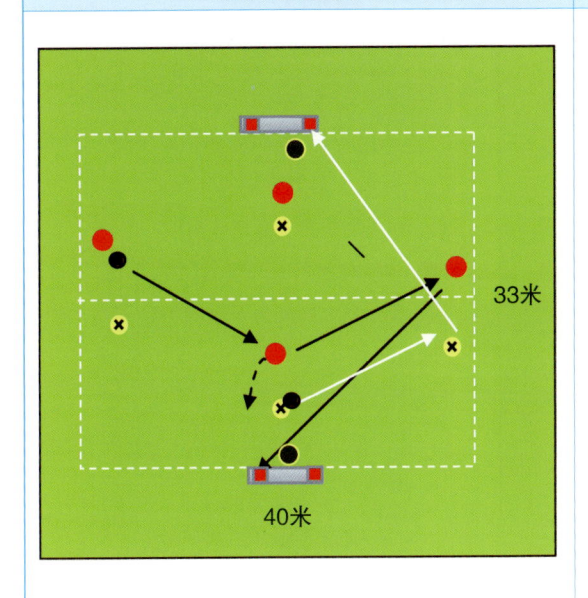

练习的组织	练习内容和方法
（40米×33米的场地示意图）	1. 如图所示，8名队员分别射各自方向的球门 2. 3名队员加1名守门员在本方半场，另外1名队员在对方半场 3. 只允许在本方半场完成射门 4. 两队同时开始练习 **变化** A. 可在门柱内设置两个1米小球门 B. 做墙的队员控球转身射门
练习场地 40米×33米的场地	
练习人数 10名队员	
练习器材 数个球、标志物、对抗服、6米宽的活动球门2个	
练习要点 1. 准确（射中门框内） 2. 力度（射出去的球要有穿透性） 3. 方向（远角低球、近角高球） 4. 补射（队员做墙后要到远角处补射） 5. 拉开（双方队员充分利用场地宽度创造射门空间） 6. 球（足够数量的足球）	**练习目的** 1. 提高队员的远射和前锋转身射门技术 2. 发展队员的速度、灵敏性、协调性和柔韧性等素质 3. 培养队员的观察能力 4. 培养队员对足球运动的热爱

练习七十九

练习的组织	练习内容和方法
40米×33米的场地	1. 如图所示，8名队员分别射各自方向的球门 2. 3名队员加1名守门员在本方半场，另外1名队员在对方半场 3. 只允许在本方半场完成射门 4. ●方在本方半场形成1对3格局，也可以利用对方半场的本方前锋做墙完成射门 5. 两队循环练习 **变化** A. 允许前锋控球转身射门 B. 优势右脚在左侧，优势左脚在右侧射门

练习场地

40米×33米的场地

练习人数

10名队员

练习器材

数个球、标志物、对抗服、6米宽的活动球门2个

练习要点

1. 练习要点同练习七十八
2. 时机（创造出空间，果断完成射门）
3. 纵深和宽度（队伍要保持1-2-1阵型，充分利用场地）

练习目的

1. 发展队员的远射和前锋转身射门技能
2. 发展队员的速度、灵敏性、协调性和柔韧性等素质
3. 培养队员的观察能力
4. 培养队员对足球运动的热爱

练习八十

练习的组织	练习内容和方法
(场地图示：40米×33米的场地，10名队员4红对4黄+2守门员)	1. 如图所示，10名队员4 ● 对4 ✖ +2守门员 2. 前锋做墙或转身射门 3. 正常的攻守（恢复比赛由守门员发球） **变化** A. 允许前锋控球转身射门 B. 优势右脚在左侧，优势左脚在右侧射门
练习场地 40米×33米的场地	
练习人数 10名队员	
练习器材 数个球、标志物、对抗服、6米宽的活动球门2个	
练习要点 1. 练习要点同练习七十八和七十九 2. 拉开和纵深（队员位置要有阵型） 3. 耐心创造射门机会，一旦形成要坚决果断射门 4. 要有足够的足球	**练习目的** 1. 在小场地比赛的情景下，发展队员的远射和前锋转身射门技能 2. 发展队员的速度、灵敏性、协调性和柔韧性等素质 3. 培养队员的观察能力 4. 培养队员对足球运动的热爱

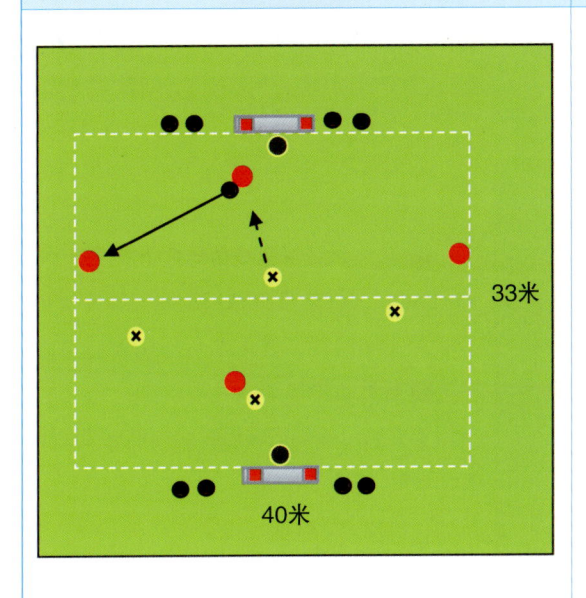

第四节　个人防守压迫抢球

练习八十一

练习的组织	练习内容和方法
（18米×10米场地示意图）	1. 如图所示，8名队员分别站在场地四角上 2. ● 队一队员对角线传球后上前压迫 ✕ 队员，✕ 队员得球后试图直线传球给对面的同伴，若无法传球则运球突破 ● 队员的防守 3. 双方队员看谁运球停在对方场地端线算获胜 **变化** A. 对面接应队员从静止到移动 B. 防守压迫对手的渗透传球
练习场地 18米×10米的场地	
练习人数 8名队员	
练习器材 数个球、标志物、对抗服	
练习要点 1. 速度（全速对持球人进行压迫） 2. 距离（离持球人两臂距离站稳）不同区域压迫距离不同 3. 姿势（重心降低、双脚前后站立、眼睛看球） 4. 方向（给持球人一个明确的方向，限制其另一个方向，通常给对手弱势脚或有防守同伴支持的一侧） 5. 假动作（身体晃动，使持球人出错） 6. 抢断（进入一臂距离实施抢断；用离对手近的脚抢球；对手脚和球脱离的瞬间抢球；运用身体合理冲撞）	**练习目的** 1. 发展队员个人正面防守的基本技术 2. 发展队员的速度、灵敏性、协调性和柔韧性等素质

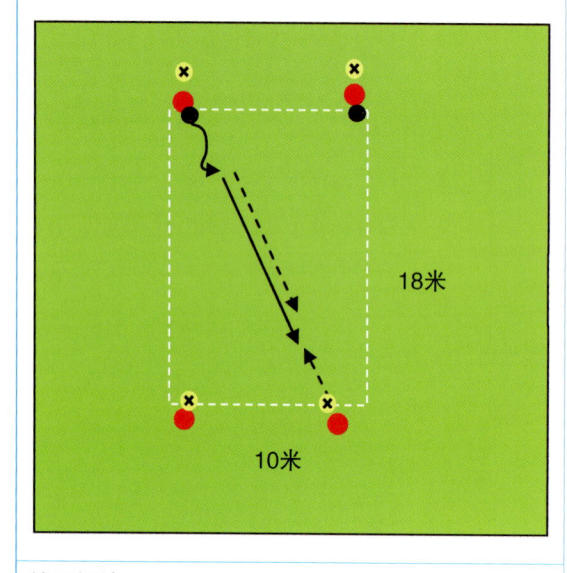

练习八十二

练习的组织	练习内容和方法
（场地示意图：15米×15米）	1. 如图所示，8名队员分别站在场地四角上 2. 当 ● 队员背身控球时 ✕ 队员耐心等待在 ● 队员身后，不让其转身 3. 如果 ● 队员转身则形成正面防守格局 4. ✕ 队员抢断成功则快速运球到对方端线算得分 **变化** 对面接应队员从静止到移动
练习场地 15米×15米的场地	
练习人数 8名队员	
练习器材 数个球、标志物、对抗服	
练习要点 1. 距离（离接球人一臂距离） 2. 位置（防守队员在球的一侧） 3. 姿势（重心降低、双脚前后站立、在接球对手左侧右脚在前，右侧左脚在前，眼睛看球） 4. 抢球时机（在对手控球转身瞬间实施抢球） 5. 策略（不允许对手转身，耐心等待，如果对手转身则形成正面防守）	**练习目的** 1. 发展队员个人防守对方背身控球的基本技术 2. 发展队员速度、灵敏性、协调性和柔韧性等素质

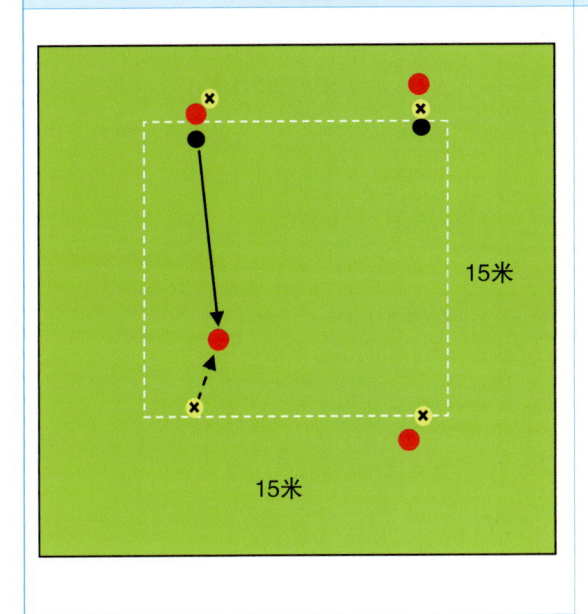

练习八十三

练习的组织	练习内容和方法
（20米 × 15米 场地示意图）	1. 如图所示，8名队员分别站在场地上 2. 在场地内进行2对2对抗 3. 持球方将球运过对方端线算得分 4. 防守队员应用前面学习的防守知识进行防守 **变化** A. 3对3、4对4 B. 有球门比赛

练习场地

20米×15米的场地

练习人数

8名队员

练习器材

数个球、标志物、对抗服

练习要点

1. 注意力（随时保持同接应队员的距离）
2. 位置（在球的一侧进行防守）
3. 方向（通常给对手弱势脚或有同伴支援的一侧）
4. 呼应（对手背身持球时，要呼应另一同伴协助夹抢）

练习目的

1. 在小组对抗的情景下发展队员的个人防守技能
2. 发展队员的速度、灵敏性、协调性和柔韧性等素质
3. 培养队员对足球运动的兴趣

第三章　高级指导员培训实践内容

第一节　由守转攻

练习八十四

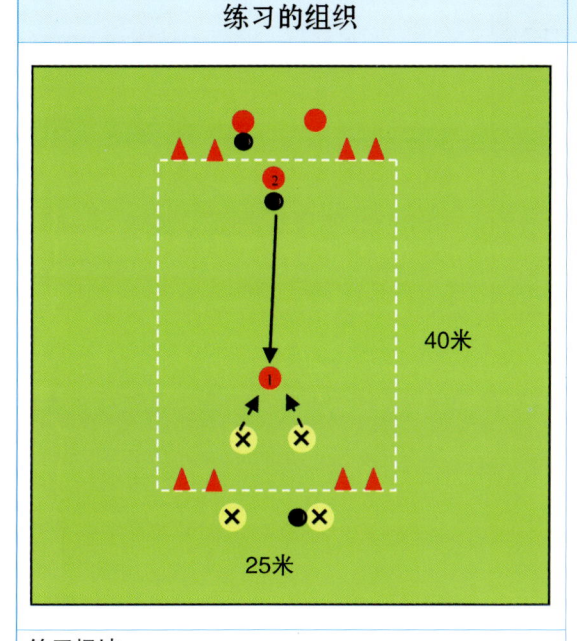

练习的组织	练习内容和方法
（场地图：25米×40米场地示意图）	1. 8人分成 ● × 两队,在20米×30米场地内进行1 ● 对2 × 转换成2 ● 对1 × 攻击两小门比赛 2. ● 1号接同伴2号传球转身试图突破 × 方防守，并攻击 × 方防守的任意一小门（运球过门） 3. × 方防守断球后快速发动进攻对方小球门，● 2号防守

练习场地
25米×40米的场地

练习人数
8名队员

练习器材
数个足球、标志物、对抗服

练习要点
1. 防守方抢断、协防、保护、呼应
2. 转换时的思维决策要快（由守转攻）
3. 抢得球后快速向前传球或带球跑
4. 无球进攻队员快速向前跑动支援
5. 球速快、传同伴身前空当

练习目的
1. 提高队员断球后快速反击的能力
2. 发展队员的速度、灵敏性、协调性和柔韧性等素质
3. 培养队员对足球运动的兴趣

249

练习八十五

练习的组织	练习内容和方法
40米×70米场地图示	1. 2名 🔴 队员在后场传球，一名 ❌ 防守，🔴 伺机将球传给前场的两同伴 2. 前场2 🔴 接到球后攻击3名 ❌ 队员镇守的两个小球门 3. 3名 ❌ 防守队员后场防守抢得球后，快速向前反击与前锋（目标队员）联系，形成4对2，攻击对方 🔴 镇守的两小球门 **变化** 4对4正常比赛（防守回收，断球后快速由守转攻）

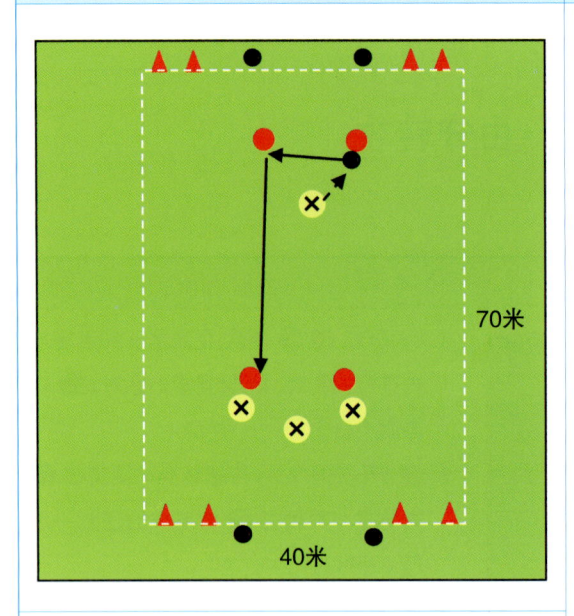

练习场地
40米×70米的场地

练习人数
8～16名队员

练习器材
数个足球、标志物、对抗服、3米的活动小球门

练习要点	练习目的
1. 防守方抢断，注意协防、保护、夹抢 2. 断球后快速向前将球传给前锋，前锋回传并反向跑动，创造渗透空间 3. 其他无球队员快速跟进接应支援 4. 快速配合或带球突破攻门得分 5. 传球的质量（准确、力度） 6. 纵深	1. 在小组对抗的情景下发展队员断球后快速反击的能力 2. 发展队员的速度、灵敏性、协调性和柔韧性等素质 3. 培养队员对足球运动的兴趣

第二节　小组进攻

练习八十五（墙式）

练习的组织	练习内容和方法
12米×20米的场地图示	1. 持球队员冲着一标志物快速运球 2. 无球队员前插到另一标志物前折返做墙 3. 两名队员在标志物区域做墙式配合 变化 2对2过端线比赛

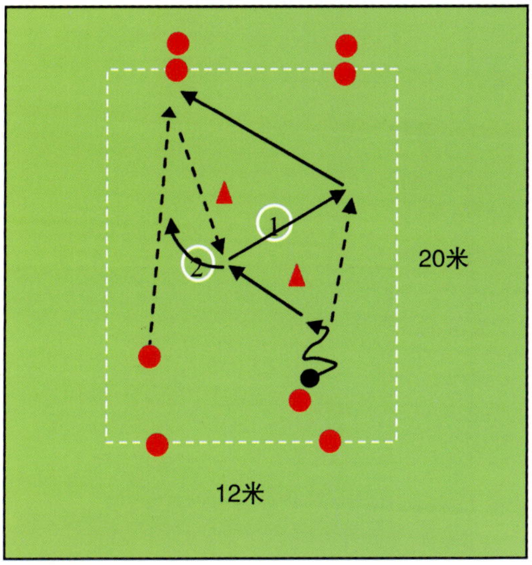

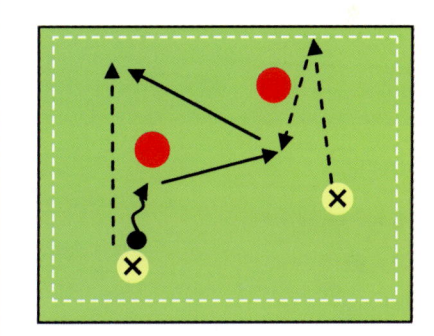

练习场地
12米×20米的场地

练习人数
8名队员

练习器材
数个足球

练习要点
1. 纵深（无球队员向前插，突然返回做墙）
2. 突然（运球队员和前插队员速度要快，传完球后快速前插）
3. 准确（球传到同伴远离防守队员的脚，并用远离防守队员的脚做墙）
4. 球速（做墙的球速要快）
5. 隐蔽（运球的队员佯装突破，做墙的队员可以选择控球转身）

练习目的
1. 培养队员利用纵深创造墙式配合的小组战术能力
2. 发展队员的速度、灵敏性、协调性和柔韧性等素质
3. 培养队员对足球运动的兴趣

练习八十六（后套）

练习的组织	练习内容和方法
（场地图示：15米×20米）	1. 在场地内2对1，分两组同时进行 2. 用后套战术应对对手的防守 3. 如果防守队员选择防守传球线路则持球人运球突破，反之则坚决传后套队员 **变化** 2对2 （场地图示）

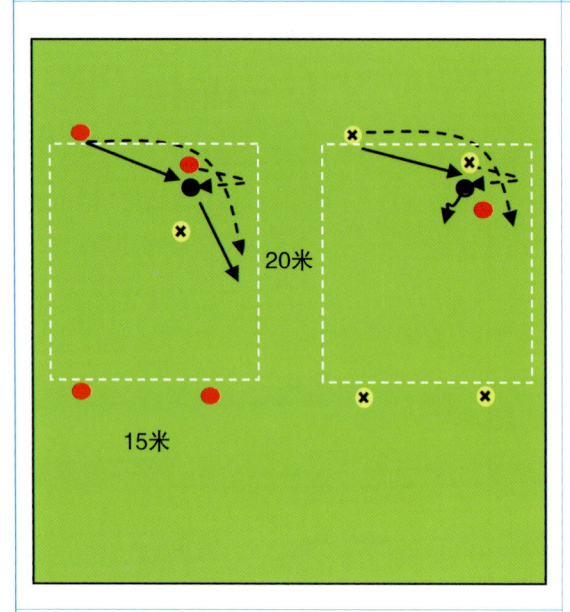

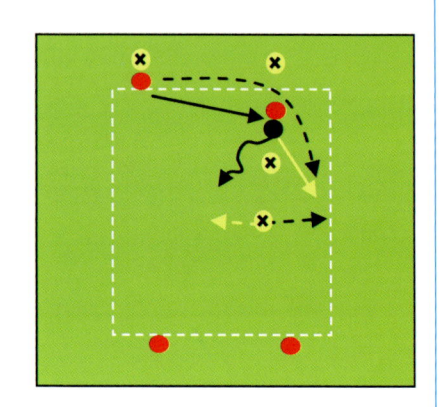

练习场地

15米×20米的场地

练习人数

8名队员

练习器材

数个足球、标志物、对抗服

练习要点

1. 姿势（接球队员要有反向跑动，控球面向防守队员）
2. 拿住（后套队员传球后边跑动边呼应"拿住"，持球队员如果离防守队员距离较近则选择不动，如果防守队员后退或距离较远，持球队员则迅速对着防守队员运球）
3. 时机（等到同持球同伴身位平齐的时候喊同伴传球）
4. 观察（观察防守队员的位置决定采取传球还是运球，2对2时则需要观察第二名保护的防守队员位置并做出选择）
5. 同伴后套到控球队员一侧时，控球队员用离接应队员近的脚传球或控球

练习目的

1. 培养队员小组战术后套的能力
2. 发展队员的速度、灵敏性、协调性和柔韧性等素质
3. 培养队员对足球运动的兴趣

练习八十七（小组进攻渗透性向前传球一）

练习的组织	练习内容和方法
(场地图示：15米×15米)	1. 在15米×15米场地内做2抢4的传抢练习 2. 把球传给同伴后，要突然靠近接应争取球从2名防守者中间穿越传球到对面的同伴 3. 先不限制触球次数，然后再限制2次触球 4. 防守队员抢到3次换人 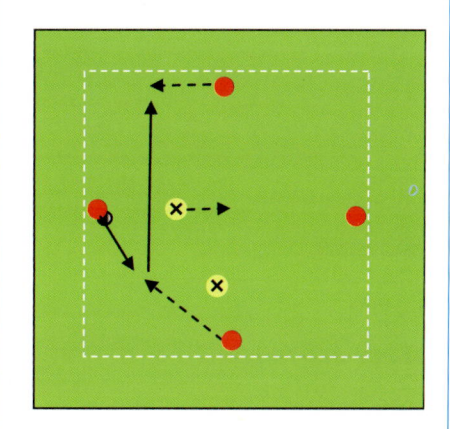 (场地图示)
练习场地 15米×15米的场地	
练习人数 12名队员	
练习器材 数个球、标志物、对抗服	
练习要点 1. 接应（有远有近、有接有拉） 2. 观察（观察对手保护队员的位置） 3. 移动（突然靠近持球同伴完成渗透传球） 4. 传球（力度准确，传到脚或传到位。触球部位的选择，是脚弓还是脚背外侧）	**练习目的** 1. 培养队员小组战术渗透性直线传球的能力 2. 发展队员的速度、灵敏性、协调性和柔韧性等素质 3. 培养队员对足球运动的兴趣

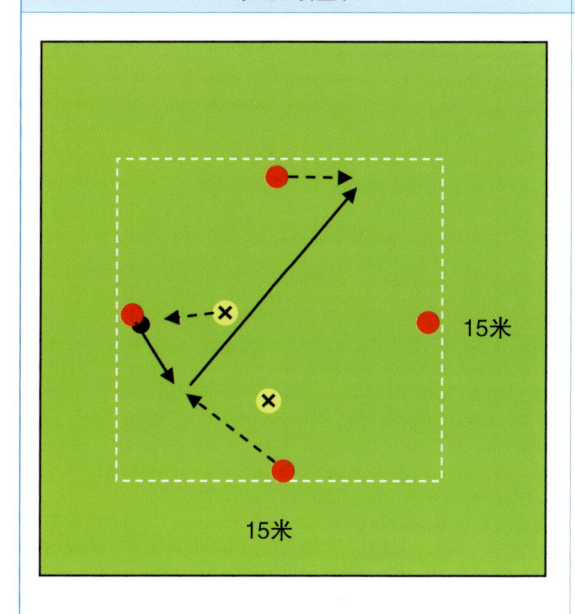

练习八十八（小组进攻渗透性向前传球二）

练习的组织	练习内容和方法
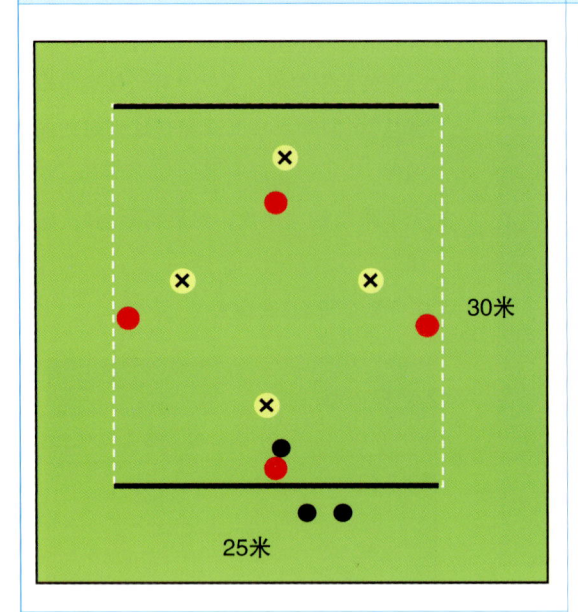 (场地示意图：25米 × 30米场地)	1. 比赛用1-2-1阵型 2. 在25米×30米场地里进行4对4过底线比赛 3. 不限触球次数自由传球 4. 创造渗透性直线传球的机会和传球
练习场地 25米×30米的场地	
练习人数 8名队员	
练习器材 数个球、标志物、对抗服	
练习要点 1. 拉开（进攻队员要充分利用场地拉开、创造空间） 2. 进攻队员持球首先找前锋，如不能直接传前锋则要通过移动创造出直线传球给前锋，前锋不要轻易离开自己的位置，要制造深度 3. 球到了前锋脚下要形成二次渗透，前锋回做墙后反向跑动为同伴创造空间 4. 传球和接应质量	**练习目的** 1. 培养队员小组战术渗透性直线传球的能力 2. 发展队员的速度、灵敏性、协调性和柔韧性等素质 3. 培养队员对足球运动的兴趣

练习八十九（小组进攻渗透性向前传球三）

练习的组织	练习内容和方法
（场地示意图：25米×40米场地）	1. 在25米×40米场地里进行4对4+2守门员比赛 2. 不限触球次数自由传球 3. 创造直线传球的机会和做直线传球
练习场地 25米×40米的场地	
练习人数 10名队员	
练习器材 数个球、标志物、对抗服	
练习要点 1. 以上所有要点 2. 比赛用1-1-2-1阵型 3. 守门员参与进攻的发起	**练习目的** 1. 在比赛中培养队员小组战术渗透性直线传球的能力 2. 发展队员的速度、灵敏性、协调性和柔韧性等素质 3. 培养队员对足球运动的兴趣

第三节　由攻转守

练习九十（由攻转守一）

练习的组织	练习内容和方法
（图示：两个15米正方块，相距12米，A区和B区）	1. 在A区5对3，✕方队员得到球后要快速将球转移到B区。而●方队员一旦失去控球权马上围抢，不让✕方将球发展到B区 2. 如果✕方将球转移到B区，那么A区的3名双方学生快速进入到B区，在B区也形成5对3局面。依次循环练习 （图示：18米直径圆圈）
练习场地 两个边长15米的正方块相距12米 **练习人数** 10名队员 **练习器材** 数个足球、标志物、对抗服	**准备活动** 两队学生分组在18米直径的圆上慢跑，●队为1号，✕队为2号，听（看）到指导员信号后快速朝中间球跑去，并且要同时发出跑动的口令
练习要点 1. 失去球权的瞬间思维快 2. 呼应（一起喊抢） 3. 行动统一快速 4. 限制球突围到另一场区	**练习目的** 1. 培养队员由攻转守瞬间的防守能力 2. 发展队员的速度、灵敏性、协调性和柔韧性等素质 3. 培养队员对足球运动的兴趣

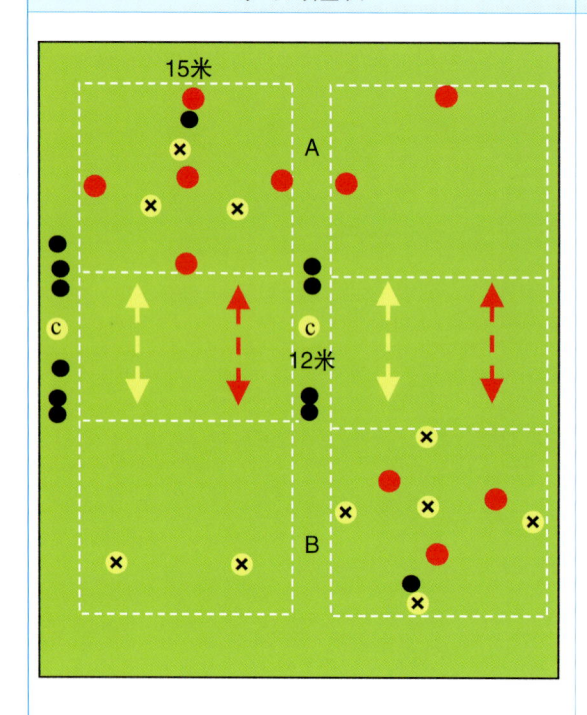

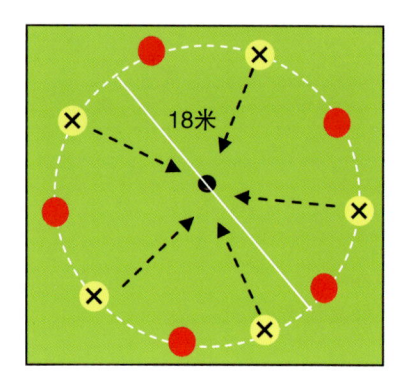

练习九十一（由攻转守二）

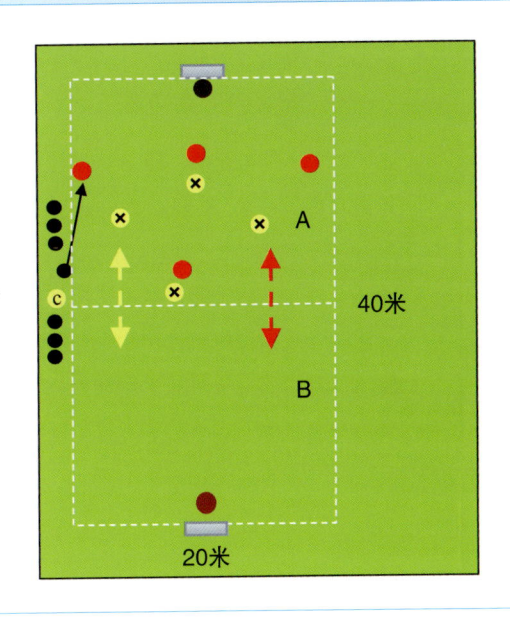

练习的组织	练习内容和方法
（场地示意图：20米×40米的场地，A区与B区，含守门员、红方与黄方队员位置）	1. 在A区4 ● 对4 ✕，两队各一名守门员。 2. 由场外教练罚球至A区开始比赛 3. ● 方队员得到球后开始进攻，✕ 方全力防守 4. 如果 ✕ 方在A区断球成功，必须要求所有 ✕ 方队员（守门员除外）必须越过中线进入A区才可以完成射门，否则就必须保持控球权等待同伴，且球不可以回到B区 5. 如果 ● 方控球进入B区，也要求 ● 方所有队员（守门员除外）必须都进入B区 6. ✕ 方在B区断球成功后，也试图快速进入A区完成射门，● 方队员要全力逼抢 7. 球出界外由教练员供球恢复练习 8. 不断循环练习
练习场地 20米×40米的场地	
练习人数 10名队员	
练习器材 数个足球、标志物、对抗服	
练习要点 1. 失去球权的瞬间思维快 2. 呼应（一起喊抢） 3. 对对手直线传球线路的封锁压迫 4. 由攻转守瞬间行动统一快速整体对球施压	**练习目的** 1. 培养队员由攻转守瞬间的小组防守能力 2. 发展队员速度、灵敏性等素质 3. 培养队员团队协作的品质

第四节　小组防守

练习九十二（小组防守延缓，逼迫一）

练习的组织	练习内容和方法
（30米 × 15米场地示意图，标注5～8米、30米、15米）	1. 在30米×15米场地内，●队队员传球开始进攻后，一名 ✕ 队员防守，另一名 ✕ 队员迅速进入场地回追防守 2. 延缓：1防2，防守队员通过延缓等待同伴回防形成2对2局面 3. ● 方将球运至对方身后端线算得分 4. ✕ 方断球快速反击到对方身后端线
练习场地	
30米×15米的场地	
练习人数	
数名队员	
练习器材	
数个足球、标志物、对抗服	
练习要点	**练习目的**
1. 不让对手传球（防守对手接应队员） 2. 呼应（延缓的队员呼应回追的队员冲球去追抢） 3. 将持球队员赶向一侧，形成2防1局面 4. 耐心（延缓的队员耐心应对） 5. 行动统一，注意逼迫时机（回追和延缓的队员行动要统一）	1. 培养队员由攻转守瞬间的防守的延缓能力 2. 发展队员的速度、灵敏性、协调性和柔韧性等素质 3. 培养队员对足球运动的兴趣

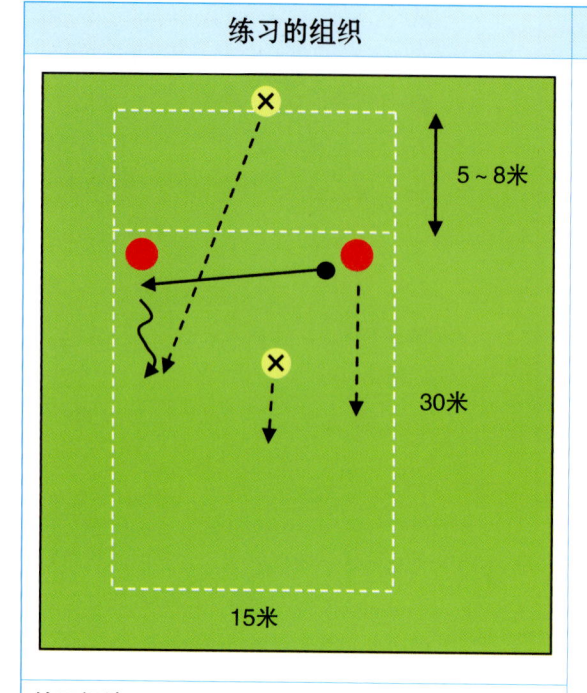

练习九十三（小组防守延缓，逼迫二）

练习的组织	练习内容和方法
（场地示意图：30米×15米场地，5~8米）	1. 在30米×15米场地内。 🔴 队员传球开始进攻后，一名 ❌ 队员防守，另一名 ❌ 队员迅速进入场地回追防守 2. 延缓：1防2，防守队员通过延缓等待同伴回防形成2对2局面 3. 🔴 方将球运至对方身后端线算得分 4. ❌ 方断球快速反击到对方身后端线

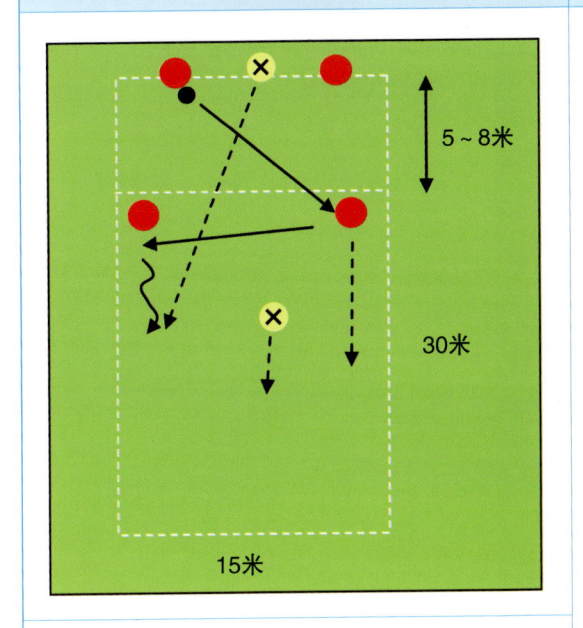

练习场地
30米×15米的场地

练习人数
数名队员

练习器材
数个足球、标志物、对抗服

练习要点	练习目的
1. 位置（不让对手传球，防守对手的接应队员） 2. 呼应（延缓的队员呼应回追的队员冲球去追抢） 3. 将持球队员赶向一侧，形成2防1局面 4. 耐心（延缓的队员耐心应对，严密关注接应对手的动向） 5. 行动统一、注意逼迫时机（回追和延缓的学生行动要统一）	1. 培养队员由攻转守瞬间的防守的延缓能力 2. 发展队员速度、灵敏性、协调性和柔韧性等素质 3. 培养队员对足球的兴趣

练习九十四（小组防守延缓，逼迫三）

练习的组织	练习内容和方法
（30米×15米场地示意图，标注5~8米、30米、15米）	1. 逼迫：回防队员迅速对球施压，同伴在限制其传球线路的基础上包夹形成2防1 2. ● 方将球运至对方身后端线算得分 3. ⊗ 方断球快速反击到对方身后端线
练习场地 30米×15米的场地	
练习人数 数名队员	
练习器材 数个足球、标志物、对抗服	
练习要点 1. 以上练习所有要点 2. 回追队员将对手赶向边路 3. 当回追队员同对手形成1对1时，另一名延缓的防守队员要快速移动过去逼迫，形成包夹	**练习目的** 1. 培养队员由攻转守瞬间的防守延缓与逼迫的能力 2. 发展队员的速度、灵敏性、协调性和柔韧性等素质 3. 培养队员对足球运动的兴趣

参考文献

［1］国际足联. 国际足联草根足球培训手册［M］. 北京：人民体育出版社，2010.

［2］查理·休斯. 足球获胜公式［M］. 北京：人民体育出版社，1999.

［3］查理·休斯. 足球战术与技术［M］. 北京：人民体育出版社，1996.

［4］国家体委·中国体育教练员岗位培训教材——足球［M］. 北京：人民体育出版社，1997.

［5］亚洲足球联合会. 亚洲足球教练员C级培训教程［M］. 北京. 人民体育出版社，1999.

图书在版编目(CIP)数据

中国校园足球指导员培训教程:试行/曾丹,邓世俊,耿建华主编. –北京:人民体育出版社,2015(2015.7.重印)
ISBN 978-7-5009-4779-0

Ⅰ.①中⋯ Ⅱ.①曾⋯ ②邓⋯ ③耿⋯ Ⅲ.①青少年-足球运动-教练员-技术培训-教材 Ⅳ.①G843.2

中国版本图书馆 CIP 数据核字(2015)第 010856 号

*

人民体育出版社出版发行
北京中科印刷有限公司印刷
新 华 书 店 经 销

*

787×1092　16 开本　17.5 印张　360 千字
2015 年 3 月第 1 版　2015 年 7 月第 2 次印刷
印数:5,001—11,000 册

*

ISBN 978-7-5009-4779-0
定价:63.00 元

社址:北京市东城区体育馆路 8 号（天坛公园东门）
电话:67151482（发行部）　　邮编:100061
传真:67151483　　　　　　邮购:67118491
网址:www.sportspublish.com
　　（购买本社图书，如遇有缺损页可与邮购部联系）